Assessor-Basics

Die Strafrechtsklausur im Assessorexamen

- Theorieband -

Hemmer/Wüst/Gold/Daxhammer

Das Skript ist urheberrechtlich geschützt. Die dadurch begründeten Rechte, insbesondere des Nachdrucks, der Wiedergabe auf photomechanischem oder ähnlichem Wege und der Speicherung in Datenverarbeitungsanlagen bleiben, auch bei nur auszugsweiser Verwertung, der Hemmer/Wüst-Verlagsgesellschaft vorbehalten.

Gold-Skripten-Gesellschaft
Hemmer/Wüst/Gold/Daxhammer, Assessor-Basics, Die Strafrechtsklausur im Assessorexamen

ISBN 978-3-86193-544-5

8. Auflage 2017

gedruckt auf chlorfrei gebleichtem Papier
von Schleunungdruck GmbH, Marktheidenfeld

Vorwort

Zielsetzung dieses Skripts ist nicht die *abstrakte* Vermittlung von strafprozessualem Wissen, sondern **eine komprimierte Darstellung zu den Aufbaufragen und den wesentlichen Formalia** bei den typischen Strafrechtsklausurvarianten der Zweiten Juristischen Staatsprüfung. Es geht somit um die absoluten „Basics" des Referendariats; ein Referendar hat sich in seinen Strafrechtsklausuren zwingend damit zu beschäftigen (insoweit bitte die Prüfungsordnung des jeweiligen Bundeslandes kontrollieren; es kommen nämlich unterschiedliche Klausurvarianten für Ihr Examen in Betracht).

Wir setzen gewisse unverzichtbare *Grundkenntnisse* bzw. Begrifflichkeiten der Strafprozessordnung voraus. Schließlich werden diese in den meisten Bundesländern bereits im Referendarexamen verlangt (in manchen Bundesländern sogar deutlich mehr als nur Grundkenntnisse!). Im Falle persönlicher Lücken sollten Sie parallel zur Erarbeitung des Skripts einschlägige strafprozessuale Fachliteratur heranziehen.

Einer der wesentlichen Grundgedanken der Konzeption ist die im Assessorkurs wie auch bei der Überprüfung von Klausuren aus dem Examen erlangte Erkenntnis, dass es zahlreiche Examenskandidaten gibt, denen es weniger am *Wissen* mangelt (das sie sich notfalls mithilfe des Kommentars beschaffen), sondern mehr an den *technischen Fertigkeiten*, die bei Aufbau und Abfassung der Klausur relevant sind.

Natürlich werden in diesem Skript auch einige typische StPO-Probleme dargestellt. Dabei wurde v.a. auf einen didaktischen Gedanken zurückgegriffen, der bereits in ähnlicher Form typisch für einen Großteil der Hemmer-Skripten für das Referendarexamen ist (Darstellung des materiellen Rechts orientiert am Klausuraufbau): Soweit bestimmte StPO-Probleme besprochen sind, werden diese nicht lehrbuchartig isoliert dargestellt, sondern exakt an der Stelle, an der sie typischerweise *in einer Klausur* auftauchen. Dem liegt die Erfahrung zugrunde, dass die rein tatsächliche Schwierigkeit in der Regel nicht die inhaltliche Beantwortung eines Problems ist, sondern darin liegt selbiges aufbaumäßig einzuordnen und zu entscheiden, wann es überhaupt relevant und in der Klausur zu bearbeiten ist.

Aus der Erfahrung, dass dem Examenskandidaten *inhaltliche* Aussagen in den meisten Bundesländern aufgrund der zugelassenen Kommentare (meist Meyer-Goßner und Fischer) durchaus vorliegen, die Fundstellen aber oft nicht richtig verstanden bzw. v.a. verschiedene Varianten eines Problems leicht miteinander verwechselt werden, wurde die Konsequenz gezogen, dass dieses Skript immer wieder mit kleinen Beispielsfällchen versehen ist. Mit deren Hilfe wird das erste Verständnis gewiss wesentlich leichter fallen.

Bei der Auswahl der Beispiele wurde sehr viel Wert auf die Überprüfung der Frage gelegt, inwieweit eine bestimmte Konstellation überhaupt *in eine Examensklausur* eingebaut werden kann. Um den Lernenden nicht mit einer Vielzahl an Problemen „zuzuschütten", die kaum klausurtauglich sind, und so den Blick für die typischen Klausurstrickmuster zu verstellen, wurde hier bewusst auf die Darstellung der einen oder anderen Variante verzichtet, die in anderen Werken noch angeführt sind.

Eingeflossen in dieses Skript sind nicht nur die didaktischen Erfahrungen aus langjähriger Repetitortätigkeit und Examensanalyse, sondern auch die Erkenntnisse einer ganzen Reihe weiterer Hemmer-Dozenten. Wichtige Beiträge leistete **StA Andreas Franck (Freising)**, der mich vor allem im Hinblick auf die Formalia bei einer praxis- und dennoch klausurtauglichen Umsetzung unterstützte sowie **RR Andreas Buchner (Fürstenfeldbruck)**, dessen jahrelange Klausurenkorrekturpraxis dieses Skript komplettiert. Mein Dank gilt ebenfalls Herrn Jens Moldenhauer und allen anderen Mitarbeitern für ihre tatkräftige Unterstützung.

Dieses Skript kann Ihnen sicher einen guten Einstieg in die Referendarzeit oder als kompakte Wiederholung dienen; Sie sollten aber das Folgende beachten: Kleine Beispielsfälle, wie sie in diesem Skript eingesetzt werden, können nie *der Schwerpunkt* einer vernünftigen Examensvorbereitung sein, sondern nur deren Anfang. *Effektive* Examensvorbereitung heißt beim Assessorexamen noch mehr als beim Referendarexamen Lernen am „Großen Fall:" Training der Technik der Sachverhaltsanalyse, Schulung des Problemgespürs und Einstellung auf den „imaginären Gegner". Erfahrungsgemäß haben nicht wenige Referendare im Examen große Probleme im Umgang mit den langen Sachverhalten, vor allem aber auch mit dem richtigen „Timing".

Ein erster Schritt der Erlernung dieser Fähigkeit besteht in der Bearbeitung der **auf dieses Theorie-Skript abgestimmten Klausurensammlungen „Basics-Strafprozessrecht" und „Die öffentlich-rechtliche und die strafrechtliche Anwaltsklausur"**. Dort sind konkrete Beispiele der wichtigsten Klausurtypen dargestellt. Die wichtigsten Regeln etwa hinsichtlich des Aufbaus werden – anders als im vorliegenden Band – nicht in isolierter Form behandelt, sondern an den jeweiligen Stellen des konkreten *examenstypischen* Falles erläutert. Dadurch steht dem Leser einerseits immer gleich ein konkretes Beispiel zur Verfügung. Andererseits kann dabei aber auch - was *mindestens* genauso wichtig ist - zusätzlich gleich das Gespür trainiert werden, auf welche Weise die jeweiligen Konstellationen im langen Sachverhalt einer Examensklausur des Assessorexamens verankert sind.

Der Leser sollte, soweit die Kommentare – wie in fast allen Bundesländern – zugelassen sind, die Durcharbeitung dieses Skripts dazu nutzen, sich in diese einzuarbeiten. Der Kommentar kann im Examen ebenso zur gewissermaßen „tödlichen Falle" werden, wie er bei richtigem Einsatz ein unverzichtbares Hilfsmittel ist. An vielen Stellen dieses Skripts wird daher nur die Grundlinie bzw. Systematik aufgezeigt und durch besonders relevante Beispiele verdeutlicht; oft wird auf Kommentarfundstellen verwiesen, deren Lektüre dann jeweils sehr sinnvoll erscheint.

Da die *Ausbildung* des Referendars noch immer stark justizlastig ist (vor allem in den nördlichen Bundesländern werden derzeit noch weitestgehend Abschlussverfügungsklausuren gestellt / durch **gesonderte Aufbaumuster für Hessen, Niedersachsen und Berlin für die Fertigung der Anklageschrift** soll der bundesweiten Verschiedenheit der Formalia vorliegend Rechnung getragen werden), sei darauf hingewiesen, dass dies zumindest in einigen Bundesländern für *das Examen selbst* längst nicht mehr gilt. So gesehen sollte sich zumindest der Referendar in den südlichen Bundesländern darüber im Klaren sein, dass zwar Abschlussverfügungsklausuren gewiss nach wie vor eine enorm wichtige und unverzichtbare Aufgabenstellung für das Assessorexamen darstellen, dass diese aber im letzten Jahrzehnt in zunehmendem Maße von anwaltlichen Aufgabenstellungen, u.a. Revisionsbegründungsschriftsätzen, bzw. Plädoyers der Verteidigung verdrängt worden sind. Daher sollte man sich frühzeitig mit anwaltlichen Aufgabenstellungen befassen. Bearbeiten Sie zu den abstrakten Ausführungen im vorliegenden Skript ergänzend die Strafrechtsklausuren aus dem Band *„Die öffentlich-rechtliche und die strafrechtliche Anwaltsklausur."*

Christian Daxhammer

§ 1 KLAUSURTECHNIK IM ASSESSOREXAMEN

A. Wesentliche Unterschiede zur Klausur im 1. Examen

B. Bearbeitung einer Klausur
I. Bearbeitervermerk
II. Erstes Lesen des Sachverhalts
III. Intensives Durchlesen
IV. Die Lösungsskizze
V. Die Reinschrift
VI. Die Verwendung von Kommentaren

§ 2 DIE ABSCHLUSSVERFÜGUNG

A. Gutachten mit Abschlussverfügung(en)
I. Das Gutachten
1. Parallelen zum Referendarsexamen
2. Besonderheiten im Assessorexamen
   a. Gegenstand des Gutachtens
      aa. Beweisverwertungsverbote
      bb. Mittelbare Anwendung von „in dubio pro reo"
      cc. Grundsätze der Wahlfeststellung
      dd. Postpendenzfeststellung
   b. Schreibstil
3. Prozessvoraussetzungen
   a. Der Strafantrag, §§ 77 ff. StGB, § 158 II StPO
   b. Die Verjährung
   c. Strafklageverbrauch
4. Maßregeln der Besserung und Sicherung, § 61 StGB; Verfall, §§ 73 ff. StGB; Einziehung, §§ 74 ff. StGB

II. Abschlussverfügungen
1. Die Tat im strafprozessualen Sinn
2. Die Anklageschrift
   a. Die Abschlussverfügung nach § 169a StPO
   b. Das Rubrum der Anklageschrift
   c. Die Personalien
   d. Der Wahlverteidiger
   e. Haftsachen
   f. Der angeklagte Sachverhalt
   g. Die gesetzlichen Merkmale der Straftat/Paragraphenzitat
   h. Wesentliches Ergebnis der Ermittlungen
   i. Zuständiges Gericht, § 200 I 2 StPO
   j. Die Anträge
   k. Die Beweismittel
   l. Die Vorlageverfügung
3. Der Strafbefehl, §§ 407 ff. StPO
   a. Voraussetzungen des Strafbefehls
   b. Muster
4. Vorläufige/Endgültige Einstellung
   a. Vorläufige Einstellung nach § 154f StPO
   b. Vorläufige Einstellung nach §§ 154d, 154e StPO
   c. Tod des Beschuldigten
5. Endgültige Einstellung des Verfahrens
   a. Einstellung des Verfahrens nach § 170 II 1 StPO
   b. Die Teileinstellung
      aa. Teileinstellung bei persönlichem Zusammenhang
      bb. Teileinstellung bei sachlichem Zusammenhang
      cc. Persönlicher und sachlicher Zusammenhang

    c. Einstellung aus Opportunitätsgründen 40
        aa. §§ 154, 154a StPO bei unwesentlichen Nebendelikten 40
        bb. Einstellung des Verfahrens wegen geringer Schuld 42
        cc. Einstellung gegen Auflagen und Weisungen 42
    d. Die Problematik der Privatklagedelikte 43
        aa. Ausschließlich Privatklagedelikt(e) innerhalb einer prozessualen Tat 43
        bb. Kollision von Privatklage- und Offizialdelikten innerhalb einer
            prozessualen Tat 44

B. Abschlussverfügung(en) mit Hilfsgutachten 45

I. Lösungsskizze 46

II. Einstellungsverfügung 46
1. Die Abschlussverfügung 46
2. Das Hilfsgutachten 47

III. Anklageschrift/Strafbefehlsantrag 47
1. Der Abschlussvermerk 48
2. Die Anklageschrift/Strafbefehlsantrag 48
3. Das Hilfsgutachten 48

IV. Die Teileinstellung 49
1. Die Abschlussverfügung 49
2. Der Abschlussvermerk 50
3. Anklageschrift/Strafbefehlsantrag 50
4. Das Hilfsgutachten 50

§ 3 REVISIONSKLAUSUREN 52

A. Allgemeines/Einführung 52

B. Das Gutachten vor eingelegter oder nach eingelegter, aber jedenfalls noch nicht begründeter Revision 52

I. Zulässigkeit der Revision 53
1. Statthaftigkeit 53
2. Rechtsmittelbefugnis 54
3. Beschwer 54
4. Kein Rechtsmittelverzicht 54
5. Form und Frist der Einlegung, § 341 I StPO 54
    a. Form und Inhalt der Revisionseinlegung 55
    b. Einlegungsfrist 55
6. Form und Frist der Revisionsbegründung 55
    a. Äußere Form der Revisionsbegründung 55
    b. Revisionsbegründungsfrist 56

II. Begründetheit der Revision 57
1. Von Amts wegen zu beachtende Verfahrensvoraussetzungen bzw.
    Verfahrenshindernisse 57
    a. Sachliche Unzuständigkeit 57
    b. Strafantrag 58
    c. Strafklageverbrauch, u.a. 58
2. Prüfung des Verfahrens 58
    a. Die Vorbereitung von Verfahrensrügen 58
    b. Besondere Anforderungen an eine Verfahrensrüge 59
    c. Absolute Revisionsgründe, § 338 StPO 60
    d. Relative Revisionsgründe, § 337 StPO 62
3. Prüfung der Sachrüge 76
    a. Urteil mit Fassungsmangel 76
    b. Beweiswürdigung im Urteil 77
    c. Fehler im Rahmen der Strafzumessung 77

III. Ergebnis 78

C. Klausurtyp 2: Gutachten nach bereits <u>begründeter</u> Revision 79

I. Zulässigkeit 79

II. Begründetheit der Revision 80

1. Verfahrensvoraussetzungen 80

2. Prüfung der <u>erhobenen</u> Verfahrensrügen 80

a. Zulässigkeit der Verfahrensrüge 81

aa. Einleitungssatz 81
bb. Schlüssiger Tatsachenvortrag 81
cc. Beweisangebot 82
dd. Rechtsausführungen 82
ee. Darlegung des Beruhens 82

b. Begründetheit der Verfahrensrüge 83
c. Besonderheiten bei einer Aufklärungsrüge, § 244 II StPO 84

3. Prüfung der Sachrüge 85

III. Ergebnis 86

IV. Hilfsgutachten 88

D. Klausurtyp 3: Fertigung einer <u>Revisionsbegründungsschrift</u> 88

I. Schriftsatz (des Anwalts oder der StA) 88

1. Rubrum 88
2. Antragstellung 89
3. Begründung der Anträge 90

a. Verfahrenshindernisse 90
b. Verfahrensrügen 91

aa. Einleitungssatz 91
bb. Schlüssiger Tatsachenvortrag 91
cc. Beweisangebot 92
dd. Rechtsausführungen 92
ee. Darlegung des Beruhens 92

c. Sachrüge 92

4. Unterschrift 93

II. Hilfsgutachten 93

1. Kurze Prüfung der Zulässigkeit der Revision 93
2. Offene Fragen, welche die Revision aber nicht begründen 93

a. Verfahrenshindernisse 94
b. Verfahrensfehler 94
c. Sachrüge 94

E. Besonderheit bei Revisionen gegen Berufungsurteile 94

F. Die Revision des Nebenklägers 95

§ 4 DAS STRAFURTEIL 97

A. Allgemeines 97

I. Examensbedeutung 97
II. Arten der Beendigung der Hauptverhandlung 97
III. Arten von Urteilen 97

1. Einstellungsurteil 97
2. Sachurteil 98

IV. Übersicht über die Bestandteile des Urteils 98

B. Das Rubrum 98

C. Tenor (Urteilsformel) 99

I. Erschöpfende Erledigung des Eröffnungsbeschlusses 99

1. Grundsätzliches 99
2. Tatmehrheit, § 53 StGB 99

- 3. Tateinheit, § 52 StGB 99
- 4. Fortsetzungstat 100
- II. Tenor bei Verurteilung 100
  - 1. Schuldspruch 100
    - a. Rechtliche Bezeichnung der Tat 100
    - b. Konkurrenzverhältnis 101
    - c. Wahlfeststellung 101
  - 2. Rechtsfolgenausspruch 101
    - a. Geldstrafe 101
    - b. Freiheitsstrafe 101
    - c. Untersuchungshaft 101
    - d. Aussetzung zur Bewährung 101
    - e. Gesamtstrafe 102
    - f. Nebenstrafen, Nebenfolgen 102
    - g. Maßregeln der Besserung und Sicherung 103
- III. Tenor bei Freispruch 103
- IV. Tenor bei Einstellung 103
- V. Vorrang des Freispruchs vor Einstellung 103
- VI. Kostenentscheidung 104
  - 1. Verurteilung 104
  - 2. Freispruch 105
  - 3. Gemischte Entscheidung 105
  - 4. Rechtsmittel 105
- VII. Entscheidung nach dem StrEG 105

D. Angewandte Vorschriften 106

E. Die Urteilsgründe 106
- I. Allgemeines 106
- II. Persönliche Verhältnisse 107
- III. Sachverhaltsschilderung 107
  - 1. Allgemeines 107
  - 2. Mitteilung der Tatbestandsmerkmale 108
  - 3. Schuldform 108
  - 4. Sonstiges 108
- IV. Beweiswürdigung 108
  - 1. Allgemein 108
  - 2. Einzelheiten der Beweiswürdigung 109
    - a. Umfassende Beweiswürdigung 109
    - b. Glaubhaftigkeit/Glaubwürdigkeit 109
    - c. Sachverständigengutachten 109
    - d. Indizienbeweis 110
    - e. Schweigen des Angeklagten 110
    - f. Zeugnisverweigerungsberechtigte 110
- V. Rechtliche Würdigung 110
- VI. Strafzumessung 111
  - 1. Examensbedeutung 111
  - 2. Grundlagen 111
    - a. Strafzumessung ist Rechtsanwendung 111
    - b. Abgrenzung von Strafe und Maßregel 112
    - c. Strafzwecke 112
    - d. Strafzumessungstheorie 112
    - e. Prüfungsfolge 113
    - f. Systematik der gesetzlichen Strafrahmenbestimmungen 113
      - aa. Regelstrafrahmen 113
      - bb. Sonderstrafrahmen 113
    - g. Einordnung des Falles in den gesetzlichen Strafrahmen 114

3. Auswahl der Strafe 114
a. Bestimmung des Strafrahmens 114
- aa. Minder schwerer Fall 114
- bb. Besonders schwerer Fall 115
- cc. Beteiligung bei minder schweren oder besonders schweren Fällen 116
- dd. Besondere gesetzliche Milderung gemäß § 49 StGB 116
- ee. Sonderstrafrahmen und Doppelverwertungsverbot 118
- ff. Strafrahmen bei Tateinheit 118
- gg. Wahlfeststellung 118

b. Einordnung der Tat in den Strafrahmen 119
- aa. Feststellung der Strafzumessungstatsachen 119
- bb. Doppelverwertungsverbot § 46 III StGB 119
- cc. Bewertung der Strafzumessungstatsachen 119
- dd. Festlegung der Strafe 120

c. Bildung einer Gesamtstrafe 121
- aa. Gleichzeitige Aburteilung mehrerer Taten 121
- bb. Nachträgliche Gesamtstrafenbildung 122

4. Folgenentscheidung 123
a. Allgemein 123
b. Strafaussetzung zur Bewährung 123
- aa. Systematik 123
- bb. Prognoseentscheidung 123
- cc. Besondere Umstände, § 56 II StGB 124
- dd. Verteidigung der Rechtsordnung, § 56 III StGB 124

c. Maßregeln der Besserung und Sicherung 124
- aa. Begründungspflicht 124
- bb. Freiheitsentziehende Maßregeln 124
- cc. Entziehung der Fahrerlaubnis 124

d. Das Fahrverbot, § 44 StGB 126
- aa. Grundsätzliches 126
- bb. § 44 I 2 StGB 126
- cc. § 44 I 1 StGB 126

VII. Urteilsgründe bei Freispruch 126
1. Freispruch aus tatsächlichen Gründen 126
2. Freispruch aus rechtlichen Gründen 127

VIII. Urteilsgründe bei Einstellung 127

IX. Aufbau bei gemischter Entscheidung 127

X. Nebenentscheidungen 128

F. Unterschrift 128

G. Urteilsbegleitende Beschlüsse 128
I. Fortdauer der Untersuchungshaft oder der Unterbringung, § 268b StPO 128
II. Bewährungsbeschluss, § 268a StPO 128
III. Vorläufige Entziehung der Fahrerlaubnis 128

§ 5 PLÄDOYER DER STAATSANWALTSCHAFT 129

A. Allgemeines 129

B. Verurteilung 129
I. Aufbau 129
II. Sachverhaltsschilderung 129
III. Beweiswürdigung 130
IV. Rechtliche Würdigung 130
V. Strafzumessung und Antrag auf Verurteilung 130
VI. Sonstige Anträge 131

- 1. Aufbau ... 131
- 2. Antrag auf Entzug der Fahrerlaubnis ... 131
- 3. Antrag auf Fahrverbot ... 132
- 4. Fortdauer der Untersuchungshaft ... 132
- 5. Kosten ... 132

C. Freispruch ... 133
- I. Übersicht ... 133
- II. Darstellung des Anklagevorwurfs ... 133
- III. Feststellungen ... 133
- IV. Beweiswürdigung ... 133
- V. Rechtliche Bewertung ... 134
- VI. Anträge ... 134
  - 1. Antrag auf Freispruch ... 134
  - 2. Kosten ... 134
  - 3. Nebenentscheidungen ... 134

D. Einstellung ... 134
- I. Aufbau ... 134
- II. Feststellung der fehlenden Prozessvoraussetzung und rechtliche Bewertung ... 135
- III. Antrag auf Einstellung ... 135
- IV. Kosten ... 135

E. Teilverurteilung ... 135
- I. Grundsätzliches ... 135
- II. Aufbau ... 136

§ 6 DAS PLÄDOYER DER VERTEIDIGUNG ... 137

A. Grundsätzliches ... 137
- I. Examensbedeutung ... 137
- II. Aufbau ... 137

B. Freispruch ... 138
- I. Aufbau ... 138
- II. Anklagevorwurf ... 138
- III. Feststellungen ... 138
- IV. Erörterung der tatsächlichen oder rechtlichen Gründe ... 138

C. Einstellung ... 139

D. Verurteilung ... 139

§ 7 WICHTIGE EXAMENSRELEVANTE ANWALTSKLAUSURVARIANTEN ... 140

A. Anwaltsvariante 1: Einspruch gegen Strafbefehl ... 140
- I. Überblick über das Strafbefehlsverfahren ... 140
  - 1. Erlassvoraussetzungen ... 140
  - 2. Zustellung des Strafbefehls ... 140
  - 3. Ablehnung des Antrags auf Erlass eines Strafbefehls ... 141

- II. Zulässigkeit des Einspruchs 141
  - 1. Statthaftigkeit 141
  - 2. Form 141
  - 3. Frist 142
  - 4. Sonderproblem: Wiedereinsetzung in die Einspruchsfrist 142
    - a. Zulässigkeit der Wiedereinsetzung 142
      - aa. Antrag 142
      - bb. Statthaftigkeit 142
      - cc. Glaubhaftmachung der Tatsachen 142
      - dd. Frist 142
    - b. Begründetheit der Wiedereinsetzung in die Einspruchsfrist 143
- III. Beschränkung des Einspruchs 143
  - 1. Grundsätzliches 143
  - 2. Voraussetzungen der Einspruchsbeschränkung 144
- IV. Einspruchsschreiben entwerfen 144
- V. Verfahren nach Einspruch 145
  - 1. Zulässiger Einspruch 145
  - 2. Unzulässiger Einspruch 145
    - a. Verwerfung außerhalb der Hauptverhandlung 145
    - b. Verwerfung in der Hauptverhandlung 145
    - c. Irrtümliche Annahme eines zulässigen Einspruchs 146
- VI. Verwerfung des Einspruchs nach § 412 StPO 146

B. Anwaltsvariante 2: Rechtsbehelfe in Haftsachen 146
- I. Haftprüfungsantrag 146
  - 1. Zulässigkeit 146
    - a. Antragsberechtigung 146
    - b. Form 147
    - c. Sonstiges 147
  - 2. Begründetheit 147
    - a. Grundsätzliches 147
    - b. Aufhebung nach § 120 StPO 147
      - aa. Dringender Tatverdacht, § 112 I 1 StPO 147
      - bb. Haftgründe 148
      - cc. Keine Unverhältnismäßigkeit, § 112 I 2 StPO 149
      - dd. „Haftgrund" des § 112 III StPO 149
      - ee. Hauptverhandlungshaft, § 127b StPO 149
    - c. Aussetzung des Vollzuges, § 116 StPO 149
- II. Haftbeschwerde 150
  - 1. Zulässigkeit 150
    - a. Statthaftigkeit 150
    - b. Beschwerdeberechtigung 150
    - c. Form 150
    - d. Sonstiges 150
    - e. Sonderproblem: Übergang der Zuständigkeit nach Beschwerdeeinlegung 150
  - 2. Verfahren 151
  - 3. Begründetheit 151
- III. Sonderfälle 151
  - 1. Sicherungshaftbefehl, § 453c StPO 151
  - 2. Haftbefehl zur Strafvollstreckung, § 457 II StPO 151

LITERATURVERZEICHNIS

Autoren	Titel/Auflage	zitiert als
Kroiß, Neurauter	Formularsammlung für Rechtspflege und Verwaltung	KN
Brößler, Mutzbauer	Strafprozessuale Revision - Eine Anleitung für Klausur und Praxis	Brößler/Mutzbauer
Brunner	Abschlussverfügung der Staatsanwaltschaft - Eine Anleitung für Klausur und Praxis	Brunner, Abschlussverfügung
Brunner, v.Heintschel-Heinegg	Staatsanwaltlicher Sitzungsdienst - Eine Anleitung für Klausur und Praxis	Brunner/ v. Heintschel-Heinegg
Schmitz, Ernemann, Frisch	Die Station in Strafsachen	„Die Station in Strafsachen"
	Hemmer/Wüst Life&Law	„Life&Law" zitiert nach Jahr und Seite
	Life&Law Bayern Spezial	„Life&Law Bayern Spezial" zitiert nach Heft-Nr. und Jahr
Huber	Das Strafurteil, JuS-Schriftenreihe Heft 121	Huber
	Juristische Arbeitsblätter für Ausbildung und Examen	„JA" zitiert nach Jahr und Seite
	Juristische Schulung	„JuS" zitiert nach Jahr und Seite
	Karlsruher Kommentar zur Strafprozessordnung	„KK" zitiert nach Bearbeiter, Rn. und §
Kroschel, Meyer-Goßner	Die Urteile in Strafsachen	„KMG"
Meyer-Goßner	Strafprozessordnung, 59. Auflage 2016	„M-G" zitiert nach Rn. und §
	Neue Juristische Wochenschrift	„NJW" zitiert nach Jahr und Seite
	Neue Zeitschrift für Strafrecht	„NStZ" zitiert nach Jahr und Seite
	Neue Zeitschrift für Verkehrsrecht	„NZV" zitiert nach Jahr und Seite
Schönke-Schröder	Strafgesetzbuch	„SchSch" zitiert nach Bearbeiter, Rn. und §
	Strafverteidiger	„StV" zitiert nach Jahr und Seite
Thomas Fischer	Strafgesetzbuch mit Nebengesetzen, 63. Auflage 2016	„Fischer" zitiert nach Rn. und §
	Zeitschrift für Wirtschaft- und Steuerstrafrecht	„wistra" zitiert nach Jahr und Seite
	Zeitschrift für die gesamte Strafrechtswissenschaft	„ZStW"

§ 1 Klausurtechnik im Assessorexamen

verfahrensrechtliche Einbettung des materiellen Rechts

Die nachfolgenden Ausführungen sollen Ihnen zunächst den Einstieg in die strafrechtlichen Assessorklausuren erleichtern. Es wird damit der ungewohnten, gänzlich neuen Situation des Referendariats Rechnung getragen; denn im Gegensatz zum Referendarexamen findet nun nahezu immer eine verfahrensrechtliche Einbettung der materiellen Probleme statt. Ab sofort sind prozessrechtliche Kenntnisse und das Beherrschen der Formalien für ein Bestehen einer Klausur unverzichtbar.

Darüber hinaus soll dieses Skript - als eine Art Gebrauchsanweisung für die verschiedenen strafrechtlichen Klausurvarianten - Ihr ständiger Begleiter bis hin zur Zweiten Juristischen Staatsprüfung sein. Aufgrund der **präzisen Zusammenfassung des für das Assessorexamen notwendigen Stoffes für sämtliche wichtige Typen von Strafrechtsklausuren** (ausführlichere Abhandlungen sind bereits zuhauf auf dem Markt erhältlich; jedoch sind diese in der Kürze der Vorbereitungszeit auf die Staatsprüfung angesichts der Stofffülle im Zivilrecht und im öffentlichen Recht i.d.R. zeitlich nicht sinnvoll zu bewältigen!) ermöglicht Ihnen das Skript stets eine möglichst schnelle und dennoch für die klausurrelevanten Problemstellungen umfassende Wiederholung der strafprozessualen Formalien.

Materielles Recht nicht vernachlässigen!

Hüten Sie sich jedoch in der Examensvorbereitung und in der Klausur vor einer falschen Schwerpunktsetzung: Je nach Bundesland[1] werden auch im Rahmen der Zweiten Juristischen Staatsprüfung regelmäßig 50 bis 90 Prozent der Punkte im materiellen Strafrecht vergeben. Es wird daher **empfohlen, die in diesem Skript besprochenen prozessualen und formellen Themen stets in Verbindung mit einer bzw. mehreren entsprechenden Klausuren zu diesem Themengebiet aufzuarbeiten.** Diese bieten ihnen zugleich am Examensfall die erforderlichen materiellen Anknüpfungen.

A. Wesentliche Unterschiede zur Klausur im 1. Examen

größerer Sachverhaltsumfang

Augenscheinlich ist bei einer strafrechtlichen Assessorklausur im Vergleich zur Strafrechtsklausur des ersten Examens zunächst der bei weitem umfangreichere Sachverhalt; er beträgt i.d.R. zwischen 5 und 11 Seiten. Dies beruht darauf, dass Ihnen nun nicht mehr ein juristisch aufgearbeiteter Sachverhalt präsentiert wird, der keine Fragen offen lässt. Sie müssen sich nun selbst mit Äußerungen und Schriftstücken u.a. von juristischen Laien befassen.

Dies hat für Sie folgende Konsequenzen:

⇨ Es gilt das juristisch Relevante von unwichtigen Problemen zu trennen (Schwerpunktsetzung).

⇨ Auf Grund des umfangreicheren Sachverhalts werden Sie häufig mit einer weitaus größeren Anzahl von Einzelproblemen konfrontiert, welche zusätzlich in die entsprechenden Formalien eingebettet werden müssen.

⇨ Dies führt zwangsläufig zu erhöhter Zeitnot - oftmals das Hauptproblem!

---

[1] Tendenziell wird in den nördlichen und westlichen Bundesländern etwas mehr auf die Formalien geachtet.

hemmer-Methode: Die neuen Anforderungen stellen ungeübte Rechtsreferendare vor erhebliche Probleme. Daher ist das regelmäßige Anfertigen von Klausuren enorm bedeutsam.
Seien Sie dabei ehrlich zu sich selbst: Halten Sie die fünf Stunden ein, lesen Sie Probleme nicht in Lehrbüchern nach und versetzen Sie sich in die Examenssituation.

Rechtsprechung maßgebend

Aufgrund des Praxisbezugs ist sich generell an der Rechtsprechung zu orientieren. Theorienstreitigkeiten sind - wenn überhaupt - nur noch bei den klassischen Streitthemen angebracht.

B. Bearbeitung einer Klausur

I. Bearbeitervermerk

Vermerk für den Bearbeiter zuerst

In die Klausur gehört nur das, was der Bearbeitervermerk verlangt. Nicht gefragte Ausführungen kosten Zeit und Punkte!

hemmer-Methode: Lesen Sie daher den Bearbeitervermerk gründlich. Fehler in diesem Bereich wirken sich exponentiell aus!

II. Erstes Lesen des Sachverhalts

Querlesen

Nunmehr lesen Sie im Lichte des Bearbeitervermerks den Sachverhalt und erhalten einen ersten Überblick über die Arbeit. Dies ermöglicht beim zweiten Durchlesen bereits eine Selektion und Orientierung. Vermerken Sie sich auch die ersten Gedanken, da diese oft die besten sind.

III. Intensives Durchlesen

Bearbeitung des Sachverhalts

Beim zweiten Durchlesen gilt es, den Sachverhalt zu ordnen, Probleme und Schwerpunkte herauszuarbeiten, Daten zu vermerken und Verbindungen zwischen verschiedenen Schriftstücken herzustellen.

Bei Klausuren, die eine Vielzahl von relevanten Daten aufweisen, erscheint die Erstellung einer „Datencheckliste" sinnvoll.

IV. Die Lösungsskizze

die Lösungsskizze als Leitfaden der Klausur

Sodann ist die Lösungsskizze zu erstellen. Hierbei ist insbesondere auf Vollständigkeit zu achten, jedoch sollten noch keine detaillierten Ausführungen erfolgen. Vielmehr sind die Problematiken nur kurz zu skizzieren, um nicht zu viel Zeit zu verlieren.

hemmer-Methode: Hüten Sie sich davor, zu schnell mit der Niederschrift zu beginnen. Die ideale Lösungsskizze hat alle rechtlichen Probleme soweit gelöst, dass Sie sich bei der Niederschrift auf die formelle Umsetzung konzentrieren können. Wichtig ist vor allem, an den entscheidenden Weichenstellungen so sauber zu arbeiten, dass Sie die gefundenen Lösungsansätze bei Ihrer Niederschrift auch bedenkenlos übernehmen können. Stellt sich während der Reinschrift einer derart formell orientierten Aufgabenstellung heraus, dass Sie hier einen Fehler gemacht haben, so lässt er sich – anders als bei der Fertigung eines Gutachtens im ersten Staatsexamen – u.a. aufgrund des enormen Zeitdrucks i.d.R. kaum mehr sinnvoll korrigieren.

V. Die Reinschrift

Formales beachten!

Mit dieser sollten Sie spätestens nach zwei Stunden (besser natürlich früher) beginnen. Gewöhnen Sie sich Ihre eigene Klausurtaktik durch intensives Training an. Achten Sie hierbei auf formale Aspekte wie die Schrift, Absätze und Übersichtlichkeit. Der ideale Schreibstil zeichnet sich gerade im Zweiten Staatsexamen durch einfache und kurze Sätzen aus. Dabei muss die Sprache präzise sein und Umgangssprache ist zu vermeiden. Fehler in diesem Bereich wirken sich erfahrungsgemäß negativ auf das Wohlwollen des Korrektors aus.

VI. Die Verwendung von Kommentaren

beschränkter Einsatz der Kommentare

Auch hier gilt nicht zuletzt wegen der Zeitproblematik der Grundsatz: „weniger ist mehr"! Der Kommentar sollte nur bei zentralen Problemen der Klausur gezielt eingesetzt werden; zuvor sollte eine eigenständige Auseinandersetzung mit dem Problem erfolgen.

> **Merken Sie sich: Zitiert wird immer nur die entsprechende Kommentarfundstelle, nicht aber das BGH-Urteil! Schließlich steht Ihnen lediglich der Kommentar zur Verfügung. Zitieren Sie nur die Fundstellen, die Ihre Lösung bei wichtigen Problemen belegen: Sie schreiben eine Klausur – keine wissenschaftliche Arbeit! Verschwenden Sie nicht unnütz wertvolle Zeit.**

Hüten Sie sich davor, aus dem Kommentar unreflektiert ähnliche Fallkonstellationen zu übernehmen bzw. falsch verstandene Inhalte zu transferieren. Der richtige und schnelle Umgang mit den zugelassenen Kommentaren muss – vor allem durch regelmäßiges Schreiben von Klausuren – eingeübt werden.

§ 2 Die Abschlussverfügung

Examensschwerpunkt

Klausuren mit Abschlussverfügungen spielen im Assessorexamen eine erhebliche Rolle. Setzen Sie deshalb hier einen Ihrer Schwerpunkte im Examen. Bei Abschlussverfügungsklausuren gilt es i.d.R. zwei Varianten zu unterscheiden: Das „Gutachten zum hinreichenden Tatverdacht mit anschließenden Abschlussverfügungen" sowie „Abschlussverfügungen mit Hilfsgutachten".[2]

A. Gutachten mit Abschlussverfügung(en)[3]

> Dieser Klausurtyp ist vor allem eher in nördlichen Bundesländern üblich, kommt aber auch in südlichen Bundesländern gelegentlich vor. Eine Musterklausur zu dieser Variante finden Sie bei Hemmer/ Wüst/ Gold, Assessor-Basics Strafprozessrecht, Klausur Nr. 1.

Bearbeitervermerk

Sollte diese Variante Gegenstand Ihrer Klausur sein, lautet der Bearbeitervermerk ungefähr wie folgt:

> *1. In einem Gutachten zur Vorbereitung der Verfügung(en) der Staatsanwaltschaft ist der hinreichende Tatverdacht bzgl. des Beschuldigten zu untersuchen. (Der Sachbericht ist erlassen).[4]*
>
> *2. Die Entscheidung(en) der Staatsanwaltschaft im Verfahren ist (sind) zu entwerfen.*

Folglich besteht die zu fertigende Klausurlösung aus zwei Teilen: Sie erstellen zunächst ein Gutachten darüber, inwieweit der Beschuldigte sich einer (i.d.R. mehrerer) Straftat(en) hinreichend verdächtig gemacht hat. Anschließend setzen Sie das gefundene Ergebnis in die entsprechende(n) Entscheidung(en) der Staatsanwaltschaft um.

I. Das Gutachten

1. Parallelen zum Referendarsexamen

Gemeinsamkeiten mit Strafrechtsklausur des Ersten Staatsexamens

Bei der Erstellung des Gutachtens befinden Sie sich in bekannten Gefilden. Insoweit gilt es wie im Referendarsexamen den Sachverhalt insbesondere nach dem StGB zu beurteilen. Der Sachverhalt ist wie gewohnt zunächst in Tatkomplexe zu gliedern; generell wird mit der Prüfung des „Tatnächsten" begonnen. Dabei sollte ein Tatkomplex einer Tat im prozessualen Sinn entsprechen, was auch bei einer Strafrechtsklausur des ersten Staatsexamens an sich (eventuell sogar noch gänzlich unbewusst) der Regelfall war.[5]

---

2   Vereinzelt treten im Examen auch Modifikationen auf, z.B. „Gutachten mit Anklageschrift". Diese Varianten folgen jedoch weitgehend dem Grundmuster „Gutachten mit Abschlussverfügungen" und sind entsprechend zu lösen.

3   Vgl. Sie als Examensklausurbeispiel Assessor-Basics, Klausurentraining Strafprozess, Fall 1.

4   Dieser Hinweis bezieht sich allein auf die Erstellung des Gutachtens. Ihnen wird hierdurch nicht die Sachverhaltsdarstellung in einer Anklageschrift erlassen.

5   Zur prozessualen Tat siehe § 2, Rn. 16.

§ 2 DIE ABSCHLUSSVERFÜGUNG

2. Besonderheiten im Assessorexamen

a. Gegenstand des Gutachtens

Hinreichenden Tatverdacht prüfen!

Wichtig ist, dass es bei der Vorbereitung staatsanwaltschaftlicher Abschlussverfügungen in formaler Hinsicht nicht mehr die „Strafbarkeit" des Beschuldigten zu prüfen gilt. Zu prüfen ist vielmehr, ob ein **hinreichender Tatverdacht** i.S.d. § 170 I StPO besteht. Dies setzt eine hinreichend hohe Wahrscheinlichkeit der Verurteilung im Hauptverfahren voraus (Prognoseentscheidung). Dann ist die Staatsanwaltschaft zur Erhebung der öffentlichen Klage verpflichtet (Legalitätsprinzip, § 152 II StPO).

> *Formulierungsbeispiel: Durch die Mitnahme des Feuerzeugs aus dem Supermarkt könnte ein **hinreichender Tatverdacht** bzgl. eines Diebstahls gem. § 242 I StGB bestehen.*

Beweismittel

Es gilt die Tatbestandsmerkmale des jeweiligen Delikts zu prüfen. Hierbei müssen Sie sich auf Aussagen und sonstige Beweismittel stützen, da eine Verurteilung nur wahrscheinlich ist, wenn die Deliktsverwirklichung in der Hauptverhandlung auch bewiesen werden kann. An problematischen Stellen bietet sich deshalb ein Verweis auf das entsprechende Beweismittel an.

> *Bsp.: Ein völliges Ausweichen war dem Beschuldigten nach den glaubhaften Aussagen der Zeugen X und Y, an deren Glaubwürdigkeit keine Zweifel bestehen, nicht mehr möglich. (Eine Beurteilung der Glaubwürdigkeit wird in der Klausur kaum möglich sein!)*

umfassende Behandlung

Im Gutachten gilt es alle Delikte, die sich zu Beginn oder im Laufe des Ermittlungsverfahrens herauskristallisiert haben, zu behandeln. Dies gilt auch, wenn sich der Verdacht am Ende des Ermittlungsverfahrens nicht bestätigt; insoweit muss die Staatsanwaltschaft nämlich das Verfahren unter allen in Betracht kommenden Aspekten beurteilen und abschließen.

aa. Beweisverwertungsverbote

Beweisverwertungsverbote

Beweisverwertungsverbote führen zur Nichtberücksichtigung bestimmter Beweisergebnisse und damit verbundener Sachverhalte, welche damit nicht zum Gegenstand der Beweiswürdigung und der Urteilsfindung gemacht werden können. Dies führt u.U. in der Klausur dazu, dass Sie die hinreichend hohe Wahrscheinlichkeit der Verurteilung und damit den hinreichenden Tatverdacht verneinen müssen, da ein Nachweis nicht gelingt.

Grundsätze

Es erfolgt dann eine Einstellung nach § 170 II StPO. Dies gilt natürlich nur, wenn der Beweis nicht auf andere Art und Weise geführt werden kann. Da eine umfassende Behandlung dieser Thematik[6] die Grenzen dieses klausuraufbauorientierten Skripts sprengen würde, soll vorliegend nur die grundsätzliche Vorgehensweise dargestellt werden.

> ⇨ Welches Beweismittel liegt vor (z.B. Zeugenbeweis)?
>
> ⇨ Liegt ein Beweiserhebungsfehler vor?

---

6 Vgl. Sie hierzu Hemmer/Wüst, StPO, Rn. 359 ff.; M-G, Einl., Rn. 55 ff.

⇨ Führt dieser Erhebungsfehler zu einem Beweisverwertungsverbot?

Soweit kein gesetzliches Verwertungsverbot (wie z.B. in § 136a III StPO) vorliegt, müssen Sie den **staatlichen Strafanspruch** und die **Interessen des Betroffenen an einem fairen Verfahren** ins Verhältnis setzen. Gehen die Interessen des Betroffenen vor, so führt die mit dem Beweiserhebungsfehler verbundene Normverletzung zu einem Beweisverwertungsverbot. Hierbei muss etwa berücksichtigt werden, ob der Betroffene überhaupt durch die verletzte Regelung geschützt werden soll.

> **Anmerkung:** Dabei wird der Schwerpunkt der Abhandlung sicherlich im letzten Prüfungspunkt liegen. Die Problematik der Beweisverwertungsverbote ist nicht nur für Abschlussverfügungsklausuren von Examensrelevanz, sondern v.a. auch in der Revisionsklausur. Sie sollten in diesem Bereich daher fundierte Kenntnisse haben und die aktuellen Entwicklungen im Auge behalten.

bb. Mittelbare Anwendung von „in dubio pro reo"

in dubio pro reo

Beachten Sie hierbei den **modifizierten Anwendungsbereich des Grundsatzes „in dubio pro reo:"** Dieser kommt aufgrund der eigenen Prognose der Staatsanwaltschaft nur mittelbar zur Anwendung. Zweifel in Bezug auf den maßgeblichen Sachverhalt führen somit ggf. zur Ablehnung des Vorliegens eines hinreichenden Tatverdachtes. Nur wenn aus Sicht der Staatsanwaltschaft keine Zweifel in Bezug auf den entsprechend relevanten Sachverhalt bestehen, kann es eine hinreichende Wahrscheinlichkeit der Verurteilung in der Hauptverhandlung geben, mithin ein hinreichender Tatverdacht angenommen werden.[7]

cc. Grundsätze der Wahlfeststellung

Wahlfeststellung

In Anknüpfung an den Grundsatz „in dubio pro reo" sind schließlich die Grundsätze der Wahlfeststellung zu beachten. Zur Umsetzung i.R.d. Gutachtens bietet sich folgende Vorgehensweise an:[8]

Alternativprüfung

⇨ Zunächst erfolgt die Feststellung, dass der Sachverhalt hinsichtlich einer Tatsache (oder mehrerer Tatsachen) nicht abschließend aufklärbar ist und insoweit mehrere Alternativen in Betracht kommen. Daraufhin erfolgt eine **Prüfung des hinreichenden Tatverdachts bzgl. beider denkbarer Alternativen**.

⇨ Liegt ein hinreichender Tatverdacht bei beiden Sachverhaltsvarianten vor?

⇨ Ist dies nur bei einer der in Betracht kommenden Alternativen *nicht* der Fall, dann ist wegen der mittelbaren Anwendung des Grundsatzes in dubio pro reo eine Verurteilung nicht wahrscheinlich; es liegt somit auch kein hinreichender Tatverdacht vor. In solchen Fällen ist also die für den Täter günstigere Alternative zu Grunde zu legen, folglich diejenige, die keinen hinreichenden Tatverdacht ergibt.

---

7 Vgl. Sie hierzu auch M-G, § 170, Rn. 1 a.E.
8 Eine umfassende rechtliche Behandlung würde den Rahmen dieses Skriptes sprengen. Vgl. Sie hierzu u.a. Hemmer/Wüst, Strafrecht AT II, Rn. 112 ff., sowie Fischer, § 1, Rn. 32 ff.

§ 2 DIE ABSCHLUSSVERFÜGUNG

unechte Wahlfeststellung

⇨ Wird ein **hinreichender Tatverdacht bei allen Tatsachenvarianten bejaht** und wurde jeweils **derselbe Tatbestand** verwirklicht, dann ist der Beschuldigte nach einer Variante hinreichend verdächtig (unechte/gleichartige Wahlfeststellung = Tatsachenalternativität).

Bsp.: Es kann nicht geklärt werden, welche zweier sich widersprechender uneidlichen Aussagen vor Gericht falsch war. Unter Heranziehung der Grundsätze der unechten Wahlfeststellung ist der Beschuldigte der uneidlichen Falschaussage vor Gericht gem. § 153 StGB hinreichend verdächtig.

Stufenverhältnis

⇨ Wird ein hinreichender Tatverdacht bei allen Tatsachenvarianten bejaht und kommen unterschiedliche Straftatbestände in Betracht, so ist zu differenzieren:

⇨ Stehen die Straftatbestände in einem **Stufenverhältnis** zueinander? Unter Heranziehung des Grundsatzes in dubio pro reo besteht dann ein hinreichender Tatverdacht nur für die geringere Stufe.[9]

echte Wahlfeststellung

⇨ Ist ein Stufenverhältnis abzulehnen, so besteht wegen des Grundsatzes in dubio pro reo an sich kein hinreichender Tatverdacht, da ein bestimmter Tatbestand gerade nicht nachgewiesen werden kann (sog. wechselweise Anwendung des Grundsatzes in dubio pro reo).

⇨ Sind die verschiedenen Tatbestände aber **rechtsethisch und psychologisch vergleichbar**, dann besteht ein hinreichender Tatverdacht hinsichtlich des einen oder anderen Delikts (ungleichartige/echte Wahlfeststellung = Tatbestandsalternativität).[10]

*Bsp.: Es kann nach intensivsten Ermittlungen letztlich nicht geklärt werden, ob der Beschuldigte das weltberühmte Gemälde selbst aus dem Museum gestohlen oder in Kenntnis des Diebstahls von einem Unbekannten angekauft hat. Andere Möglichkeiten sind jedoch ausgeschlossen. Aufgrund der rechtsethischen und psychologischen Vergleichbarkeit des sich hier ergebenden Diebstahls sowie der Hehlerei ist der Beschuldigte „**entweder gem. § 242 StGB oder gem. § 259 StGB**" hinreichend verdächtig.*

dd. Postpendenzfeststellung

Postpendenz

Kein Fall der Wahlfeststellung ist die sogenannte **Postpendenz**, d.h. eine Sachverhaltsungewissheit besteht nur in zeitlicher Hinsicht. Danach ist ein späterer Sachverhalt sicher, zusätzlich aber auch noch ein früherer Sachverhalt möglich, wobei die Sachverhalte an sich zu einem gegenseitigen Ausschluss führen würden. Da der spätere Sachverhalt sicher ist, erfolgt eine Verurteilung allein hiernach.[11]

Bsp.: Es ist sicher, dass der Beschuldigte in Kenntnis der strafbaren Herkunft einen Beuteanteil aus einem Einbruchdiebstahl erlangt hat. Es bleibt aber ungewiss, ob er nicht sogar an der Vortat beteiligt war. Hier ist der Beschuldigte allein wegen des Einbruchdiebstahls hinreichend verdächtig; bzgl. der ungewissen Vortatbeteiligung entfällt der hinreichende Tatverdacht auf Grund der mittelbaren Anwendung des Grundsatzes in dubio pro reo.

---

9   Es muss ein „Mehr" oder „Weniger" der Verhaltensweisen vorliegen, so z.B. im Verhältnis von Privilegierungen zu Grund- bzw. Qualifikationstatbeständen (vgl. Fischer, § 1, Rn. 35 ff.). Folge wäre dann beispielsweise die Annahme eines hinreichenden Tatverdachts nur wegen eines einfachen Raubes an Stelle eines schweren Raubes.

10 Vgl. Sie hierzu Fischer, § 1, Rn. 40 ff.

11 Fischer, § 1, Rn. 45.

b. Schreibstil

Gutachtenstil nur bedingt

Auch wenn Sie ein Gutachten zu erstellen haben, so gebietet Ihnen der Zeitdruck – selbiger ist im Assessorexamen noch stärker als im Referendarsexamen – vor allem bei unproblematischen Tatbestandsmerkmalen den Urteilsstil anzuwenden.

Ausführungen zur Rechtswidrigkeit und Schuld sind bei unproblematischen Konstellationen i.d.R. verfehlt. Die gezielte Schwerpunktsetzung erreicht sowohl wegen des Zeitdrucks als auch wegen des großen Bezugs zur Praxis einen noch höheren Stellenwert, als dies im Rahmen der Ersten Juristischen Staatsprüfung.

> **hemmer-Methode:** Unterscheiden Sie das Wesentliche vom Unwesentlichen. Hierdurch wird juristisches Verständnis und Praxisnähe demonstriert. Zudem wird es Ihnen wegen der knapp bemessenen Zeit nur auf diese Weise gelingen, eine vollständig abgeschlossene Lösung zu präsentieren.

3. Prozessvoraussetzungen

Prozessvoraussetzungen

Eine hinreichende Wahrscheinlichkeit der Verurteilung hängt unter anderem davon ab, dass sämtliche Prozessvoraussetzungen vorliegen. Ansonsten wird das Verfahren nach § 170 II 1 StPO eingestellt. Soweit der Sachverhalt dazu Veranlassung gibt, gilt es am Ende der Prüfung des jeweiligen Delikts die maßgeblichen Prozessvoraussetzungen zu prüfen. Nachfolgend sollen die für Examensklausuren wichtigsten Prozessvoraussetzungen besprochen werden.[12]

a. Der Strafantrag, §§ 77 ff. StGB, § 158 II StPO

Strafantrag gestellt?

Teilt der Bearbeitervermerk mit, dass etwaige Strafanträge gestellt sind, so muss hierauf nicht näher eingegangen werden.

Fehlt ein solcher Hinweis, empfiehlt es sich wie folgt vorzugehen:

⇨ Liegt ein Antragsdelikt vor (z.B. §§ 123 II, 194, 230, 248a StGB)?

⇨ Wurde ein Antrag gestellt und nicht zurückgenommen?

u.U. Auslegung

Dabei gilt es zu untersuchen, ob der Antragsteller das *Verlangen zur Strafverfolgung* hinreichend bestimmt zum Ausdruck gebracht hat. Dies ist u.U. entsprechend § 133 BGB durch Auslegung zu ermitteln. Hierdurch erfolgt die Abgrenzung zur bloßen Strafanzeige, vgl. § 158 I StPO. Ferner muss im Sachverhalt darauf geachtet werden, ob der Antrag ggf. nach § 77d StGB wieder zurückgenommen wurde.

⇨ Ist der Antragsteller antragsberechtigt, § 77 StGB?

Form, § 158 II StPO

⇨ Wurde der Antrag form- und fristgerecht gestellt?

---

12 Eine sehr ausführliche Darstellung zu den einzelnen Prozessvoraussetzungen finden Sie bei M-G, Einl., Rn. 141 ff.

§ 2 DIE ABSCHLUSSVERFÜGUNG

Nach § 158 II StPO ist Schriftform erforderlich,[13] soweit der Antrag nicht zu Protokoll des Gerichts oder der StA erklärt wird. Die Frist beträgt grundsätzlich drei Monate seit Kenntniserlangung, § 77b StGB.

besonderes öffentliches Interesse

Sollten die Voraussetzungen nicht erfüllt sein, kann bei manchen Antragsdelikten der Strafantrag durch Bejahung eines **besonderen (!)** öffentlichen Interesses überwunden werden (vgl. z.B. §§ 230, 248a, 303c StGB). Dies sollte in der Examensklausur allerdings eher restriktiv gehandhabt werden. Anhaltspunkte hierfür können Nr. 229, 234, 242a, 243 III RiStBV entnommen werden.

> **Achtung!** Verwechseln Sie unter keinen Umständen das besondere öffentliche Interesse, dessen Bejahung einen fehlenden Strafantrag ersetzen kann mit dem öffentlichen Interesse nach § 376 StPO! Die Bejahung des öffentlichen Interesses nach § 376 StPO ist zusätzliche **Voraussetzung für die Erhebung der öffentlichen Klage bei Privatklagedelikten gemäß § 374 StPO.**[14]

b. Die Verjährung

Vorsicht bei Delikten, die vor mehr als drei Jahren begangen wurden!

Hellhörig sollten Sie werden, wenn seit Tatbeendigung mindestens drei Jahre verstrichen sind; nach § 78 III Nr.5 StGB beträgt die regelmäßige Verjährungsfrist drei Jahre. Für die Sonderfälle des § 78 III Nr.1-4 StGB ist nach § 78 IV StGB die abstrakte Strafandrohung maßgeblich, wobei Schärfungen/Milderungen nach AT/BT unbeachtlich, dagegen aber Privilegierungen (z.B. § 216 StGB zu § 212 StGB) / Qualifizierungen (z.B. § 227 StGB zu § 223 StGB) beachtlich sind.

> **Anmerkung:** Auch bei Tateinheit ist die Frage der Verjährung für jeden Tatbestand gesondert zu prüfen.

Die Verjährung beginnt gemäß § 78a StGB mit Beendigung – nicht schon mit Vollendung des Delikts – unter Einschluss des Erfolges.[15] Für den Fristablauf sind Sonn- und Feiertage hier unerheblich (arg. e contrario § 77b I 2 StGB).[16] Dabei gilt es die Möglichkeit des Ruhens und der Unterbrechung zu beachten, §§ 78b, 78c StGB.

c. Strafklageverbrauch

Kann die prozessuale Tat noch verfolgt werden?

Der Strafklageverbrauch ist Ausfluss des ne bis in idem - Grundsatzes: Demnach darf der Täter nach einer rechtskräftigen Entscheidung nicht mehr wegen **derselben prozessualen Tat** belangt werden, Art. 103 III GG. Es besteht dann ein Verfolgungshindernis.

---

13 Nach BayObLG, NStZ 1997, 453 fordern Sinn und Zweck des Schriftformerfordernisses nicht zwingend eine handschriftliche Unterzeichnung: Das Schriftstück hat zu gewährleisten, dass selbigem der Erklärungsinhalt und die Person, von der sie ausgeht, hinreichend zuverlässig entnommen werden können. Diese Anforderungen sind auch erfüllt, wenn der Strafantrag in einer vom Antragsteller nicht unterschriebenen „Zeugenvernehmung" der Polizei mit der Aufschrift "Umsetzung der Tonträgeraufzeichnung in ein schriftliches Protokoll" enthalten ist, die vom vernehmenden Polizeibeamten unterschrieben wurde und von einer weiteren Amtsperson mit dem Vermerk "Für die Richtigkeit der Tonträgerabschrift" unterzeichnet worden ist. = **juris**byhemmer (Wenn dieses Logo hinter einer Fundstelle abgedruckt wird, finden Sie die Entscheidung online unter „juris by hemmer": www.hemmer.de. Zur Arbeit mit juris befindet sich vorne im Skript eine ausführliche Anleitung.)

14 Siehe dazu Nr. 86 ff. RiStBV.

15 Fischer, § 78a, Rn. 3.

16 Fischer, § 78a, Rn. 6.

Grundsätzlich führen nur gerichtliche Entscheidungen wie das rechtskräftige Strafurteil, sowie gerichtliche Einstellungsbeschlüsse (z.B. §§ 153 II, 153a II, 154 II StPO) zu einem (zumindest beschränkten) Strafklageverbrauch. Ein rechtskräftiger Strafbefehl kann allerdings unter den erleichterten Bedingungen des § 373a StPO wieder aufgegriffen werden.

Strafklageverbrauch bei § 153 II StPO strittig

Mangels expliziter Regelung ist der Strafklageverbrauch bei § 153 II StPO strittig. Dem Grunde nach wird ein Strafklageverbrauch angenommen, jedoch soll nach einer Ansicht eine Strafverfolgung wieder möglich sein, falls neue Tatsachen oder Beweismittel bekannt werden, die zu einer anderen rechtlichen Würdigung der prozessualen Tat führen, § 211 StPO i.V.m. § 47 III JGG analog.[17]

Nach anderer Ansicht, der sich nun auch der BGH angeschlossen hat,[18] soll in Anlehnung an § 153a I 5 StPO eine erneute Verfolgung nur als Verbrechen möglich sein.[19]

4. Maßregeln der Besserung und Sicherung, § 61 StGB; Verfall, §§ 73 ff. StGB; Einziehung, §§ 74 ff. StGB

Maßregeln der Besserung und Sicherung

Nach Nr. 110 II lit.c RiStBV muss die Anklageschrift zu der Verhängung von Maßregeln der Besserung und Sicherung nach § 61 StGB Stellung nehmen. Daher gilt es bereits am Ende des Gutachtens, - natürlich nur soweit der Sachverhalt Veranlassung dazu bietet - hierzu (kurz) Stellung zu nehmen. Dabei sind allerdings i.d.R. nur folgende Maßregeln relevant (sie werden hier wegen des Zusammenhangs nur kurz angedeutet; im Übrigen wird auf das eigene Kapitel verwiesen[20]):

⇨ Entziehung der Fahrerlaubnis, §§ 69, 69a StGB

Entziehung der Fahrerlaubnis

Begeht der Beschuldigte eine rechtswidrige Tat im Zusammenhang mit einem Kraftfahrzeug und manifestiert sich hierdurch die mangelnde Eignung zum Führen eines Kraftfahrzeuges, so wird ihm das Gericht die Fahrerlaubnis entziehen, § 69 I StGB. In § 69 II StGB listet das Gesetz Verkehrsdelikte auf, die die fehlende Eignung vermuten lassen. Die Aufzählung ist jedoch nicht abschließend.[21] Insbesondere kann sich eine solche auch aus § 315b StGB ergeben. Darüber hinaus ist an eine Sperrfristsetzung gem. § 69a StGB für die Wiedererteilung der Fahrerlaubnis zu denken.

Hat der Beschuldigte keine Fahrerlaubnis, kann über § 69a StGB auch eine isolierte Sperre für die Erteilung einer Fahrerlaubnis festgesetzt werden.

Scheidet der Entzug aus rechtlichen oder tatsächlichen Gesichtspunkten aus, so ist als Nebenstrafe ggf. die Anordnung eines Fahrverbots nach § 44 StGB möglich.

---

17 M-G, § 153, Rn. 37 f.
18 Vgl. Nachweise bei M-G, § 153, Rn. 38
19 KK-Schoreit, § 153, Rn. 62 f.
20 § 4, Rn. 63 ff.
21 Ausführlich unter § 4, Rn. 64.

> **hemmer-Methode:** Verkehrsdelikte sind relativ häufig Gegenstand von Examensklausuren. Sie sollten die §§ 69, 69a StGB am besten sofort am Rande Ihrer Klausur vermerken, um diese später nicht zu vergessen.

⇨ Einziehung/Verfall, §§ 73 ff., 74 ff. StGB

Einziehung/Verfall

Hierdurch wird u.U. das Eigentum an Gegenständen, die aus Straftatbeständen hervorgehen bzw. hieraus erlangt wurden, auf den Staat übertragen.

II. Abschlussverfügungen

Nach der Fertigung des Gutachtens muss die StA das Ermittlungsverfahren förmlich abschließen. Dies ergibt sich aus der StPO und der RiStBV. Ihre Aufgabe ist es nun, das materielle Ergebnis formell einzukleiden. Dem Grunde nach sind drei Varianten denkbar.

```
                    Ergebnis des Ermittlungsverfahrens
                     /                              \
       Kein hinreichender Tatverdacht        Hinreichender Tatverdacht
                  |                            /                    \
       Einstellung nach § 170 II 1 StPO   Einstellung nach    Öffentliche Klage nach
                                          §§ 153 ff. StPO        § 170 I StPO
```

1. Die Tat im strafprozessualen Sinn

die prozessuale Tat

Gegenstand des Strafverfahrens gegen einen Beschuldigten sind Taten im prozessualen Sinn, §§ 155 I, 264 StPO. Diese strafprozessualen Taten muss die Staatsanwaltschaft formell abschließen. Unter der prozessualen Tat versteht die h.M. ***einen geschichtlichen Vorgang, soweit er nach der Lebenserfahrung eine Einheit bildet***. Innerhalb des geschichtlichen Vorgangs muss eine innere Verknüpfung bestehen, so dass eine Aufspaltung des Lebenssachverhalts unnatürlich erschiene.[22] Der zusammenhängende Lebenssachverhalt ist dabei stets auf den jeweiligen Beschuldigten zu beziehen; bei mehreren Beschuldigten liegt daher, wenn auch derselbe Lebenssachverhalt zu Grunde liegt, in Bezug auf den einzelnen Beschuldigten eine eigenständige prozessuale Tat vor.

Die prozessuale Tat ist streng von der materiellen Tat zu trennen. Liegt jedoch nach materiellem Recht Tateinheit (§ 52 StGB) vor, so handelt es sich grundsätzlich auch um eine prozessuale Tat. Dies gilt auch für Dauerstraftaten.[23] Stehen dagegen mehrere Handlungen materiell-rechtlich in Realkonkurrenz zueinander (§ 53 StGB), dann werden i.d.R. auch mehrere prozessuale Taten gegeben sein. Ausnahmsweise kann aber bei einem einheitlichen Lebenssachverhalt trotz Tatmehrheit eine prozessuale Tat vorliegen.

---

22 BGH St 23, 141 = **juris**byhemmer.
23 BGH MDR 1989, 308.

Bsp.: A verursacht betrunken einen Unfall (§ 315c I Nr.1a, III Nr.2 StGB; § 316 II StGB tritt dann als subsidiär zurück) und begeht anschließend Unfallflucht (§ 142 I Nr.2 StGB). Hier handelt es sich um zwei selbständige Taten im materiellen Sinn, da durch den Unfall eine Zäsur eintritt und beim anschließenden Entfernen vom Unfallort ein neuer Tatentschluss sowie eine neue Ausführungshandlung vorliegen (= neue Handlung im natürlichen Sinn).

Dennoch bildet der Vorgang einen einheitlichen Lebenssachverhalt und stellt damit insgesamt nur eine prozessuale Tat dar. Die Behandlung in verschiedenen Verfahren ginge wegen der inneren Verknüpfung mit einer unnatürlichen Aufspaltung des Lebenssachverhaltes einher.

> **Anmerkung:** Früher galten die o.g. Kriterien auch für sog. Fortsetzungstaten. Diese Rechtsfigur findet nach neuerer Rechtsprechung aber kaum mehr einen Anwendungsbereich.[24] Eine Ausnahme bilden die Organisationsstraftaten (vgl. Sie § 129 StGB).

Gliederung des Gutachtens

Im materiellen Gutachten gilt es deshalb - zur Vereinfachung des weiteren Vorgehens - die Tatkomplexe gleich entsprechend der prozessualen Tat einzuteilen (s.o.).

Im Examen werden Sie regelmäßig mit mehreren prozessualen Taten konfrontiert. Denn entweder werden einem Beschuldigten mehrere Taten im prozessualen Sinn zur Last gelegt (z.B. am 01.10.2010 ein Raub und am 01.01.2011 eine Körperverletzung) oder es läuft ein Ermittlungsverfahren gegen mehrere Beschuldigte, so dass per se mehrere prozessuale Taten vorliegen.

> **hemmer-Methode:** Prägen Sie sich die prozessuale Tat genau ein. Diese ist im Strafverfahren von elementarer Bedeutung und wird Sie durch dieses Skript stets begleiten. Fehler in diesem Bereich werden vom Korrektor nicht verziehen.

2. Die Anklageschrift

Kommen Sie nach Ihrem Gutachten zu dem Ergebnis, dass - unter Berücksichtigung des gesamten Akteninhalts bei vorläufiger Tatbewertung - zumindest bzgl. einer Tat im prozessualen Sinn die Verurteilung des Beschuldigten mit Wahrscheinlichkeit (Prognoseentscheidung) zu erwarten ist, dann erheben Sie hinsichtlich dieser Tat grds. die öffentliche Klage, § 170 I StPO.

„Beschuldigter" wird „Angeschuldigter"

Dies geschieht in Examensklausuren i.d.R. durch die Anfertigung einer Anklageschrift.[25] Zu Inhalt und Form siehe § 200 StPO bzw. Nr.110 RiStBV. Mit Anklageerhebung erhält der bisherige Beschuldigte nun die Bezeichnung „Angeschuldigter", vgl. § 157 StPO.

---

24 Vgl. Sie Hemmer/Wüst, Strafrecht AT II, Rn. 100 ff.
25 Nachfolgend wird zunächst von der in Bayern üblichen Fassung einer Anklageschrift ausgegangen. Diese ist in Kroiß/Neurauter – in Bayern zugelassenes Hilfsmittel im Examen – unter Muster Nr.36 abgedruckt. Da vielfach in anderen Bundesländern die Fassung teilweise von Gerichtsbezirk zu Gerichtsbezirk unterschiedlich gehandhabt wird, kann dieses Skript nicht sämtliche Varianten abhandeln. Jedoch gelten die hier dargestellten Grundsätze grds. auch dort. Insoweit sei auf das abschließende Beispiel und die Übersicht bei Solbach, S. 96 ff. verwiesen.

§ 2 DIE ABSCHLUSSVERFÜGUNG

> **hemmer-Methode:** Alternativ besteht auch in Klausuren - unter Berücksichtigung der Voraussetzungen der §§ 407 ff. StPO - die Möglichkeit, einen Antrag auf Erlass eines Strafbefehls ins Auge zu fassen. Ein solcher ist in Examensklausuren jedoch eher die Ausnahme und wird häufig sogar über den Bearbeitervermerk ausgeschlossen.

Muster (bayrischer Aufbau)	*Staatsanwaltschaft München I Az.: 16 Js 123/16* *21.03.2016*
	Verfügung:
	I. Vermerk: Bezüglich des von der Anklage erfassten Verhaltens vom 10. Februar 2016 liegen weitere Straftatbestände nicht vor: ....
Abschlussverfügung nach § 169a StPO i.V.m. Nr.109 RiStBV	*II. Die Ermittlungen sind abgeschlossen.*
	III. Anklageschrift nach gesondertem Entwurf. (Dieser Entwurf sollte der Übersichtlichkeit wegen gesondert auf einem neuen Blatt Papier angelegt werden.)
	Wüst Staatsanwältin
Rubrum	*Staatsanwaltschaft München I Az.: 16 Js 123/16*
	Haft![26]
	I. Anklageschrift
Personalien	*In der Strafsache gegen*
	Lars Lange, geb. am 08.07.1972 in Passau, deutscher Staatsangehöriger, lediger Friseurmeister, wohnhaft Betlinstrasse 10, 81375 München.
u.U. Wahlverteidiger	*Wahlverteidiger: RA Dr. Tiroler* *Erdstr. 5, 81375 München*
Angaben zur Haft	*(ggf. Vollmacht bzw. Bestellung, Bl.....d.A.)*
	In dieser Sache (vorläufig festgenommen am 22. Februar 2016 und...../ in Bayern aber üblich nur: in Untersuchungshaft seit....) in Untersuchungshaft seit dem 22. Februar 2016 in der JVA München-Stadelheim aufgrund Haftbefehls des Amtsgerichts München vom 22. Februar 2016 (Geschäftszeichen, wenn angegeben) / In Bayern wird an dieser Stelle die Frist gem. § 121 I StPO angegeben.[27]
angeklagter Sachverhalt	*Die Staatsanwaltschaft legt auf Grund ihrer Ermittlungen dem Angeschuldigten folgenden Sachverhalt zur Last:*
	Am 11. Februar 2016 um 10.30 Uhr betrat der Angeschuldigte die Filiale der Sparkasse in der Moritzstr. 10 in 80339 München und forderte den Kassierer Olaf Buchs mit den Worten „Geld her oder ich schieße" zur Herausgabe von Geld auf. Dabei deutete er auf seine Jackentasche, in der eine Ausbeulung zu sehen war. Diese stammte von einem Bleistift, den er als Schusswaffe ausgeben wollte.
	Der Kassierer bemerkte, dass der Angeschuldigte keine echte Waffe bei sich trug und wog sich hinter dem Panzerglas in Sicherheit. Daher betätigte er den Alarmknopf, woraufhin der Angeschuldigte die Bank ohne Beute verließ.
	Der Angeschuldigte ging davon aus, dass er den Kassierer mit dem Bleistift bedrohen könnte. Auch wusste er, dass er auf die Hilfe des Kassierers wegen des Panzerglases angewiesen war.

---

[26] Sollte sich der Angeschuldigte in Haft befinden, gilt es diesen (in der Praxis roten) Haftstempel anzubringen und hierzu sämtliche relevante Daten anzugeben.

[27] Sechs Monate nach Antritt der U-Haft; dieser Zeitpunkt kann vom Erlass des HB deutlich abweichen!

gesetzliche Merkmale der Straftat	Der Angeschuldigte wird daher beschuldigt, versucht zu haben, einen anderen rechtswidrig unter Anwendung von Drohungen mit gegenwärtiger Gefahr für Leib und Leben zu einer Handlung zu nötigen und dadurch dem Vermögen eines anderen Nachteil zuzufügen, um sich zu Unrecht zu bereichern,
rechtl. Bezeichnung / Paragraphenkette	strafbar als versuchte räuberische Erpressung nach §§ 253 I, 255, 22, 23 I StGB.
Wesentl. Ergebnis der Ermittlungen	Wesentliches Ergebnis der Ermittlungen: Der Angeschuldigte hat zum Tatvorwurf keine Angaben gemacht. Er wird jedoch durch die benannten Beweismittel überführt werden. Der Angeschuldigte ist vorbestraft. (Wenn der SV sich hierzu konkret auslässt, sollte wenigstens die letzte Verurteilung erwähnt werden: „Zuletzt wurde der Ang. durch Urteil des AG München zu einer Freiheitsstrafe von .... wegen ... verurteilt".)
zuständiges Gericht	Zur Aburteilung ist nach §§ 74 I GVG, 7, 8 StPO die Große Strafkammer am Landgericht München I zuständig (konsequenterweise oben StA München I).
Anträge	Ich erhebe die öffentliche Klage und beantrage,[28]
u.U. Pflichtverteidiger nach § 140 StPO beantragen	a) Das Hauptverfahren zu eröffnen und die Anklage zur Hauptverhandlung vor der Großen Strafkammer des Landgerichts München I zuzulassen, b) einen Termin zur Hauptverhandlung anzuberaumen, c) Haftfortdauer anzuordnen, da die Haftgründe fortbestehen.[29]
Beweismittel	Als Beweismittel bezeichne ich: 1. Zeugen: a) Ingeborg Speckfrau, Bahnhofstr. 10, 81375 München b) Hildegard Schenk, Bahnhofstr. 9, 81375 München 2. Urkunde: Auszug aus dem Bundeszentralregister
Vorlageverfügung	II. Mit Akten an den (die) Herrn (Frau) Vorsitzende(n) der Großen Strafkammer am Landgericht München I
Unterschrift	München, den 21.03.2016 Mäding Staatsanwalt

a. Die Abschlussverfügung nach § 169a StPO

Abschlussvermerk	Erwägt die Staatsanwaltschaft öffentliche Klage zu erheben, hat sie zunächst den Abschluss der Ermittlungen zu verfügen, § 169a StPO. Dies sollte in etwa wie im obigen Muster aussehen.

---

28 Vgl. Sie Brunner, Abschlussverfügung, Rn. 183 ff.
29 Seit dem Gesetz vom 29.07.2009 (BGBl I. 2009, 2274) muss bereits unverzüglich nach Beginn der Vollstreckung der U-Haft ein Pflichtverteidiger bestellt werden, vgl. §§ 140 I Nr. 4, 141 III 4 StPO (§ 117 IV StPO wurde aufgehoben).

Hatten sich während der Ermittlungen im Rahmen derselben prozessualen Tat weitere Straftatbestände aufgedrängt, welche sich dann später als nicht nachweisbar, rechtlich nicht einschlägig oder wegen Fehlens einer Prozessvoraussetzung als nicht verfolgbar herausgestellt haben, gilt es diese in einem Aktenvermerk (vgl. Sie oben „II. Vermerk:") zu erörtern.

Achtung: Innerhalb einer prozessualen Tat sind Tatbestände, welche nicht erwiesen, nicht einschlägig oder nicht verfolgbar sind, stets in einem Vermerk abzuhandeln. Es wäre ein schwerer Fehler, wenn Sie diesbezüglich eine Teileinstellung gem. § 170 II StPO vornehmen würden. Einstellungen nach § 170 II StPO sind nur im Hinblick auf komplette weitere prozessuale Taten möglich!

Am Ende der Verfügung wird die Fertigung der Anklageschrift, welche als gesonderter Entwurf vorgelegt wird, verfügt (vgl. Sie oben III.).

Sodann gehen Sie zur Fertigung des gesonderten Entwurfs der Anklageschrift über. Hierbei entwerfen Sie unter I. die Anklageschrift, anschließend unter II. die Zuleitungsverfügung an das zuständige Gericht.

b. Das Rubrum der Anklageschrift

Rubrum

Der Absender der Anklageschrift ist die jeweils zuständige Staatsanwaltschaft, §§ 141 ff. GVG.[30] Da diese im Sachverhalt grds. vorgegeben wird, werden Sie in der Klausur hier kaum auf Probleme stoßen.

Aktenzeichen

Das Aktenzeichen (dies übernehmen Sie ebenfalls einfach aus dem Sachverhalt) liest sich wie folgt: **16**(Dezernat) **JS** (Kürzel für Ermittlungsverfahren Staatsanwaltschaft) **123** (laufende Nummer) **/ 13** (aus dem Jahr 2016).

Haftstempel

Sollte sich der Angeschuldigte in Haft befinden, wird dies durch Anbringung eines (in der Praxis roten) Haftstempels („**Haft!**") kenntlich gemacht, Nr. 52 RiStBV.

c. Die Personalien

Personalien

Hierbei müssen die in Nr. 110 II lit.a) RiStBV bezeichneten Daten berücksichtigt werden, d.h. Familien und Geburtsname, Vorname(n) (Rufname unterstrichen), der zuletzt ausgeübte Beruf, die Anschrift, der Familienstand, Geburtstag und Geburtsort, die Staatsangehörigkeit sowie bei Minderjährigen Name und Anschrift der gesetzlichen Vertreter.

mehrere Angeschuldigte

Sollte sich die Anklageschrift gegen mehrere Angeschuldigte richten, nennt man denjenigen zuerst, dem die schwerste Tat zur Last gelegt wird.

---

30 Vgl. Sie Brunner, Abschlussverfügung, Rn. 16 ff.

Bsp.: In der Strafsache gegen

1. Lutz Lange, geb. am 08.07.1972 in Passau, deutscher Staatsangehöriger, lediger Friseurmeister, wohnhaft Textorstrasse 12, 97070 Würzburg.

2. Kuno Kurz, geb. am 09.08.1973 in Hannover, deutscher Staatsangehöriger, lediger Kosmetiker, wohnhaft Textorstrasse 12, 97070 Würzburg.

d. Der Wahlverteidiger

Hat der Angeschuldigte bereits selbst einen Rechtsanwalt als Verteidiger beauftragt (Wahlverteidiger), dann gilt es diesen samt Anschrift im Anschluss an die Personalien zu benennen. Falls er dies nicht getan hat und ein Fall der notwendigen Verteidigung nach § 140 StPO vorliegen sollte (vgl. § 140 II StPO; in Examensklausuren häufig einschlägig), gilt es (später) bei den Anträgen einen Pflichtverteidiger zu bestellen.

e. Haftsachen

Sollte sich der Angeschuldigte in Haft (Untersuchungshaft/ Strafhaft in einer anderen Sache) befinden, sind nach Nr. 110 IV RiStBV folgende Angaben erforderlich: Die Art des Freiheitsentzugs, die bisherige Dauer, der Haftort, sowie die richterliche Entscheidung, die den Freiheitsentzug angeordnet hat (u.U. das voraussichtliche Entlassungsdatum bei Strafhaft in anderer Sache).

Bsp.: In U-Haft seit dem 07.01.2016 in der JVA München-Stadelheim auf Grund des Haftbefehls des Amtsgerichts München vom 07.01.2016. Gz.: .....

f. Der angeklagte Sachverhalt

Bei der Schilderung des Sachverhalts wird stets mit folgendem Einleitungssatz begonnen:

Die Staatsanwaltschaft legt auf Grund ihrer Ermittlungen dem Angeschuldigten folgenden Sachverhalt zur Last:

Aufgabe des Sachverhalts ist die Darstellung der prozessualen Tat, die dem Angeschuldigten zur Last gelegt wird. Aufgrund der Umgrenzungsfunktion der Anklageschrift hat die Angabe des Tatzeitpunkts (bzw. des Zeitrahmens) und des Tatorts (Umgebung) so präzise wie möglich zu erfolgen. Verstöße hiergegen können zur Unwirksamkeit der Anklage führen (damit würde für das weitere Strafverfahren die Prozessvoraussetzung der wirksamen Anklageerhebung fehlen!) und wiegen daher in der Klausur besonders schwer.[31]

Ausgehend vom verletzten Straftatbestand sind alle Tatsachen, die für den objektiven und subjektiven (!) Tatbestand relevant sind, aus einer Augenzeugenperspektive (stellen Sie sich vor, Sie hätten den gesamten Vorgang beobachtet) – knapp, aber dennoch präzise – zu schildern. Die Schilderung erfolgt im Imperfekt bzw. für vor der Tat liegende Ereignisse im Plusquamperfekt.

---

31 Vgl. Sie M-G, § 200, Rn. 25 ff.

§ 2 DIE ABSCHLUSSVERFÜGUNG 17

> *Bsp.:* Nachdem der Angeschuldigte in der Nacht zum 08.01.2016 das Lokal „Zum wilden Mann" in der Haugerkirchgasse 3, 97070 Würzburg, verlassen hatte, kam es zu einer handgreiflichen Auseinandersetzung mit dem Passanten Dieter B. Hierbei trat der Angeschuldigte diesem so oft in den Bereich des Hodens, dass dies zum Verlust der Fortpflanzungsfähigkeit führte. Der Angeschuldigte nahm den Verlust der Fortpflanzungsfähigkeit bei Dieter B. dabei auch ohne weiteres in Kauf.

> **Anmerkung:** Achten Sie auf die Schilderung des subjektiven Tatbestands, der vorliegend mit dem letzten Satz zum Ausdruck gebracht wurde. Dies wird im Examen häufig vernachlässigt.

Namensbezeichnung

Richtet sich die Anklageschrift gegen mehrere Beschuldigte, werden diese zusätzlich mit dem Namen bezeichnet:

.... „der Angeschuldigter Lutz Lange und der Angeschuldigte Kuno Kurz" ....

Teilnehmer an der angeklagten Tat, gegen die ein gesondertes Verfahren läuft, werden als „anderweitig Verfolgte" bezeichnet:

.... „der anderweitig verfolgte Mike Mittel" ....

Sonstige Personen werden mit ihrem Namen und einem näher konkretisierenden Zusatz bezeichnet, wie z.B. *„die Friseurmeisterin Beckmann"* oder *„der Passant Schmidt"*.

> *Bsp.:* Der Angeschuldigte entwendete am 30.11.2016 gegen 3.00 Uhr den Pkw Volvo 740, amtl. Kennzeichen BA-AZ-333, der Eigentümerin Antje Zeider, um ihn nach einer Spritztour an einem abgelegenen Waldweg abzustellen. Kurz darauf, etwa gegen 3.20 Uhr, traf er auf die anderweitig Verfolgte Saskia Bohn. Gemeinsam fassten sie den Entschluss, dass der Angeschuldigte mit dem Volvo an der nächsten Kreuzung auf den Pkw der Saskia Bohn auffahren sollte, damit diese Ansprüche aus der für ihren Pkw bestehenden Vollkaskoversicherung geltend machen könne. Dabei wurde der Fußgänger Eric Erhard vom Fahrzeug des Angeschuldigten getroffen.

Gliederung des Sachverhalts

Sind mehrere prozessuale Taten angeklagt, muss der Sachverhalt strukturiert werden (zeitlich/chronologisch). Dies gilt insbesondere, wenn alle Taten von einem Angeschuldigten begangen wurden. Es bietet sich eine Gliederung mit Ziffern und Absätzen an.

> **hemmer-Methode:** Hier gibt es keine starren Aufbauregeln. Es geht hier allein um Übersichtlichkeit und Klarheit. Vergleichen Sie auch die Gemeinsamkeiten zum Tatbestand im Zivilurteil. Beweiswürdigungen dürfen im Rahmen der Sachverhaltsdarstellung nicht erfolgen!

Strafanträge

Soweit der Sachverhalt Veranlassung hierfür gibt, gilt es am Schluss kurz zu Strafanträgen bzw. zu der Verhängung von Maßregeln der Besserung und Sicherung nach § 61 StGB Stellung zu nehmen.

Wegen Nr. 110 II lit.d) RiStBV sind Hinweise auf gestellte Strafanträge in der Anklageschrift aufzunehmen. Dies geschieht im Imperfekt.

> *Bsp.:* Der erforderliche Strafantrag wurde am 25.01.2016 von Hans Maier zu Protokoll der Staatsanwaltschaft gestellt und nicht zurückgenommen.

Sollte ein Strafantrag nicht gestellt worden sein, kann dies bei einigen Antragsdelikten durch ein von Amts wegen zu prüfendes *besonderes öffentliches Interesse* überwunden werden.[32]

Bsp.: Ein Strafantrag wurde nicht gestellt. Jedoch bejaht die Staatsanwaltschaft das besondere öffentliche Interesse an der Strafverfolgung.

Maßnahmen der Besserung und Sicherung

Nach Nr. 110 II lit.c) RiStBV muss der Sachverhalt auch die tatbezogenen Umstände enthalten, die die Anordnung einer Maßnahme der Besserung und Sicherung nach § 61 StGB rechtfertigen. Dabei ist die Entziehung der Fahrerlaubnis nach §§ 61 Nr.5, 69, 69a StGB von hoher Examensrelevanz.

*Bsp.: Der Angeschuldigte hat sich durch die Tat als ungeeignet zum Führen von Kraftfahrzeugen erwiesen. (ggf.: In der Hauptverhandlung **ist** mit dem Entzug der Fahrerlaubnis, der Einziehung des Führerscheins und der Anordnung einer Sperrfrist für die Wiedererteilung einer Fahrerlaubnis zu rechnen – in der Praxis nicht zwingend).*[33]

g. Die gesetzlichen Merkmale der Straftat/Paragraphenzitat

Der Abschluss des Anklagesatzes ist durch einen dreiteiligen Aufbau gekennzeichnet:[34]

erste Stufe

- *Der Angeschuldigte wird daher beschuldigt,* -

Angabe der ges. Merkmale der Straftat

Sodann erfolgt die Angabe der gesetzlichen Merkmale der Straftat einschließlich der Handlungs-, Begehungs- und Teilnahmeform.[35]

Vorsatz/Fahrlässigkeit

Ist sowohl eine Vorsatz- als auch eine Fahrlässigkeitsstrafbarkeit möglich, muss dies jeweils kenntlich gemacht werden (aber auch nur dann!).

Konkurrenzen

Hier müssen Sie auch auf die Konkurrenzen eingehen.[36] Tateinheit wird durch „und durch dieselbe Tat" oder „und durch dieselbe Handlung", Tatmehrheit durch „und durch eine weitere selbständige Tat" oder „und durch eine weitere Handlung" gekennzeichnet.

Bsp.: Der Angeschuldigte wird daher beschuldigt,

1. *vorsätzlich im Verkehr ein Fahrzeug geführt zu haben, obwohl er infolge des Genusses alkoholischer Getränke nicht in der Lage war, das Fahrzeug sicher zu führen, **und durch dieselbe Handlung** dazu*

2. *eine fremde bewegliche Sache einem anderen in der Absicht weggenommen zu haben, dieselbe sich rechtswidrig zuzueignen, **und durch eine weitere Handlung***

3. *einen anderen, ohne Mörder zu sein, vorsätzlich getötet zu haben, ...*

mehrmalige Begehung

Hat der Angeschuldigte eine Straftat mehrmals begangen (z.B. viermal), so ist die Formulierung „in vier Fällen" üblich (= tatmehrheitlich).

---

32 Vgl. Sie oben.
33 Vgl. Sie Brunner, Abschlussverfügung, Rn. 141.
34 Vgl. Sie KN Muster Nr. 36.
35 Nach wohl h.M. sind Regelbeispiele als gesetzliche Merkmale ebenfalls aufzuführen, M-G, § 200, Rn. 11 (sehr str.).
36 Hemmer/Wüst, AT II, Rn. 97 ff.

§ 2 DIE ABSCHLUSSVERFÜGUNG

Teilnahmeform

Auch die Teilnahmeform ist anzugeben. Dies erfolgt durch Formulierungen wie „gemeinschaftlich," „als Anstifter" usw.

mehrere Teilnehmer

Werden dabei in einer Anklageschrift mehrere Beteiligte zusammengefasst und werden einem Täter weitere Straftaten zur Last gelegt, dann gilt es dies wie folgt darzustellen: „Der Angeschuldigte Lars Langfinger wird außerdem beschuldigt .....".

> *Bsp.: Die Angeschuldigten werden daher beschuldigt, gemeinschaftlich handelnd zur Täuschung im Rechtsverkehr eine unechte Urkunde hergestellt zu haben,*
>
> *der Angeschuldigte Lars Langfinger wird außerdem beschuldigt, rechtswidrig eine fremde Sache beschädigt zu haben.*
>
> *Bei einer Vielzahl von Straftaten und Beteiligten empfiehlt sich zur Übersichtlichkeit der Aufbau:*
>
> *Die Ang. werden daher beschuldigt: 1. Der Ang. A ..... 2. Der Ang. B ..... 3. ....*

zweite Stufe

- strafbar als -

gesetzliche Überschrift

Hier erfolgt die rechtliche Bezeichnung (Überschrift im StGB)[37] der angeklagten Delikte sowie eine Aussage über die Konkurrenzen („in Tateinheit mit ... und mit" oder „in Tatmehrheit mit ...und/sowie").[38]

> *Bsp.: ...strafbar als vorsätzliche Trunkenheit im Verkehr in Tateinheit mit Diebstahl und in Tatmehrheit mit vorsätzlicher Tötung.*

Eine Angabe über die Deliktsart (Vergehen/Verbrechen) erfolgt nicht.[39] Auch Tatmodalitäten, welche nach dem Gesetz kein eigenes Unrecht reflektieren bzw. ausschließlich für die Strafzumessung relevant sind, haben zu unterbleiben, d.h. jegliche Täterschaftsformen oder verminderte Schuldfähigkeit. Selbiges gilt für Strafzumessungsvorschriften (Regelbeispiele/minder oder besonders schwerer Fall).

Aber Vorsicht! Liegt eine Teilnahme (Anstiftung/Beihilfe), Qualifikation oder ein Versuch vor, so muss dies in die rechtliche Bezeichnung aufgenommen werden (z.B. strafbar als Anstiftung zum Mord/ als versuchter Mord/ als Diebstahl mit Waffen).

> **hemmer-Methode:** Verzweifeln Sie nicht! Sie müssen nicht sämtliche Formulierungsvarianten in Ihrem Kopf abspeichern. Vorliegend soll nur eine Anleitung gegeben werden. Durch regelmäßiges Klausurenschreiben, z.B. in unserem Assessorkurs, erhalten Sie automatisch eine entsprechende Routine.

dritte Stufe

- nach -

Paragraphenbezeichnung

Nunmehr erfolgt die Paragraphenbezeichnung der anzuwendenden Strafvorschriften. Hierbei ist folgende Reihenfolge einzuhalten:

---

37 Im Nebenstrafrecht (z.B. Betäubungsmittelgesetz) erfolgt mangels Überschrift eine nähere Charakterisierung durch Umschreibung.
38 Vgl. Sie M-G, § 260, Rn. 23 ff.
39 BGH NJW 1986, 1116 = **juris**byhemmer.

In der Liste der anzuwendenden Strafvorschriften werden zuerst diejenigen des BT, dann die des AT genannt, letztere werden nur einmal aufgelistet, auch wenn sie – wie etwa §§ 52, 53 StGB – mehrmals einschlägig sind.[40] Auch die BT-Vorschriften werden nur einmal zitiert, wenn der Tatbestand mehrmals verwirklicht wurde.

Bsp.: ...... nach §§ 142 I Nr.1, 242 I, 303 I, 303c, 52, 53, 69, 69a StGB.

Achtung: Zitieren und formulieren Sie in diesem Bereich besonders präzise! Ungenauigkeiten werden von Praktikern hier besonders übel genommen.

Verfolgungsbeschränkung, § 154a StPO

Sollte die Anklage nach § 154a StPO[41] beschränkt worden sein, dann hat hier nach Nr. 101a III RiStBV ein kurzer Hinweis auf das herausgenommene Delikt zu erfolgen.

h. Wesentliches Ergebnis der Ermittlungen

Wesentliches Ergebnis der Ermittlungen

Nach § 200 II StPO i.V.m. Nr. 110 II lit.g), 112 RiStBV gilt es in der Anklageschrift das wesentliche Ergebnis der Ermittlungen darzustellen.

Hierdurch soll der Angeschuldigte über die Beweislage aufgeklärt werden; ferner soll der Gang der Hauptverhandlung erleichtert werden. Auch die Angaben zur vollständigen Beurteilung des Angeschuldigten und dessen Tat haben zu erfolgen. Eine Ausnahme kann dann gemacht werden, wenn die Anklage beim Strafrichter erhoben wird, § 200 II 2 StPO.[42]

Bsp.: Der Angeschuldigte verweigert die Aussage. Er wird jedoch durch die Aussagen der Zeugen Müller, Maier und mittels der nachgenannten Beweismittel überführt werden.

Sollte das wesentliche Ergebnis der Ermittlungen umfangreicher ausfallen, da eine komplizierte Fallkonstellation vorliegt, kann nach folgendem Aufbaumuster vorgegangen werden:

Aufbau

⇨ Angaben zur Person des Angeschuldigten

⇨ Umstände und Vorgeschichte der Tat

⇨ Einlassung des Angeschuldigten

⇨ Beweiswürdigung

⇨ Rechtsfragen (ausnahmsweise)[43]

---

40 Vgl. Sie Brunner, Abschlussverfügung, Rn. 159 ff.
41 Zu den Voraussetzungen vgl. Sie unten Rn. 44.
42 Sie sollten das wesentliche Ergebnis der Ermittlungen (natürlich!) nur weglassen, wenn dies durch den Bearbeitervermerk erlassen wird.
43 Ausführungen zur materiellen Rechtslage sind nicht zwingend und sollten sich, wenn – wie meist – nach dem Bearbeitervermerk ein Hilfsgutachten offen steht, auf problematische Knackpunkte des Falles beschränken. Es ist aber auch schon vorgekommen, dass Klausurersteller bzw. Korrektoren (eigentlich praxisfern!) nahezu alles in das wesentliche Ergebnis gequetscht haben wollten.

§ 2 DIE ABSCHLUSSVERFÜGUNG

i. Zuständiges Gericht, § 200 I 2 StPO[44]

sachlich/örtlich zuständiges Gericht	Nachfolgend ist das sachlich und örtlich zuständige Gericht anzugeben sowie die Vorschriften des GVG, der StPO, des JGG und sonstiger u.U. relevanter Gesetze.

Bsp.: Zur Aburteilung ist nach §§ 74 II 1 Nr.5 GVG, 7, 8 StPO das Schwurgericht am Landgericht München I zuständig.

Kurzüberblick

Erstinstanzliche Zuständigkeit:

Amtsgericht

- **Strafrichter**, § 25 GVG, soweit Vergehen vorliegt und nicht mehr als zwei Jahre Freiheitsstrafe zu erwarten sind.
- **Schöffengericht**, §§ 28, 29 GVG, ein Richter und zwei Schöffen; Vergehen und Verbrechen, soweit nicht mehr als vier Jahre Freiheitsstrafe zu erwarten sind und die StA nicht Anklage zum LG erhebt; §§ 74 II, 120 GVG dürfen nicht vorliegen.
- **Erweitertes Schöffengericht**, § 29 II GVG, zwei Richter und zwei Schöffen; unter den Voraussetzungen des Schöffengerichts auf Antrag der StA.

Landgericht

- **Große Strafkammer**, §§ 74, 76 I, II GVG, drei Richter und zwei Schöffen; insbesondere, wenn mehr als vier Jahre Freiheitsstrafe zu erwarten sind (oder bei besonderer Bedeutung).
- **Schwurgericht**, §§ 74, 76 I, II GVG, drei Richter und zwei Schöffen bei Tötungsdelikten.

Oberlandesgericht

- **OLG,** § 120 GVG; fünf Richter; bei Staatsschutzsachen und Völkermord (keine Zuweisung mehr zum BayObLG in Bayern, Art. 11 II Nr.1 BayAGGVG wurde zum 01.07.2006 aufgehoben; mit der Abwicklung der Altfälle ist das BayObLG ersatzlos abgeschafft).

j. Die Anträge

Notwendig sind zumindest immer zwei Anträge:

notwendige Anträge

Bsp.: Ich erhebe deshalb die öffentliche Klage und beantrage,

a) die Anklage zur Hauptverhandlung vor dem Schwurgericht des Landgerichts München I zuzulassen,

b) die Anberaumung eines Termins zur Hauptverhandlung.

Wenn es der Sachverhalt erfordert, müssen hier die weiteren Anträge gestellt werden:

Nebenanträge

⇨ die Fortdauer der U-Haft, § 207 IV StPO

⇨ Bestellung eines Pflichtverteidigers, § 140 StPO

⇨ vorläufige Entziehung der Fahrerlaubnis, § 111a StPO

Bsp. fortlaufend:

c) die Fortdauer der Untersuchungshaft des Angeschuldigten anzuordnen, da die Haftgründe fortbestehen,

d) dem Angeschuldigten einen Verteidiger zu bestellen (falls noch nicht erfolgt),[45]

e) dem Angeschuldigten die Fahrerlaubnis zu entziehen.

---

44 Zur Zuständigkeit siehe Hemmer/Wüst, StPO, Rn. 145 mit der entsprechenden Übersicht.
45 Vgl. Fn. 29.

k. Die Beweismittel

Sodann erfolgt nach § 200 I 2 StPO i.V.m. Nr. 111 RiStBV die Angabe der Beweismittel in der allgemein üblichen Reihenfolge:

mögliche Beweismittel
- Zeugen
- Sachverständige
- Urkunden
- sonstige Beweismittel

ladungsfähige Anschrift

Zeugen und Sachverständige sind mit der ladungsfähigen Anschrift anzugeben. Bei Amtsträgern (z.B. Polizisten) genügt die Angabe der Dienststelle, § 68 I 2 StPO.

Anzugeben sind aber nur die Beweismittel, die für die Hauptverhandlung relevant sind. Gibt es mehrere Zeugen zum selben Sachverhalt, muss u.U. nur der sicherste geladen werden. Bei Vorliegen eines Geständnisses des Angeschuldigten, welches zur vollumfänglichen Aburteilung der Tat genügt, sind Zeugen nicht zu benennen, Nr. 111 IV RiStBV.

> **Bsp.:** Als Beweismittel bezeichne ich:
> 1. Die Einlassung des Angeschuldigten vom 08.03.2016
> 2. Zeugen:
>   Celine Schuh, Parkstraße 5, 80339 München
>   Antje Schuh, Parkstraße 10, 80339 München
> 3. Urkunde:
>   Auszug aus dem Bundeszentralregister

l. Die Vorlageverfügung

Hier gilt es lediglich zu unterscheiden, ob der Strafrichter oder ein anderes Gericht angerufen wird.[46]

Varianten

Mit Akten   Mit Akten
an das   an den (die)
Amtsgericht   Herrn (Frau) Vorsitzende(n) des
– Strafrichter –   des Landgerichts München I
Augsburg   Schwurgericht

Unterschrift nicht vergessen!   Danach erfolgt die Unterschrift des Staatsanwalts.

> **Achtung:** Die Unterschrift wird häufig vergessen. Manche Korrektoren sehen dies dann als Entwurf an, was zu vermeidbaren Punktabzügen führt.

---

46 M-G, § 200, Rn. 3.

§ 2 DIE ABSCHLUSSVERFÜGUNG

Muster für Hessen

Muster einer Anklageschrift mit Aufbauhinweisen für andere Bundesländer im süddeutschen Raum in der überwiegend üblichen Form:[47]

Absender

Staatsanwaltschaft Frankfurt a.M.   Frankfurt a.M., Datum
Az.: ....

<u>Evtl.</u> Eilt! Haftsache! (evtl. zu Nr. des Angeschuldigten)
(ggf. Überhaft notiert für diese Sache)

zuständiges Gericht

An das .....
(genaue Bezeichnung des Gerichts)

<u>**Anklageschrift**</u>

Personalien

Angaben zur Person, bei mehreren Angeschuldigten Verwendung von römischen Zahlen:

Der / Die - Beruf, Vorname, Name, Geburtsdatum, -ort, Anschrift, Staatsangehörigkeit, Familienstand

(*evtl.*: gesetzliche Vertreter mit Namen und Anschrift, wenn zum *jetzigen* Zeitpunkt noch Jugendlicher)

Beachten Sie:
Evtl.: In dieser Sache festgenommen und seit dem ... in U-Haft in der JVA ... aufgrund des Haftbefehls des AG ... vom ... - ... Gs. .....
dann: nächster HPT gem. § 121 I StPO:...

oder: wie oben nur ... in U-Haft gewesen (wenn Haftbefehl aufgehoben)

oder: zurzeit in U- Haft in anderer Sache (Az. StA Ort) in JVA Ort; Überhaft für das vorliegende Verfahren ist notiert aufgrund .... s.o.

Beachten Sie: Evtl. Angaben zum Verteidiger: Vorname, Name, Kanzleianschrift und entweder Vollmacht (bei Wahlverteidiger) oder Bestellung (bei Pflichtverteidigung) mit Bl.d.A. angeben.

Tatzeit/Tatort

wird (werden) angeklagt (**Beachten Sie**: Evtl. unter Beschränkung des § 154a StPO angeklagt) am .... in ....

abstrakter Anklagesatz

Es folgt der **abstrakte Anklagesatz**, in dem die gesetzliche Beschreibung der angeklagten Tat wiederzugeben ist.

Hier für <u>jeden Angeschuldigten</u> römische Ziffer, für <u>jede selbständige Tat</u> arabische Ziffer verwenden (eine nochmalige Formulierung „tateinheitlich" ist hier dann eigentlich überflüssig, da dies bereits durch die folgende Auflistung mit Kleinbuchstaben deutlich wird, dennoch aber üblich), <u>innerhalb einer Tat:</u> Auflistung der Tatbestände durch Kleinbuchstaben.

Regelmäßig <u>vorangestellt</u> wird: durch dieselbe / Anzahl der selbständigen / Handlung(en).

Es folgt: <u>Genaue</u> Wiedergabe der Gesetzesformel; bezieht sich nur auf (obj. u. subj.) Tatbestandsmerkmale.

---

[47] Es handelt sich hier um ein für Hessen übliches Aufbaumuster einer Anklageschrift; bitte passen Sie den vorliegenden Aufbau ggf. auf die Formalien Ihres Bundeslandes an; vgl. Sie auch KN Muster 36, Anmerkungen.

Beispiel:

Staatsanwaltschaft　　　　　　　　　　　　　　Frankfurt a.M., 4. April 2016
Frankfurt a.M.
Az.: 16 Js 1234/16

An das
Landgericht Frankfurt a.M.
- Schwurgericht -
Gerichtsstraße 2
60313 Frankfurt am Main

Eilt! Haftsache!

Anklageschrift

Der
Taxifahrer
Josef Jäger,
geb. am 14.08.1963,
ledig, deutsch,
wohnhaft Ostendstr. 22a,
60314 Frankfurt a.M.,

in dieser Sache festgenommen und seit ...... in U-Haft in der JVA Frankfurt-Preungesheim aufgrund des Haftbefehls des AG ... vom ... – Gs. .....
nächster Haftprüfungstermin gem. § 121 I StPO am ......

　　　Wahlverteidiger: RA Dr. Pirellie, Erdstr. 5, 60313 Frankfurt

　　　　　　(Vollmacht, Bl.....d.A.)

wird angeklagt,

am 10. und am 13. Januar 2016 in Frankfurt a.M.

durch zwei selbständige Handlungen

1. vorsätzlich eine andere Person körperlich misshandelt zu haben

sowie

2. tateinheitlich

a) einen Menschen rechtswidrig mit Gewalt zu einem Dulden genötigt sowie

b) einen Menschen ohne Mörder zu sein vorsätzlich getötet zu haben.

Beachten Sie:
Strafschärfende bzw. -mildernde gesetzliche Merkmale sind anzuführen.

Bei der **Rauschtat** nur Merkmale des § 323a StGB selbst; keine Wiedergabe der Rauschtat (anzugeben nur bei Konkretisierung und Katalog der gesetzlichen Vorschrift).

Bei **Wahlfeststellung: entweder** - es folgt genaue Wiedergabe der Gesetzesformel des ersten TB - **oder** - es folgt Wiedergabe des zweiten TB.
§ 13 StGB wird nicht wiedergegeben (nur im Katalog der gesetzlichen Vorschriften).

Beinhaltet ein Tatbestand **vorsätzliche und fahrlässige Begehung**, muss hier klargestellt werden, was dem Angeschuldigten vorgeworfen wird (durch Voranstellen der Begehungsweise).

§ 2 DIE ABSCHLUSSVERFÜGUNG 25

Bei **Versuch** wird grundsätzlich vorangestellt: versucht zu haben...... (genaue Wiedergabe der Gesetzesformel). Bei Versuch von § 263 StGB wird vielfach abweichend davon der Versuch bezogen auf das Merkmal, an dem es scheitert.

Bei **Teilnahme - auch bei Beihilfe!** - wird „vorsätzlich" vorangestellt. Es folgt Wiedergabe von § 26 bzw. § 27 StGB! Die Haupttat selbst muss nicht genannt werden; sie kann aber in Klammern oder durch Einschub mitgeteilt werden (empfiehlt sich, wenn Abweichung von Haupttat bei Teilnehmer gegeben ist, z.B. besondere Strafmilderungen/ -schärfungen, § 28 StGB).

konkreter Anklagesatz   **Es folgt**: Konkretisierung der Tat im **konkreten Anklagesatz**.

Beachten Sie: Zu jeder selbständigen Handlung entsprechend der Nummerierung oben. Es erfolgt (nur) die Subsumtion unter den oben aufgeführten Gesetzeswortlaut, einschließlich der Angaben zum Täter, sowie Tatzeit, -ort, evtl. Geschädigten und Schaden. Hierbei muss das Geschehen, von dem die StA ausgeht, tatsächlich - ohne Verwendung des Gesetzestextes - umschrieben werden. Sprache: Imperfekt.

Einleitungssatz ist nach ganz überwiegender Auffassung überflüssig.

Keine Überschrift!

Beispiel:

1. Am 10. Januar 2016 schlug der Angeschuldigte dem Albert Althans mit der Faust ins Gesicht.

2. Am 13. Januar 2016 richtete er eine Schusswaffe auf die Beine des Althans und forderte Geld zurück, das dieser ihm am 10. Januar 2016 abgenommen hatte. Als Althans daraufhin auf den Angeschuldigten schoss, schoss dieser sofort zurück und traf den Althans schwer; dabei hatte er dessen Tod in Kauf genommen. Althans verstarb am 26. Februar 2011 infolge der Verletzungen.

Vergehen und Verbrechen, strafbar gemäß §§ 212, 223, 240, 52, 53 StGB.

Es folgt evtl.: Hinweis auf Erfordernis einer Maßregel der Besserung und Sicherung und Vorliegen der gesetzlichen Voraussetzungen (vgl. § 61 StGB).

Es folgt: Auflistung der angewandten gesetzlichen Vorschriften: BT- Vorschriften werden in aufsteigender Reihenfolge genannt, danach AT- Vorschriften, danach Nebengesetze.

Beachten Sie: Danach evtl. Hinweis auf Prozessvoraussetzungen, insbesondere gestellter Strafantrag, Bejahung des (bes.) öffentl. Interesses.

Es folgt evtl.: Angabe der Vermögensvorteile bzw. Gegenstände, die dem Verfall oder der Einziehung unterliegen (§§ 73 ff. StGB).

Beweismittel

Beweismittel

I. Geständnis/ Einlassung des/der Angeschuldigten[48]

II. Zeugen (mit vollständiger Anschrift; bei Polizeibeamten: zu laden über PP Ort; bei Geschäftsführer u.ä. zu laden über: es folgt Firmenanschrift)

III. Sachverständiger

IV. Urkunden

V. Gegenstand des Augenscheins

Wesentliches Ergebnis

Wesentliches Ergebnis der Ermittlungen

(im Examen in Hessen häufig nicht gefordert!)

I. Zur Person

Beachten Sie: Hier ist insbesondere auf (einschlägige) Vorstrafen und wirtschaftliche Verhältnisse des Angeschuldigten einzugehen; Sprache: Perfekt.

II. Zur Sache

a) angenommener Sachverhalt

Hier ist auf nähere Tatumstände einzugehen (und eben noch nicht oben bei der Konkretisierung); Sprache: Vorgeschichte im Plusquamperfekt, i.ü. Perfekt.

b) Einlassung des Angeschuldigten

Sprache: Präsens;

c) evtl. Beweiswürdigung

Sprache: Präsens;

d) nur in seltenen Ausnahmefällen rechtliche Ausführungen.

Wichtig: Rechtsausführungen sind regelmäßig überflüssig, wenn Sie bereits nach Aufgabenstellung ein Gutachten erstellt haben oder dies nachfolgt.

Tatbestände, die nicht in die Anklage aufgenommen werden, sind dagegen hier nicht anzusprechen; diese sind dann in einem Aktenvermerk bei der Begleitverfügung anzusprechen!

---

[48] In Bayern wird die Einlassung des Angeschuldigten nicht als Beweismittel angeführt. Vgl. Sie Schmehl/Vollmer, S. 83.

§ 2 DIE ABSCHLUSSVERFÜGUNG

Antrag/Anträge

Es folgt: **Antrag/ Anträge**

Es wird beantragt,

> unter Zulassung der Anklage das Hauptverfahren vor dem - *genaue Bezeichnung des Gerichts* - ....gericht - zu eröffnen.

Beachten Sie evtl. folgende Anträge:

- evtl.: dem Angeschuldigten gemäß § 140 I ... StPO einen Pflichtverteidiger zu bestellen;
- evtl.: die Haftfortdauer - ggf. hinsichtlich des Angeschuldigten ... - anzuordnen;
- evtl.: den Haftbefehl - ggf. gegenüber dem Angeschuldigten... - aufzuheben

Unterschrift
(Name und Dienstbezeichnung des StA)

Muster für Niedersachsen / Berlin

Muster einer Anklageschrift mit Aufbauhinweisen für norddeutsche Bundesländer in der überwiegend üblichen Form[49]

Absender

Staatsanwaltschaft Hannover, ...

Az. ...

> ggf. **Haft!**
> Haftprüfungstermin: § 121 StPO
> Festnahmedatum + 6 Monate
> oder **Haft in anderer Sache**

zuständiges Gericht

An das
Amtsgericht   mit dem Zusatz:
- Strafrichter -
- Schöffengericht -
- Jugendrichter -
- Jugendschöffengericht -

Landgericht   mit dem Zusatz:
- große Strafkammer -
- Schwurgerichtskammer -
- Jugendkammer -

in Hannover, ...

Anklageschrift

Personalien

I. Der ....Beruf, Vorname, Familienname, ggf. abw. Geburtsname, Geburtstag, Geburtsort, Anschrift, Familienstand, Nationalität

ggf. Verteidiger: Name, Anschrift (Vollmacht Bl. ...... d.A.)

ggf. gesetzlicher Vertreter: Name, Anschrift

II. Der ... s.o. (evtl. weiterer Angeschuldigter)

ggf. vorläufig festgenommen am...; seit dem ... in U-Haft ... aufgrund des Haftbefehls... in der JVA ...

(Beachten Sie: Auch Angabe, wenn HB aufgehoben oder außer Vollzug gesetzt.)

---

[49] Es handelt sich hier um ein für Niedersachsen bzw. mit geringfügigen Abweichungen auch ein in Berlin übliches Aufbaumuster einer Anklageschrift; bitte passen Sie den vorliegenden Aufbau ggf. auf die Formalien Ihres Bundeslandes an; vgl. Sie auch KN Muster 36, Anmerkungen.

Tatzeit/Tatort	wird (werden) angeklagt
	am 16.05.2016 / in der Zeit vom ... bis .... /
	zu einem nicht näher zu bestimmenden Zeitpunkt zwischen dem ... und dem ...
	in Hannover / und an anderen Orten ...
	ggf. als strafrechtlich verantwortlicher Jugendlicher / als Heranwachsender
abstrakter Anklagesatz	*(1) Ein Angeschuldigter / mehrere Taten*

durch 6 Straftaten (= Realkonkurrenz)

1. in 4 Fällen (dasselbe Gesetz wird viermal in Realkonkurrenz verletzt)

    eine fremde bewegliche Sache...

2. in der Absicht sich einen rechtswidrigen Vermögensvorteil ...

3. **durch dieselbe Handlung (= Idealkonkurrenz) ggf. in drei rechtlich zusammentreffenden Fällen (= gleichartige Idealkonkurrenz)**

    a) jemand anderen an der Gesundheit beschädigt zu haben ...

    b) eine andere Person beleidigt zu haben

(2) mehrere Angeschuldigte / mehrere Taten

I. der Angeschuldigte zu I. durch 5 Straftaten

II. der Angeschuldigte zu II. durch 4 Straftaten

1. beide gemeinschaftlich handelnd in 2 Fällen eine andere Person an der Gesundheit...

2. der Angeschuldigte zu I. in 3 Fällen eine fremde bewegliche Sache ...

3. der Angeschuldigte zu II. eine fremde bewegliche Sache ...

4. der Angeschuldigte zu II. durch dieselbe Handlung

    a) zur Vollstreckung von Amtsträgern ...

    b) andere Personen beleidigt zu haben

Besonderheiten:

(1) AT-Merkmale vorweg (z.B. gemeinschaftlich handelnd, versucht zu haben, im Zustand erheblich verminderter Schuldfähigkeit, durch einen anderen, ...)

(2) genaue Tatbestandsalternativen festlegen (andere nicht verwirklichte weglassen)

(3) ungeschriebene Tb-Merkmale nicht aufführen (z.B. Vermögensverfügung bei § 263 StGB)

(4) Schuldform angeben (z.B. Fahrlässigkeit bei § 316 StGB)

(5) Regelbeispiele / Qualifikationen anhängen (wobei er zur Tat ... und zwar durch...)

(6) auch unbenannte bes. schwere oder minderschwere Fälle (und zwar in einem besonders schweren Fall...)

(7) bei unechten Unterlassensdelikten ist str., ob „durch Unterlassen" genannt werden muss

(8) *bei Anstiftung und Beihilfe und Anklage mit dem Haupttäter:*

"II.   der Angeschuldigte zu II. ihn dazu bestimmt zu haben"

ansonsten: den gesondert verfolgten A vorsätzlich zu dessen (genaue Beschreibung der Tat) bestimmt zu haben

(9) *Reihenfolge*: § 53 StGB - historische Reihenfolge

§ 52 StGB - schwerste Delikte zuerst

(10) *Wahlfeststellung:*

(a)   unechte Wahlfeststellung (Tatsachenalternativität)

↳ „entweder am ... oder am ... (dann sicher verwirklichter Tb)"

(b)   echte Wahlfeststellung (Tatbestandsalternativität)

↳ „in Hannover am 04.11.2016

1. entweder eine fremde bewegliche Sache ... **oder**

2. sich eine Sache verschafft zu haben, wobei er Kenntnis hatte, dass die Sache aus einem Diebstahl stammt..."

Beispiel:

Staatsanwaltschaft Braunschweig
17.12.2016
- 34 Js 653/16

An das
Amtsgericht
- Schöffengericht -
Braunschweig

Anklageschrift

I.   *Der Gärtner A, geb. am 25.08.1967 in Garbsen, wohnhaft in 30519 Hannover, Ricklinger Stadtweg, verheiratet, deutscher Staatsangehöriger,*

II.   *Der Maurer B, geb. am 23.04.1965, wohnhaft in 30167 Hannover, Königsworther Str. 67, geschieden, deutscher Staatsangehöriger,*

werden angeklagt,

am 04.11.2016 und am 16.11.2016
in Braunschweig

durch 2 Straftaten

jeweils gemeinschaftlich handelnd fremde bewegliche Sachen einem anderen weggenommen zu haben, in der Absicht sich diese rechtswidrig zuzueignen, wobei die Sachen durch eine Schutzvorrichtung gegen Wegnahme besonders gesichert waren.

Zusätze als Hinweis auf Nebenentscheidungen:

- wobei sich aus der Tat zu 2. ergibt, dass er zum Führen eines Kfz ungeeignet ist, so dass ihm die FE zu entziehen ist und eine Sperre für die Wiedererteilung einer Fahrerlaubnis anzuordnen ist (§§ 69, 69a StGB)

- wobei die Verhängung eines Fahrverbotes in Betracht kommt (§ 44 StGB)

- wobei die Tatwaffe der Einziehung unterliegt (§ 74 StGB)

konkreter Anklagesatz

Konkretisierung in einem Hauptsatz:

(so nun die in **Niedersachsen** neuerdings gebräuchliche Einleitung, welche einer Vereinheitlichung in den OLG-Bezirken Oldenburg, Celle und Braunschweig zur Folge hat)

„**Dem (Den) Angeschuldigten wird zur Last gelegt:**"

Der die konkreten Tatsachen enthaltende Hauptsatz wird im **Indikativ** verfasst.

> *Bsp.:* „*Er steckte die Uhr des Geschädigten XY in einem unbeobachteten Moment in seine Manteltasche ...*"

(vielfach ist in norddeutschen Bundesländern auch die Einleitung der Konkretisierung in einem „**indem-Satz**" gebräuchlich/

> *Bsp.:* „........ *indem er die Uhr des Geschädigten XY in einem .....*)

Für **Berlin** gilt: Um den Vorwurfscharakter des Anklagesatzes klarzustellen, ist zwischen dem abstrakten und dem konkreten Teil des Anklagesatzes nach einer Entscheidung des Kammergerichts einzufügen:

„**Dem Angeschuldigten wird Folgendes zur Last gelegt:**"

Grundsätze:

(1) der Aufbau muss mit dem abstrakten Anklagesatz korrespondieren

(2) genaue Zuordnung der Tatsachen zu jedem Tb-merkmal

(3) Beteiligte werden nicht als Zeugen, sondern als Geschädigte / Verletzte oder mit Berufsbezeichnung angegeben

(4) auch genaue Angaben der Tatfolgen
(alle für Strafzumessung relevanten Umstände)

(5) typische Klausurfehler:

subj. Absichten (§§ 242, 263 StGB) werden vergessen
↳ „..., um sie für sich zu behalten"

Beteiligungsformen werden vergessen
↳ „in bewusstem und gewolltem Zusammenwirken"

Vergehen (Verbrechen),

strafbar für den Angeschuldigten zu I. **nach §§** ......, worauf die Strafverfolgung nach § 154a StPO beschränkt wird,

für den Angeschuldigten zu II. **nach §§** ......, worauf die Strafverfolgung nach § 154a StPO beschränkt wird

Beachten Sie: Eine *prozessuale Tat* kann nur Vergehen oder Verbrechen sein.

Beachten Sie:

- bei Jugendlichen, §§ 1, 3 JGG
- bei Heranwachsenden, §§ 1, 105 ff. JGG
- §§ 69, 69a, 44, 74 ff. StGB nicht vergessen
- StrafR-AT Normen nicht vergessen (§§ 22, 23, 25 ff., 52, 53 StGB)
- StrafR-BT Normen, dann AT-Normen, dann ggf. Nebengesetze jeweils beginnend mit der Vorschrift der niedrigsten Zahl

§ 2 DIE ABSCHLUSSVERFÜGUNG

Herr X hat am ... schriftlich Strafantrag gestellt.

Die Strafverfolgung liegt im besonderen öffentlichen Interesse.

Str.: Auch öffentliches Interesse i.S.d. § 376 StPO? (-), da mit Anklage bejaht.

Beweismittel

Beweismittel: (in folgender Reihenfolge)

I. Geständige Angaben des Angeschuldigten (Geständnis, wenn vor dem Richter; Einlassung, wenn Vorwürfe bestritten werden)

Beachten Sie: „Der Ang. hatte rechtl. Gehör" ist entbehrlich!!!

II. Zeugen: 1. POM Müller, zu laden über das 1. Polizeirevier ...
2. Frau Elfriede Müller, ...

III. Sachverständige: ...

IV. Urkunden: ... (alle verlesbaren Schriftstücke)
1. Kontoübersicht v. ...
2. ...

Beachten Sie: Kommt es auf die Existenz der Urkunde an, handelt es sich um ein Augenscheinsobjekt.

V. Augenscheinsobjekt: Foto vom Tatort
Überführungsstück: (z.B. Tatwerkzeug)

Wesentliches Ergebnis

Wesentliches Ergebnis der Ermittlungen

(wird in Klausuren in Niedersachsen wie auch in Berlin i.d.R. nicht gefordert)

Antrag/Anträge

Es wird beantragt,

das Hauptverfahren zu eröffnen und die Anklage zur Hauptverhandlung vor dem (z.B.) Amtsgericht Tiergarten – Strafrichter – zuzulassen.

Unterschrift
(Staatsanwältin)

3. Der Strafbefehl, §§ 407 ff. StPO

Entlastung der Gerichte

Das Strafbefehlsverfahren ist, soweit das Amtsgericht zuständig ist, ein summarisches Verfahren zur einfacheren Aburteilung von **Kleinkriminalität**.

Es ermöglicht eine einseitige Straffestsetzung ohne Hauptverfahren. Zur Entlastung der Gerichte wird der Strafbefehl, obwohl er an das Amtsgericht adressiert ist, in der persönlichen Anrede gehalten, da der Strafbefehl in dieser Form dann an den Angeschuldigten gerichtet wird, Nr. 176 RiStBV.

> **hemmer-Methode:** Im Examen sollten Sie einen Strafbefehl nur dann anfertigen, wenn er im Bearbeitervermerk ausdrücklich gefordert wird oder die Anklage völlig praxisfern wäre. Dies kann dann angenommen werden, wenn der Angeschuldigte in vollem Umfang geständig ist und wegen seiner Reue ein **Einspruch** wohl nicht zu erwarten ist.

a. Voraussetzungen des Strafbefehls[50]

hinrichender Tatverdacht

aa. Als besondere Form der Anklagerhebung nach § 170 I StPO setzt der Strafbefehlsantrag einen hinreichenden Tatverdacht voraus.

Vergehen

bb. Nach § 407 I 1 StPO muss es sich um ein Verfahren wegen eines Vergehens (§ 12 II StGB) handeln, welches vor dem Amtsgericht abzuhandeln ist.

> **Anmerkung:** Hierbei müssen Sie beachten, dass entgegen des Wortlauts das Verfahren nicht zur Zuständigkeit des Schöffengerichts gehören kann, da der Strafrichter bei Strafen bis 2 Jahre zuständig ist und beim Strafbefehl keine höhere Strafe als 1 Jahr verhängt werden darf.[51]

cc. Das Hauptverfahren darf nach Ansicht der StA nicht erforderlich sein. Es wäre erforderlich, wenn für den Richter Gründe vorlägen, eine Hauptverhandlung anzuberaumen.[52]

Festsetzung der Rechtsfolgen

dd. Im Strafbefehl müssen die in § 407 II StPO (lesen!) abschließend aufgezählten Rechtsfolgen festgesetzt werden. Hier können insbesondere Probleme der Strafzumessung auftauchen.[53] Auch muss eine Rechtsmittelbelehrung beigefügt werden, soweit diese vom Bearbeitervermerk nicht erlassen wird. Diese ist dem KN-Muster Nr. 35 zu entnehmen.

Inhalt des Strafbefehls

ee. Der Inhalt des Strafbefehls ergibt sich aus § 409 I Nr.1 - 7 StPO (lesen!) und entspricht - bis auf das wesentliche Ergebnis der Ermittlungen - dem Inhalt der Anklageschrift. Wegen § 464 I StPO bedarf es auch einer Kostenentscheidung.

b. Muster

Rubrum

Amtsgericht Neu-Ulm

Az.: 16 Cs 13 Js 1234/16

Herrn

Lars Langfinger

Geb. 08.07.1972 in Ulm

Friseurmeister

Betlinstr. 10

89265 Neu-Ulm

Verteidiger

<u>*Verteidiger:*</u> *Dr. M. Grieger, Aststr. 4, 89231 Neu Ulm, Vollmacht bzw. Bestellung, Bl.d.A.*

Die Ermittlungen der Staatsanwaltschaft ergaben folgenden Sachverhalt:

---

50 Vgl. Sie Hemmer/Wüst, StPO, Rn. 433 ff.
51 M-G, § 408, Rn. 5.
52 Möchte sich der Richter z.B. einen persönlichen Eindruck von Zeugen oder Angeschuldigten machen, muss er eine Hauptverhandlung anberaumen.
53 Vgl. Sie dazu unten.

§ 2 DIE ABSCHLUSSVERFÜGUNG

Sachverhalt	*Sie besuchten am 2. April 2016 gegen 22.00 Uhr das Lokal zur Traube in Neu-Ulm. Dort konsumierten Sie mindestens sieben Bierflaschen (á 0,5 l). Als Sie sich gegen 24.00 Uhr mit einer Blutalkoholkonzentration von mindestens 1,3 und höchstens 1,8 Promille aus dem Lokal begaben, fuhren Sie mit Ihrem Pkw nach Hause, obschon Ihnen Ihre Fahruntüchtigkeit bewusst war.*
die gesetzlichen Merkmale	*Sie werden daher beschuldigt, vorsätzlich im Verkehr ein Fahrzeug geführt zu haben, obwohl Sie infolge des Genusses alkoholischer Getränke nicht in der Lage waren, das Fahrzeug sicher zu führen,*
rechtl. Bezeichnung	*strafbar als vorsätzliche Trunkenheit im Verkehr nach § 316 I StGB.*
Strafzumessung	*Sie sind damit ungeeignet zum Führen eines Kraftfahrzeuges. Ihnen wird die Fahrerlaubnis entzogen. Ihr Führerschein wird eingezogen. Vor Ablauf von 7 Monaten darf Ihnen keine neue Fahrerlaubnis erteilt werden.[54]*
Beweismittel	*Beweismittel:* *a. Ihre Einlassung vom 5. April 2016.* *b. Helga Schenk, Rohracker 5, 89231 Neu-Ulm als Zeugin.*
Festsetzung der Rechtsfolgen	*Auf Antrag der Staatsanwaltschaft wird gegen Sie eine Geldstrafe von 60 Tagessätzen verhängt. Der Tagessatz beträgt 50 Euro. Somit beträgt die Geldstrafe insgesamt 3.000 Euro. An die Stelle einer uneinbringlichen Geldstrafe tritt für jeden Tagessatz ein Tag Freiheitsstrafe.*
Kostenentscheidung	*Sie haben die Kosten des Verfahrens und Ihre Auslagen zu tragen.[55]*
Rechtsmittelbelehrung[56]	*Dieser Strafbefehl steht einem rechtskräftigen Urteil gleich und wird vollstreckt werden, wenn Sie nicht innerhalb von zwei Wochen nach der Zustellung bei dem umseitig bezeichneten Amtsgericht schriftlich oder zu Protokoll der Geschäftsstelle Einspruch einlegen. Der schriftlich erhobene Einspruch muss vor Ablauf der Frist beim Gericht eingehen. Mit dem Einspruch kann die Angabe der zur Verteidigung dienenden Beweismittel verbunden werden.* *Bei rechtzeitigem Einspruch findet eine Hauptverhandlung vor dem Amtsgericht statt, sofern nicht bis zu ihrem Beginn die Staatsanwaltschaft die Anklage fallen lässt oder der Einspruch zurückgenommen wird.* *Die Entscheidung über die Kosten kann für sich allein durch sofortige Beschwerde angefochten werden, wenn der Wert des Beschwerdegegenstands 200 Euro übersteigt. Die Beschwerde ist binnen einer Woche nach der Zustellung einzulegen und muss innerhalb dieser Frist bei Gericht eingegangen sein. Die Beschwerde kann beim Amtsgericht Neu-Ulm schriftlich oder zu Protokoll der Geschäftsstelle eingelegt werden.* *Unterschrift*

4. Vorläufige/Endgültige Einstellung

Einstellung trotz hinreichenden Tatverdachts	Obwohl ein hinreichender Tatverdacht vorliegt, kann im Einzelfall trotzdem eine Einstellung angebracht sein. Dies ist der Fall, wenn das Ziel der öffentlichen Klage (im Moment) nicht erreicht werden kann oder die öffentliche Klage ineffektiv wäre.

---

54 Notwendiger Inhalt der Strafzumessung.
55 Die Notwendigkeit ergibt sich aus § 464 I StPO.
56 KN Muster Nr. 35.

a. Vorläufige Einstellung nach § 154f StPO

§ 154f StPO

Steht der Eröffnung oder Durchführung des Hauptverfahrens für längere Zeit die Abwesenheit des Beschuldigten oder ein anderes in seiner Person liegendes Hindernis entgegen und ist die Klage noch nicht erhoben, so kann das Verfahren vorläufig nach § 154f StPO eingestellt werden. Dies gilt jedoch nur, wenn der Sachverhalt so weit wie möglich aufgeklärt ist und die Beweise so weit wie nötig gesichert sind.[57] Dabei muss die StA den Wegfall des Hindernisses in regelmäßigen Zeitabständen überprüfen, um das Verfahren ggf. wieder aufzunehmen.

Muster

Staatsanwaltschaft Augsburg

12 Js 456/16

Verfügung:

I. *Das Ermittlungsverfahren gegen den Beschuldigten wird wegen unbekannten Aufenthalts nach § 154f StPO vorläufig eingestellt.*

II. *Mitteilung von I. erfolgt formlos an den Antragsteller.[58]*

III. *(Anordnungen zur Ermittlung des Aufenthaltsortes).*

IV. *Wiedervorlage zur Überprüfung spätestens ......[59]*

25.03.2011

Mäding

Staatsanwalt

b. Vorläufige Einstellung nach §§ 154d, 154e StPO[60]

Arbeitsentlastung (§ 154d StPO)

Diese Einstellungsmöglichkeiten dienen der Arbeitsentlastung (lesen!). Nach § 154d StPO kann das Verfahren bei der Verfolgung eines Vergehens vorläufig eingestellt werden, bis über eine zivilrechtliche oder verwaltungsrechtliche[61] Vorfrage entschieden wurde. Hierfür setzt die StA dem Anzeigeerstatter eine Frist. Dadurch soll vermieden werden, dass die StA für Ermittlungen „missbraucht" wird.

Muster

Staatsanwaltschaft Augsburg

123 Js 456/16

Verfügung:

I. *Das Ermittlungsverfahren wird nach § 154d StPO vorläufig eingestellt.*

Gründe:

Die Erhebung der öffentlichen Klage hängt von der Beurteilung einer zivilrechtlichen Frage ab. Dem Beschuldigten wird der Diebstahl eines TV-Gerätes zur Last gelegt, das seinem verstorbenen Vater gehörte. Der Beschuldigte lässt sich insoweit ein, er und nicht der Anzeigeerstatter sei Alleinerbe seines Vaters. Zur Aufklärung dieser Frage im bürgerlichen Streitverfahren bestimme ich eine Frist von 6 Monaten.

---

57 Vorsicht: Die vorläufige Einstellung der StA - anders bei richterlicher Einstellung nach Anklageerhebung, § 78c I 1 Nr.10 StGB - hat keinen Einfluss auf die Verjährung! Deshalb wird regelmäßig gleichzeitig Haftbefehl beantragt, § 78c I 1 Nr.5 StGB.

58 Vgl. Sie Nr. 103, 104 III RiStBV.

59 Vgl. Sie Nr. 104 I 2 RiStBV.

60 Diesen Einstellungsvarianten dürfte keine allzu hohe Examensrelevanz zukommen.

61 Gilt für arbeits- und sozialgerichtliche Verfahren entsprechend, M-G, §154d, Rn. 3.

II. Mitteilung an den Anzeigeerstatter........

III. Einstellungsnachricht an den Beschuldigten.

IV. Wiedervorlage mit Entscheidung spätestens.......

23.02.2016

Mäding

Staatsanwalt

§ 154e StPO

Auch soll von der öffentlichen Klage wegen falscher Verdächtigung oder Beleidigung nach § 154e StPO vorläufig abgesehen werden, solange wegen der angezeigten Tat ein Straf- oder Disziplinarverfahren anhängig ist.[62] Hinsichtlich des Aufbaus gilt Obiges.

c. Tod des Beschuldigten

Abschluss des Verfahrens bei Tod des Beschuldigten

Der Tod des Beschuldigten schließt eine Verurteilung aus.[63] Er stellt ein Verfahrenshindernis wie jedes andere dar. Das Verfahren muss demnach folgerichtig zu einem ordnungsgemäßen Abschluss gebracht werden, § 170 II 1 StPO.[64]

Muster

Staatsanwaltschaft Augsburg

123 Js 456/16

Verfügung:

I. Das Ermittlungsverfahren wird nach § 170 II 1 StPO eingestellt, da der Beschuldigte am 30.01.2016 verstorben ist.

II. Mitteilung von I. erfolgt formlos an den Anzeigeerstatter..........

III. Weglegen.

Mäding

Staatsanwältin

5. Endgültige Einstellung des Verfahrens

a. Einstellung des Verfahrens nach § 170 II 1 StPO

Das Verfahren ist nach § 170 II 1 StPO einzustellen, wenn das Gutachten keinen hinreichenden Tatverdacht ergibt, d.h. tatsächliche oder rechtliche[65] Gründe gegen eine Verurteilung sprechen.

---

62 M-G, § 154e, Rn. 1; Nr. 103 RiStBV.
63 BGH, NJW 83, 463 m.w.N. = **juris**byhemmer.
64 M-G, § 206a, Rn. 8; nach bisheriger Ansicht beendete der Tod das Verfahren von selbst.
65 Rechtliche Gründe liegen vor, wenn die Tat keinen Straftatbestand erfüllt, Rechtfertigungs-, Entschuldigungs- oder Strafaufhebungsgründe vorliegen oder Verfahrenshindernisse gegen eine Verurteilung sprechen. Kann eine Tat nicht nachgewiesen werden, erfolgt die Einstellung aus tatsächlichen Gründen.

Muster	Staatsanwaltschaft	18. Dezember 2016
	München	
	Az.: 15 Js 1234/16	
	Verfügung[66]	
	I. Das Ermittlungsverfahren gegen den Beschuldigten	
Personalien und Gegenstand der Einstellung	Hans Maier, geb. 20.10.1972 in Augsburg, Aststr. 1, 81665 München wegen des Verdachts des Betruges wird nach § 170 II StPO eingestellt.	
	Gründe:	
Angabe, was dem Beschuldigten zur Last gelegt wurde	Dem Beschuldigten wurde zur Last gelegt, er habe einen Betrug gegenüber dem Vermieter durch Nichtbezahlung der Miete begangen.	
Einlassungen des Beschuldigten	Der Beschuldigte lässt sich insoweit ein, er habe die letzten fünf Monate keine Miete bezahlt, da er wegen Insolvenz seiner Firma in erhebliche finanzielle Schwierigkeiten geraten sei.	
Ermittlungsergebnis	Die Ermittlungen bestätigen die Angaben. Auch kann nicht nachgewiesen werden, dass der Beschuldigte von Anfang an die Miete nicht bezahlen wollte, da er die ersten 24 Monate seinen Verpflichtungen nachkam.	
rechtliche/tatsächliche Gründe	Die nachträgliche Nichtentrichtung des Mietzinses erfüllt den Tatbestand des Betruges nicht. Insbesondere besteht keine Aufklärungspflicht über die finanzielle Lage gegenüber dem Vermieter, so dass auch ein Betrug durch Unterlassen ausscheidet.	
zivilrechtliche Ansprüche	Die Geltendmachung zivilrechtlicher Ansprüche bleibt unberührt.	
Mitteilungen	II. Mitteilung von I. an den Anzeigeerstatter Host Hab, Hausstr. 1, 86115 München.[67]	
	III. Mitteilung von I. an den Beschuldigten.[68]	
Wiedervorlage	IV. Weglegen (regelmäßig wird weglegen verfügt, da in der Regel keine Beschwerde mehr kommt und der Aktenumlauf gering gehalten werden soll).	
	Mäding	
Unterschrift	Staatsanwältin	

Einstellung nur bzgl. kompletter prozessualer Tat

aa. Durch die Verfügung „Das Ermittlungsverfahren wird eingestellt" erfolgt die formelle Beendigung des Ermittlungsverfahrens. Eine vollumfängliche Einstellung erfolgt aber nur, wenn das Ermittlungsverfahren *insgesamt* keinen hinreichenden Tatverdacht ergab. Hier erfolgt die Abgrenzung zur Teileinstellung.[69]

> **Achtung:** Eine Einstellung nach § 170 II StPO bezieht sich immer nur auf komplette **prozessuale Taten**. Ergibt sich innerhalb einer prozessualen Tat der Wegfall eines Tatbestandes, so muss dies in einem Aktenvermerk abgehandelt werden!

Begründung der Einstellung

bb. Die Einstellung muss stets begründet werden. Nach Nr. 89 II RiStBV darf die Begründung nicht mit allgemeinen und nichtssagenden Redewendungen erfolgen, sondern muss die Gründe angeben, warum sich ein Tatverdacht nicht begründet hat.

---

[66] Vgl. Sie KN Muster Nr. 32.
[67] Vgl. Sie § 171 StPO.
[68] Sofern die Voraussetzungen des § 170 II 2 StPO vorliegen.
[69] Dazu später mehr.

Der Umfang richtet sich nach den rechtlichen und tatsächlichen Schwierigkeiten. Dabei bietet sich folgender Aufbau an:[70]

⇨ genaue Angaben, was dem Beschuldigten zur Last lag

⇨ etwaige Einlassung des Beschuldigten

⇨ Ermittlungsergebnis

⇨ fundierte Darlegung, warum aus tatsächlichen oder rechtlichen Gründen ein hinreichender Tatverdacht nicht gegeben ist

⇨ ggf. bei Anhaltspunkten der Hinweis: Die Geltendmachung zivilrechtlicher Ansprüche bleibt unberührt.

formlose Mitteilung

cc. Ein Antragsteller nach § 171 S.1 StPO[71] ist von der Einstellung formlos zu benachrichtigen. Dies gilt jedoch dann nicht, wenn er ersichtlich keinen Wert auf eine Mitteilung legt oder das Recht auf Mitteilung verwirkt hat.[72]

Rechtsbehelfsbelehrung

Ist der Anzeigeerstatter gleichzeitig Verletzter i.S.d. § 171 S.2 StPO und das Klageerzwingungsverfahren nach § 172 II 3 StPO nicht ausgeschlossen, muss zur Fristwahrung zusätzlich eine Rechtsbehelfsbelehrung beigefügt werden.

> **Bsp.:** Mitteilung an den Anzeigeerstatter Host Hab, Hausstr. 1, 86115 München, mit Beschwerdebelehrung förmlich zustellen.

Benachrichtigung des Beschuldigten

dd. Unter den Voraussetzungen des § 170 II 2 StPO wird der Beschuldigte über die Einstellung benachrichtigt:

⇨ er wurde als Beschuldigter vernommen

⇨ gegen ihn wurde ein Haftbefehl erlassen

⇨ er hat um einen Bescheid gebeten

⇨ es besteht ein besonderes Interesse an der Mitteilung

⇨ eine Strafverfolgungsmaßnahme wurde gegen ihn vollzogen, §§ 2, 9 I 4 StrEG, Nr. 91 I 2 RiStBV.

b. Die Teileinstellung[73]

examenstypisch

Eine Teileinstellung liegt immer dann vor, wenn in **einem Ermittlungsverfahren** entweder

⇨ gegen einen Beschuldigten wegen mehrerer prozessualer Taten ermittelt wurde und die StA am Ende des Ermittlungsverfahren zu der Kenntnis gelangt ist, dass nicht bzgl. aller prozessualer Taten ein hinreichender Tatverdacht besteht (persönlicher Zusammenhang) oder

⇨ gegen mehrere Beschuldigte wegen einer prozessualen Tat ermittelt wurde und zumindest bzgl. einem ein hinreichender Tatverdacht sich nicht bestätigt hat (sachlicher Zusammenhang) oder

---

70 Vgl. Sie KN Muster Nr. 32; entspricht im Wesentlichen dem Aufbau eines freisprechenden Urteils.
71 D.h. eine Strafanzeige nach § 158 I StPO mit dem erkennbaren Willen, die Strafverfolgung zu veranlassen, M-G, § 171, Rn. 1.
72 M-G, § 171, Rn. 2.
73 Vgl. Sie KN Muster Nr. 33.

⇨ die vorherigen Varianten kumulativ vorliegen (persönlicher und sachlicher Zusammenhang).

> **hemmer-Methode:** Sie werden es schon erahnt haben: Aufgrund der Komplexität des Examens und der Möglichkeit der Variation und der größtmöglichen Abdeckung von Problemkonstellationen ist die Teileinstellung die examensrelevanteste Variante.

aa. Teileinstellung bei persönlichem Zusammenhang[74]

Voraussetzung ist, dass einem Beschuldigten *innerhalb eines Ermittlungsverfahrens mehrere prozessuale Taten* zur Last gelegt werden und die StA am Ende des Ermittlungsverfahrens bzgl. einer oder mehrerer prozessualer Taten den hinreichenden Tatverdacht bejaht und bzgl. anderer prozessualer Taten diesen verneint. Sodann erfolgt eine Kombination aus einer Einstellungsverfügung und einer Anklageschrift.

> **Anmerkung:** Beachten Sie nochmals die Bedeutung der prozessualen Tat. Es handelt sich nicht um eine Teileinstellung vor, wenn innerhalb einer prozessualen Tat einzelne Delikte nicht verwirklicht sind. Hier erfolgt eine Anklageschrift, in der die Tatbestände mit hinreichendem Tatverdacht behandelt werden; ein darin enthaltener Vermerk erläutert, warum es bzgl. der anderen am hinreichenden Tatverdacht fehlt.

Bsp.: Am 20.01.2016 beging der Beschuldigte eine einfache Körperverletzung. Es liegt jedoch kein Strafantrag vor. Am 28.02.2016 beging er eine Urkundenfälschung. Beides wurde in einem Ermittlungsverfahren verfolgt.

Muster	Staatsanwaltschaft	Memmingen den 11.04.2016
	Memmingen	
	AZ.: 15 Js 1234/16	
	Verfügung:	
	I. Die Ermittlungen sind abgeschlossen.[75]	
Abschluss der Ermittlungen		
	II. Das Ermittlungsverfahren gegen den **Beschuldigten Lars Langfinger**	
Personalien	geb. am 08.07.1972, deutscher Staatsangehöriger, ledig, Friseurmeister, wohnhaft 89233 Memmingen,	
zur Last gelegtes Delikt	wegen des Verdachts der Körperverletzung	
prozessuale Tat	bezüglich des Verhaltens am 20.01.2016 in der Memminger Diskothek Tumult wird nach § 170 II StPO eingestellt.[76]	
rechtliche Würdigung	Gründe:	
	Dem Beschuldigten lag zur Last, den Olaf Zeh durch eine Ohrfeige körperlich misshandelt zu haben. Dieses Verhalten würde zwar den Tatbestand einer Körperverletzung nach § 223 I StGB erfüllen, jedoch liegt kein Strafantrag vor. Auch ein besonderes öffentliches Interesse liegt nicht vor, da der Beschuldigte nicht vorbestraft ist und diese Handlung durch eine Beschimpfung des Olaf Zeh provoziert wurde.	

---

74 Siehe Assessor-Basics, Klausurentraining Strafprozess, Fall 1.
75 Die Notwendigkeit ergibt sich aus § 169a StPO.
76 Wird eine prozessuale Tat aus Opportunitätsgründen eingestellt, erfolgt hier ein Zitat der Einstellungsnorm und bei den Gründen eine Erörterung.

§ 2 DIE ABSCHLUSSVERFÜGUNG

Mitteilung nach § 171 S.1 StPO

III. Mitteilung von II. an den Anzeigeerstatter mit Beschwerdebelehrung zustellen.

Mitteilung nach § 170 II 2 StPO

IV. Mitteilung von II. formlos ohne Gründe an den Beschuldigten.

V. **Vermerk**: Bezüglich des von der Anklage erfassten Verhaltens des Angeschuldigten vom 28.02.2016 liegen weitere Straftatbestände nicht vor:

1. Insbesondere ist kein Fall des § 263 I StGB gegeben, weil..........[77]

> **Anmerkung:** Die Delikte, die innerhalb der prozessualen Tat, bzgl. welcher unten Klage erhoben wird, nicht beweisbar, nicht strafbar oder aufgrund von Verfahrenshindernissen nicht verfolgbar sind, werden hier abgehandelt.

VI. Anklage zum Landgericht Memmingen – Schwurgericht – nach gesondertem Entwurf.

Staatsanwalt

Anklageschrift

Nun folgt die Abfassung einer Anklageschrift hinsichtlich des Verhaltens vom 28.02.2016 (Urkundenfälschung) wie sie oben bereits dargestellt wurde. Letztlich stellt eine Teileinstellung lediglich eine Kombination aus Einstellungsverfügung und Anklageschrift dar.

> **hemmer-Methode:** Versuchen Sie Zusammenhänge zu erkennen und zu verstehen. So ersparen Sie sich nicht nur einen erheblichen Lernaufwand, sondern können auch den Korrektor mit Ihrem Systemverständnis überzeugen.

bb. Teileinstellung bei sachlichem Zusammenhang

Personenmehrheit

Eine solche ist durchzuführen, wenn gegen **mehrere Beschuldigte ein Ermittlungsverfahren wegen einer prozessualen Tat** durchgeführt wurde und am Ende des Verfahrens sich ein hinreichender Tatverdacht nur bzgl. eines Beschuldigten bestätigt. Dann erfolgen eine Einstellungsverfügung, sowie eine Anklageschrift nach dem obigen Muster.

Bsp.: A und B werden in einem Ermittlungsverfahren des gemeinschaftlichen Raubes verdächtigt. Die StA kommt zum Ermittlungsergebnis, dass ein hinreichender Tatverdacht nur hinsichtlich B besteht. Es erfolgt eine Teileinstellung. Das Verfahren gegen A wird eingestellt, gegenüber B wird Anklage erhoben.

cc. Persönlicher und sachlicher Zusammenhang

Dies stellt lediglich eine Kombination aus dem Obigen dar, d.h. gegen mehrere Beschuldigte läuft wegen mehrerer prozessualer Taten ein Ermittlungsverfahren.

mehrere prozessuale Taten und mehrere Beschuldigte in einem Ermittlungsverfahren

Bzgl. der prozessualen Taten, bei denen sich ein hinreichender Tatverdacht nicht bestätigt hat, erfolgt eine Einstellung, bzgl. der prozessualen Taten, bei denen sich ein hinreichender Tatverdacht bejahen lässt, wird Anklage erhoben.

---

[77] Erfolgt eine Strafverfolgungsbeschränkung nach § 154a StPO, so gilt es diese hier zu erörtern. Dazu später mehr.

Bsp.: *A und B werden in einem Ermittlungsverfahren des gemeinschaftlichen Totschlags an V am 20.10.2016 verdächtigt. Darüber hinaus sollen sie am 12.12.2016 den D gemeinsam beraubt haben. Der Verdacht bestätigt sich hinsichtlich des Totschlags, hinsichtlich des Raubes besteht ein hinreichender Tatverdacht nur für B. Bzgl. des Totschlags wird Anklage erhoben.*

Das Verfahren gegen A wird insoweit eingestellt, als ihm das Verhalten vom 12.12.2016 zur Last gelegt wurde. Gegen B wird also wegen zweier prozessualer Taten Klage erhoben, gegen A nur wegen des Totschlags. Insoweit erfolgt eine (zusammengefasste, da einheitliches Ermittlungsverfahren) Abschlussverfügung in Form einer Teileinstellung und Anklage.

c. Einstellung aus Opportunitätsgründen

Ausnahme vom Legalitätsprinzip

Aufgrund des Legalitätsprinzips ist die StA zur Erhebung der öffentlichen Klage verpflichtet, wenn sie einen hinreichenden Tatverdacht bejaht, § 152 II StPO. Nach den §§ 153 ff. StPO hat die StA jedoch die Möglichkeit das Verfahren aus Gründen der Opportunität einzustellen, obwohl ein hinreichender Tatverdacht vorliegt.

> **hemmer-Methode:** Die Anwendung der §§ 153 ff. StPO ist in der Klausur nicht selten durch den Bearbeitervermerk ausgeschlossen. Ist dies aber nicht der Fall, sollten Sie zur Demonstration von Praxisnähe und Verringerung der Schreibarbeit in der Anklageschrift die entsprechenden Vorschriften anwenden.

aa. §§ 154, 154a StPO bei unwesentlichen Nebendelikten[78]

Prozessökonomie

Diese Vorschriften sind einschlägig, wenn der Täter mehrere Delikte begangen hat, die StA innerhalb *eines Ermittlungsverfahrens* (das kann auch bei verschiedenen Ermittlungsverfahren der Fall sein) aber auf eine Verfolgung trotz hinreichenden Tatverdachts verzichten möchte, da diese wegen der sonstigen begangenen Delikte nicht ins Gewicht fallen.

Diese Möglichkeit dient der Beschleunigung und Vereinfachung des Verfahrens.[79]

(1) Die Einstellung nach § 154 StPO

mehrere prozessuale Taten

Dabei ist § 154 I StPO (lesen!) für den Fall anwendbar, dass es sich um **mehrere prozessuale Taten** handelt, bei denen zumindest eine prozessuale Tat nur unwesentlich ins Gewicht fällt. Sodann wird eine Teileinstellung nach obigem Muster durchgeführt. Die Einstellung erfolgt zunächst nur vorläufig, da der Ausgang des anderen Verfahrens schließlich noch ungewiss ist.

Muster

Staatsanwaltschaft   München den 01.03.2016
München
Az.: 12 Js 1234/16

Verfügung:

I. Das Ermittlungsverfahren wird nach § 154 I Nr.1 StPO vorläufig eingestellt, soweit dem Beschuldigten der Diebstahl vom 10.01.2016 zur Last gelegt wird.

---

[78] Die Einstellungsmöglichkeiten werden in der Reihenfolge ihrer Klausurrelevanz abgehandelt.
[79] M-G, § 154, Rn. 1; § 154a, Rn. 1.

§ 2 DIE ABSCHLUSSVERFÜGUNG

Gründe:

Die Strafandrohung des am 10.01.2016 begangenen Diebstahls einer geringfügigen Sache fällt gegenüber der Strafe, die der Beschuldigte im vorliegenden Verfahren wegen des am 13.01.2016 begangenen Mordes an Hans Olaf zu erwarten hat, nicht beträchtlich ins Gewicht.

II. Mitteilung von I. an den Anzeigeerstatter Dietrich Baum, Hillstr. 2 in 80993 München.

III. Mitteilung von I. formlos ohne Gründe an den Beschuldigten.

IV. Anklage zum Landgericht München I – Große Strafkammer – nach gesondertem Entwurf.

V. WV .....

Staatsanwalt

⇨ Abfassung der Anklageschrift (hinsichtlich des Mordes).

Hier liegen zwei prozessuale Taten in einem Ermittlungsverfahren vor. Bei beiden besteht ein hinreichender Tatverdacht. Die prozessuale Tat vom 10.01.2016 (Diebstahl) wird eingestellt. Die prozessuale Tat vom 13.01.2016 (Mord) wird angeklagt. Da die Strafandrohung des Diebstahls zu der des Mordes (lebenslänglich!) unwesentlich ist, wäre eine Verfolgung wenig sinnvoll.

(2) Absehen von Strafverfolgung nach § 154a StPO

eine prozessuale Tat und mehrere Straftatbestände

Hier liegen **mehrere Delikte (Straftatbestände) innerhalb einer prozessualen Tat** vor, von denen zumindest ein Delikt im Vergleich zum anderen nicht beträchtlich ins Gewicht fällt.

Dann kann nach § 154a StPO die Strafverfolgung auf das wesentliche Delikt beschränkt werden. Da jedoch gerade keine zweite prozessuale Tat vorliegt, sondern die Delikte *innerhalb einer prozessualen Tat* verwirklicht wurden, erfolgt **keine Einstellungsverfügung**.

Erörterung im Vermerk

Die Beschränkung wird lediglich in einem Aktenvermerk erörtert, § 154a I 3 StPO. In der Anklageschrift erfolgt nach der rechtlichen Würdigung ein kurzer Hinweis auf die Beschränkung, Nr. 101a III, 110 II lit.e) RiStBV.[80]

Muster

Staatsanwaltschaft München *München den 12.04.2016*

Az.: 12 Js 1234/16

Abschussverfügung nach § 169a StPO i.V.m. Nr. 109 RiStBV

Beschränkung der Verfolgung innerhalb einer prozessualen Tat

Verfügung:

I. Die Ermittlungen sind abgeschlossen.

II. Vermerk: Die Strafverfolgung gegen den Angeschuldigten wird bzgl. der Tat vom 10.03.2016 nach § 154a StPO beschränkt auf den Vorwurf des Totschlags nach § 212 I StGB. Für diesen hat er eine mehrjährige Haftstrafe zu erwarten. Ausgenommen wird die Nötigung nach § 240 StGB, die für die zu erwartende Strafe nicht beträchtlich ins Gewicht fällt.

III. Anklageschrift nach gesondertem Entwurf.

Staatsanwalt

---

80 Vgl. Sie hierzu bereits oben Rn. 25.

Hinweis in Anklageschrift

⇨ Sodann erfolgt die Anklageschrift bzgl. des Totschlags innerhalb derselben prozessualen Tat. Auf die Beschränkung wird nach der rechtlichen Würdigung kurz hingewiesen.

> **hemmer-Methode:** Während bei § 154 StPO die Verfolgung einer (gesamten) prozessualen Tat ausgenommen wird und daher eine Teileinstellung erfolgt, wird bei § 154a StPO die Strafverfolgung innerhalb einer prozessualen Tat auf einzelne **Straftatbestände** beschränkt. Es gilt eine „normale" Anklageschrift abzufassen, wobei im Abschlussvermerk auf die Beschränkung hingewiesen wird.

bb. Einstellung des Verfahrens wegen geringer Schuld

Einstellung wegen geringer Schuld

Nach § 153 I StPO (lesen!) kann die StA eine prozessuale Tat einstellen, wenn die Schuld des Täters als gering anzusehen ist. Dafür muss anhand einer Prognoseentscheidung festgestellt werden, ob die Verurteilung sich am unteren Strafrahmen befinden wird.[81]

bei Vergehen

Diese Norm ist nur bei Vergehen anwendbar. Auch darf kein öffentliches Interesse an der Verfolgung bestehen; insoweit kämen general- oder spezialpräventive Gründe in Betracht. Grundsätzlich bedarf es der Zustimmung des Gerichts. Etwas anderes gilt jedoch dann, wenn das Vergehen nicht mit einer im Mindestmaß erhöhten Strafe bedroht ist und die Folgen der Tat gering sind, § 153 I 2 StPO.

Muster

Staatsanwaltschaft Würzburg

26 Js 1274/11

Verfügung:

I. Das Ermittlungsverfahren wird nach § 153 I StPO eingestellt.

Gründe:

Der Beschuldigte hat gestanden, einen Verstoß gegen das Pflichtversicherungsgesetz begangen zu haben, indem er das Mofa ohne Versicherungsschutz benutzt hat. Ein Schaden ist hierdurch nicht entstanden. Dabei handelte der Beschuldigte in Unkenntnis über den fehlenden Versicherungsschutz. Daher ist die Schuld als gering anzusehen. Ein Interesse an der Strafverfolgung besteht nicht.

II. Mitteilung von I. formlos an den Anzeigeerstatter Peter Petz, Petzstr. 1, 97082 Würzburg.[82]

III. Mitteilung von I. formlos ohne Gründe an den Beschuldigten.

IV. Weglegen

Bohrer

Staatsanwalt

cc. Einstellung gegen Auflagen und Weisungen

Einstellung gegen Auflage und Weisung

§ 153a I StPO (lesen!) ermöglicht es der StA bei Vergehen, mit Zustimmung des zuständigen Gerichts (beachten Sie aber § 153a I 7 StPO) und des Beschuldigten, **vorläufig** (bis zur Erfüllung der Auflage/Weisung) von der Erhebung der öffentlichen Klage abzusehen.

---

81 M-G, § 153, Rn. 4.
82 Da das Klageerzwingungsverfahren nach § 172 II 3 StPO ausgeschlossen ist, erfolgt keine Beschwerdebelehrung.

Im Unterschied zu § 153 I StPO ist dies auch bei mittlerer Schuld möglich. Dann wird das öffentliche Verfolgungsinteresse durch die Pflichten des § 153a I 1 Nr.1-5 StPO aufgehoben. Anders als in der Praxis hat diese Einstellungsmöglichkeit in der Klausur keine allzu hohe Relevanz.[83]

d. Die Problematik der Privatklagedelikte

Privatklagedelikte

Bejaht man im Gutachten einen hinreichenden Tatverdacht, so ist die StA aufgrund des Legalitätsprinzips grundsätzlich zur Erhebung der öffentlichen Klage verpflichtet. Nach § 376 StPO erhebt die StA bei Privatklagedelikten die öffentliche Klage aber nur, wenn dies im öffentlichen Interesse liegt. Die Privatklagedelikte sind in § 374 I Nr.1-8 StPO abschließend aufgezählt.

öffentliches Interesse

Ein öffentliches Interesse ist gegeben, wenn der Rechtsfrieden über den Lebenskreis des Verletzten hinaus gestört und die Strafverfolgung ein gegenwärtiges Anliegen der Allgemeinheit ist, Nr. 86 II RiStBV. Demnach ist bei Privatklagedelikten das öffentliche Interesse eine ***zusätzliche Prozessvoraussetzung***.[84]

> Achtung: Verwechseln Sie das öffentliche Interesse i.S.d. § 376 StPO nicht mit dem besonderen öffentlichen Interesse der §§ 230 I, 248a, 303c StGB. Letzteres ist nötig, um das Erfordernis eines Strafantrages als Prozessvoraussetzung zu überwinden.

aa. Ausschließlich Privatklagedelikt(e) innerhalb einer prozessualen Tat

zusätzliche Prozessvoraussetzung

Gelangen Sie nach dem Gutachten zu dem Ergebnis, dass ein hinreichender Tatverdacht innerhalb einer prozessualen Tat ausschließlich hinsichtlich eines oder mehrerer Privatklagedelikte besteht, müssen Sie als ***zusätzliche Prozessvoraussetzung*** das öffentliche Interesse nach § 376 StPO prüfen.

Verweis auf den Privatklageweg

Wird dies bejaht, erheben Sie wie bei den Offizialdelikten Anklage. Insoweit gibt es keine Besonderheiten. Wird das öffentliche Interesse jedoch verneint, gilt es das Ermittlungsverfahren einzustellen und auf den Privatklageweg zu verweisen, das Klageerzwingungsverfahren ist insoweit ausgeschlossen, § 172 II 3 StPO.

Muster

Staatsanwaltschaft
23.11.2016

Würzburg

Az.: 13 Js 1234/16

Verfügung:

I. Das Ermittlungsverfahren wird nach § 170 II 1 StPO eingestellt.

Gründe:

Dem Beschuldigten wird zur Last gelegt, am 11.10.2016 seinen Arbeitskollegen H. Müller mit den Worten: „Du Sau!" beleidigt zu haben.

---

[83] Sonstigen Einstellungsmöglichkeiten nach §§ 153b, 153c, 153e, 154b, 154c StPO kommt in der Klausur regelmäßig keine Bedeutung zu.

[84] Die Intention des Gesetzgebers ist klar: Bei einfacheren Delikten soll der Verletzte die Tat zur Entlastung der StA selbst verfolgen.

An der Erhebung der öffentlichen Klage besteht jedoch kein öffentliches Interesse. Der Rechtsfrieden wurde nicht über den Lebenskreis des Verletzten hinaus gestört, da die Streitigkeit im Rahmen der zwei Arbeitskollegen stattfand. Daher besteht kein Anliegen der Allgemeinheit an der Strafverfolgung. Das Verfahren war mithin einzustellen.

Die Geltendmachung zivilrechtlicher Ansprüche bleibt unberührt.

II. Mitteilung von I. formlos an den Anzeigeerstatter H. Müller, Oldenburgerstr. 10, 97082 Würzburg **mit Verweisung auf den Privatklageweg.**

III. Mitteilung von I. formlos an den Beschuldigten.

Mäding

Staatsanwältin

bb. Kollision von Privatklage- und Offizialdelikten innerhalb einer prozessualen Tat

Vorrang des Offizialdelikts

Nach dem Grundsatz der umfassenden Jurisdiktion genießt das **Offizialdelikt den Vorrang vor dem Privatklagedelikt**. Bejaht man daher den hinreichenden Tatverdacht für das Offizialdelikt und das Privatklagedelikt, gilt es das Privatklagedelikt unabhängig vom öffentlichen Interesse i.S.d. § 376 StPO mitzuverfolgen.[85] Insoweit entfällt die zusätzliche Prozessvoraussetzung. Bei der Anklageschrift gibt es keine Besonderheiten.

Varianten

⇨ Besteht weder für das Offizialdelikt noch für das Privatklagedelikt ein hinreichender Tatverdacht, erfolgt eine Einstellung nach § 170 II StPO. Wegen des Vorrangs des Offizialdelikts wird nicht auf den Privatklageweg in der Einstellungsverfügung verwiesen, da grundsätzlich das Klageerzwingungsverfahren einschlägig ist.

⇨ Besteht ein hinreichender Tatverdacht nur hinsichtlich des Privatklagedelikts und hat sich der Verdacht bzgl. eines Offizialdelikts im Ermittlungsverfahren nicht bestätigt, ist zu unterscheiden:

- Fehlt es dem Privatklagedelikt am öffentlichen Interesse, kann die öffentliche Klage nicht erhoben werden. Der Privatklageweg ist wegen Vorrangs des Offizialdelikts nicht eröffnet. Daher erfolgt eine Einstellung nach § 170 II StPO.

- Bejaht man das öffentliche Interesse, erfolgt die Anklage bzgl. des Privatdelikts. Im Aktenvermerk der Abschlussverfügung wird das Nichtvorliegen des Tatverdachts hinsichtlich des Offizialdelikts erörtert.

⇨ Liegt ein hinreichender Tatverdacht hinsichtlich des Offizialdelikts vor, nicht aber beim Privatklagedelikt, gilt Obiges entsprechend: D.h. bzgl. des Offizialdelikts wird Anklage erhoben und das Privatklagedelikt wird im Vermerk behandelt.

> **Anmerkung:** All diese Varianten basieren auf dem Vorrang des Offizialdelikts. Wird in einem Ermittlungsverfahren wegen eines Offizialdelikts und eines Privatklagedelikts ermittelt, sind immer die Vorschriften des Offizialdelikts anwendbar.

---

85 M-G, § 376, Rn. 9 ff.

cc. Offizial- und Privatklagedelikt bei mehreren prozessualen Taten

Stellen Offizial- und Privatklagedelikt zwei prozessuale Taten dar und ist bei beiden Delikten ein hinreichender Tatverdacht gegeben, so muss geprüft werden, ob ein öffentliches Interesse bei dem Privatklagedelikt vorliegt oder nicht.

Varianten

Ist dies der Fall, erhebt die StA wegen beider Delikte Anklage. Insoweit gibt es keine Besonderheiten.

Verneint die StA das öffentliche Interesse, erfolgt eine Teileinstellung, d.h. hinsichtlich des Offizialdelikts wird Anklage erhoben und hinsichtlich des Privatklagedelikts erfolgt eine Einstellung und die Verweisung auf den Privatklageweg.

> **Anmerkung:** Der Vorrang des Offizialdelikts gilt nur innerhalb einer prozessualen Tat!

Daher gilt es das Ermittlungsverfahren auch wegen beider prozessualer Taten nach § 170 II StPO einzustellen, wenn sich bei beiden ein hinreichender Tatverdacht nicht bestätigt. Die Einstellung erfolgt zusammengefasst in einer Verfügung, wobei hinsichtlich des Privatklagedelikts auf den Privatklageweg verwiesen wird.

B. Abschlussverfügung(en) mit Hilfsgutachten[86]

> Diese Klausurvariante ist vor allem in Bayern sehr beliebt. Eine Musterklausur zu dieser Variante finden Sie bei Hemmer/Wüst/Gold, Assessor-Basics Strafprozessrecht, Klausur Nr. 2.

Bearbeitervermerk

Sollte diese zweite Variante Gegenstand einer Klausur sein, lautet der Bearbeitervermerk ungefähr wie folgt:

> *Die Abschlussverfügung(en) der StA ist (sind) vollständig zu entwerfen. Soweit die angesprochenen Rechtsprobleme der Strafbarkeit des (der) Beschuldigten für die förmliche Entschließung nach Ansicht des Bearbeiters nicht relevant sind, sind sie in einem Hilfsgutachten zu behandeln.*

inhaltliche Übereinstimmung

Die inhaltlichen Anforderungen dieser Variante stimmen mit denjenigen der ersten Variante überein, d.h. Sie müssen den hinreichenden Tatverdacht bzgl. des (der) Beschuldigten prüfen und die Abschlussverfügungen verfassen.

Mithin unterscheiden sich die Varianten lediglich im formellen Aufbau. Denn hier müssen Sie mit den Abschlussverfügungen beginnen und die entsprechenden Probleme inkorporieren. **Nur was nicht in die Abschlussverfügungen gehört, kommt ins Hilfsgutachten**.

Aufspaltung der Abhandlung

Schwerpunktsetzung

Hierin liegt auch der erhöhte Schwierigkeitsgrad dieser Variante. Der materiell-rechtlich einheitliche Sachverhalt wird aufgeteilt und in Einstellungsverfügungen, Aktenvermerken, im wesentlichen Ergebnis der Ermittlungen und im Hilfsgutachten behandelt. Dabei sollte dem Bearbeiter klar sein, dass der Großteil der Punkte im materiellen Bereich zu vergeben ist. Die Einhaltung der Formalia in positiver Hinsicht nicht besonders bewertet - fällt aber bei Nichtbeachtung negativ auf.

---

[86] Vgl. Sie Assessor-Basics, Klausurentraining Strafprozess, Fall 2.

> **Achtung:** Aufgrund des zerstückelten Aufbaus verliert der Prüfling oftmals den Überblick und vergisst ganze Straftatbestände. Eine weitere Folge ist der erhöhte Zeitdruck, wodurch eine überwiegende Abhandlung im Urteilsstil geboten ist.

Daher soll nachfolgend der wesentliche Aufbau der Klausurkonstellationen dargestellt werden, damit eine schnellere Verortung der Probleme möglich wird. Die folgenden Ausführungen stellen kein Dogma, sondern lediglich eine Orientierungshilfe dar.

I. Lösungsskizze

vorherige Begutachtung Ihres Falles

Auch wenn Sie bei dieser Variante in der Niederschrift nicht mit dem materiellen Gutachten beginnen, müssen Sie dennoch zuerst prüfen, inwieweit ein hinreichender Tatverdacht vorliegt. Denn nur dann kann entschieden werden, was für eine Art von Abschlussverfügung abzufassen ist. Deshalb müssen Sie im Rahmen Ihrer Vorbereitung der Niederschrift zunächst ein (skizziertes) materielles Gutachten erstellen.

II. Einstellungsverfügung

kein hinreichender Tatverdacht

Kommen Sie zu dem Ergebnis, dass hinsichtlich einer prozessualen Tat oder mehrerer prozessualer Taten ein hinreichender Tatverdacht nicht gegeben ist, gilt es eine Einstellungsverfügung zu verfassen. Selbiges gilt für den (allerdings nicht sehr examensrelevanten) Fall, dass sämtliche prozessuale Taten aus Opportunitätsgründen eingestellt werden.

1. Die Abschlussverfügung

Die StA hat das Ermittlungsverfahren formell zum Abschluss zu bringen. Daher müssen Sie eine Einstellungsverfügung nach § 170 II 1 StPO erstellen.

Schwerpunktsetzung!

Ein Schwerpunkt Ihrer Arbeit wird hier nun bei den **Gründen der Einstellungsverfügung** liegen. Hier sollten Sie sämtliche in Betracht kommenden Straftatbestände abarbeiten und darlegen, warum kein hinreichender Tatverdacht vorliegt.

Echoprinzip

Soweit dies der Sachverhalt nahe legt (Echoprinzip), müssen Sie auf etwaige Verfahrenshindernisse und Beweisprobleme (Beweisverwertungsverbote) eingehen (erfolgt eine Einstellung aus Opportunitätsgründen, müssen Sie deren Voraussetzungen darlegen). Es bietet sich grds. eine Gliederung wie folgt an:

Aufbau

⇨ Schilderung des Vorwurfs

⇨ Beweiswürdigung

⇨ Rechtliche Würdigung

§ 2 DIE ABSCHLUSSVERFÜGUNG

Beispiel

*Staatsanwaltschaft
20.04.2016*

Memmingen

Az.: 12 Js 1235/16

Verfügung:

I. Das Ermittlungsverfahren gegen

Lars Langfinger, geb. am 08.07.1972 in Neu-Ulm, deutscher Staatsangehöriger, lediger Friseurmeister, wohnhaft in 89333 Memmingen, Betlinstr. 1,

wegen Verdachts des Hausfriedensbruchs,

wird nach § 170 II 1 StPO eingestellt.

Gründe:

Schilderung des Vorwurfs

1. Dem Beschuldigten lag zur Last, nachdem er am 09.03.2016 den Garten des Hans Olaf betreten hatte, einen Hausfriedensbruch begangen zu haben.

Beweiswürdigung

2. Der Beschuldigte räumt den Tathergang ein, äußert aber, er sei auf Wunsch des Hans Olaf in dessen Garten gegangen, um dessen Bäume zu stutzen. Dies bestreitet Hans Olaf. Jedoch erscheint die Aussage des Beschuldigten glaubhaft, da er die letzten Jahre zu Frühlingsbeginn immer die Bäume des Hans Olaf gestutzt hatte.

rechtliche Würdigung

3. Folglich ist die Strafbarkeit nach § 123 I StGB aufgrund des Einverständnisses schon mangels widerrechtlichen Eindringens abzulehnen.

II. Mitteilung mit Abdruck von I. an den Anzeigeerstatter.

III. Mitteilung von I. an den Beschuldigten.

IV. Weglegen.

Mäding

Staatsanwalt

2. Das Hilfsgutachten

Insoweit werden Sie bei dieser Fallkonstellation im Hilfsgutachten wenig anbringen können, da eine abschließende Behandlung aller in Betracht kommenden Delikte bereits im Rahmen der Einstellungsverfügung gem. § 170 II StPO erfolgt sein wird.

Einstellung aus Opportunitätsgründen

Etwas anderes gilt jedoch, wenn eine Einstellung aus Opportunitätsgründen erfolgte; hier haben Sie bei den Einstellungsgründen nur die Voraussetzungen der Einstellung erörtert, weswegen nun der hinreichende Tatverdacht dargelegt werden muss.

Schreibstil: modifizierter Urteilsstil

Wegen der kurz bemessenen Zeit wird der Gutachtensstil nur selten praktikabel sein. Vielmehr ist ein modifizierter Urteilsstil anzuwenden.

III. Anklageschrift/Strafbefehlsantrag

Bejahen Sie den hinreichenden Tatverdacht innerhalb einer prozessualen Tat, gilt es eine(n) Anklageschrift/Strafbefehlsantrag anzufertigen. Dann besteht Ihre Arbeit aus drei Komponenten.

1. Der Abschlussvermerk

alle Straftatbestände, bei denen Sie den hinreichenden Tatverdacht verneint haben

In der Anklageschrift werden Sie nur die Straftatbestände der prozessualen Tat behandeln bzgl. derer ein hinreichender Tatverdacht besteht. Daher müssen Sie im Abschlussvermerk all diejenigen in Betracht kommenden Straftatbestände und deren Verfolgbarkeit **innerhalb derselben prozessualen Tat** behandeln, bei denen Sie einen hinreichenden Tatverdacht verneinen. Hier ist der modifizierte Urteilsstil mit Tiefgang angebracht.

Einleitungssatz

Dabei bietet sich folgender Einleitungssatz an:

> *Aktenvermerk: Bezüglich des von der Anklage erfassten Verhaltens des Angeschuldigten vom .... liegen weitere Straftatbestände nicht vor: ....*

Achten Sie auf die genaue Eingrenzung der prozessualen Tat.

2. Die Anklageschrift/Strafbefehlsantrag

Sachverhaltsdarstellung

Im Rahmen der Sachverhaltsdarstellung müssen Sie auf die wesentlichen objektiven und subjektiven Tatbestandsmerkmale der Delikte eingehen, hinsichtlich derer Sie den hinreichenden Tatverdacht angenommen haben. Es erfolgt aber nur eine (kurze) Sachverhaltsdarstellung, aber keine rechtliche Auseinandersetzung mit Tiefgang.

> **Anmerkung:** Ausführungen zur materiellen Rechtslage im wesentlichen Ergebnis der Ermittlungen sind nicht zwingend, eher wenig praxisnah und sollten sich, wenn – wie meist nach dem Bearbeitervermerk – ein Hilfsgutachten offen steht, jedenfalls auf problematische Knackpunkte des Falles beschränken.

3. Das Hilfsgutachten

Schwerpunkt im Hilfsgutachten

Hier gilt es auf alle verwirklichten und verfolgbaren Straftatbestände im Hilfsgutachten einzugehen.

Bei entsprechenden Angaben im Sachverhalt muss auch auf etwaige Prozesshindernisse und auf Beweisprobleme (oft ein Schwerpunkt bei den Beweisverwertungsverboten) eingegangen werden. Diese gehören - soweit vom Bearbeitervermerk nicht erlassen - grds. in das wesentliche Ergebnis der Ermittlungen. Falls dieses nicht zu fertigen ist, müssen Sie die Ausführungen hierzu ebenfalls ins Hilfsgutachten einbeziehen.

Bzgl. der eben genannten Problemkreise ist eine juristische Abhandlung mit Tiefgang angebracht.

Konkurrenzen nicht vergessen

Die abgelehnten Delikte wurden bereits im Vermerk behandelt. Sollten dabei noch Probleme offen sein, sind diese ebenfalls im Hilfsgutachten zu behandeln. Auch auf die Konkurrenzen ist einzugehen. Verdrängte Delikte sind - wenn überhaupt - grds. nur kurz abzuhandeln.

> *Bsp.: Der Beschuldigte ist mit seinem Pkw am 01.01.2016 vorsätzlich gegen eine Mauer gefahren, um die Versicherungssumme geltend zu machen. Der Tatverdacht hat sich hinsichtlich § 265a StGB bestätigt, nicht jedoch bzgl. §§ 315c, 263 StGB.*

§ 2 DIE ABSCHLUSSVERFÜGUNG

Aufbauvorschlag	*Staatsanwaltschaft*	*03.03.2016*
	München	
	Az.: 12 Js 1234/16	
der Abschlussvermerk nach § 169a StPO	*Verfügung:*	
	I. Die Ermittlungen sind abgeschlossen.	
	II. Vermerk: Hinsichtlich des von der Anklage erfassten Verhaltens des Angeschuldigten vom 01.01.2016 liegen weitere Straftatbestände nicht vor:	
	1. Eine Gefährdung des Straßenverkehrs nach § 315c I Nr.1a StGB liegt nicht vor:	
Behandlung aller in Betracht kommender Straftatbestände bzgl. derer kein hinreichender Tatverdacht besteht	⇨ *Schilderung des Vorwurfs* ⇨ *Beweiswürdigung* ⇨ *Rechtliche Würdigung*	
	2. Auch ein versuchter Betrug nach §§ 263, 22, 23 StGB liegt nicht vor....	
	III. Anklageschrift nach gesondertem Entwurf.	
	Mäding	
	Staatsanwalt	
Anklageschrift	⇨ Nun erfolgt die Anklageschrift (§ 265a StGB).	
Hilfsgutachten	⇨ Im Hilfsgutachten gilt es alle noch offenen Fragen anzusprechen, insbesondere die Straftatbestände der Anklageschrift sind zu erörtern.	

> **hemmer-Methode:** Wie Sie sehen, erfolgt eine Aufteilung der materiellen Abhandlung. Lassen Sie sich aber nicht aus dem Konzept bringen. Letztlich machen Sie hier nichts Neues: es sollte aber verstärkt auf eine ansprechende Gliederung und einen übersichtlichen Aufbau geachtet werden. So werden Sie und der Korrektor nicht aus dem Konzept geworfen. Er wird es Ihnen mit Punkten danken.

IV. Die Teileinstellung

Examenskonstellation

I.d.R. werden Sie im Examen mit einer Teileinstellung konfrontiert. Wie bereits erwähnt bietet dies dem Korrektor eine gute Möglichkeit zur Notendifferenzierung. Das Ermittlungsverfahren umfasst daher mehrere prozessuale Taten eines Beschuldigten oder aber eine Tat von mehreren Beschuldigten. Auch eine Kombination von beiden Varianten ist möglich.[87]

Dies verkompliziert den Aufbau. Jedoch müssen nur die obigen Grundsätze zusammen angewendet werden.

1. Die Abschlussverfügung

Einstellungsverfügung

Hinsichtlich einer prozessualen Tat hat sich ein hinreichender Tatverdacht nicht bestätigt. Daher muss diesbezüglich das Ermittlungsverfahren formell eingestellt werden. In den Einstellungsgründen gilt es alle in Betracht kommende Straftatbestände innerhalb dieser prozessualen Tat abzuhandeln und klarzustellen, warum ein hinreichender Tatverdacht nicht vorliegt (oder ggf. eine Einstellung aus Opportunitätsgründen angebracht ist).

---

[87] Vgl. Sie oben § 2 Rn. 40.

Da insoweit mehrere prozessuale Taten Gegenstand des Ermittlungsverfahrens sind, liegt eine Teileinstellung vor.

2. Der Abschlussvermerk

Aktenvermerk

Hier werden all diejenigen in Betracht kommenden Straftatbestände behandelt, die in der Anklageschrift mangels hinreichenden Tatverdachts nicht erwähnt werden, sich aber innerhalb derselben prozessualen Tat befinden. Diese prozessuale Tat muss notwendiger Weise eine andere als die in der Abschlussverfügung zu 1. sein.

3. Anklageschrift/Strafbefehlsantrag

Insoweit kann auf die obige Darstellung verwiesen werden.

4. Das Hilfsgutachten

Im Hilfsgutachten müssen Sie alle noch offenen Fragen klären:

offene Fragen klären

⇨ bzgl. der eingestellten prozessualen Tat dürften keine Fragen mehr offen sein. Etwas anderes gilt bei einer Einstellung aus Opportunitätsgründen;

⇨ bzgl. der angeklagten prozessualen Tat müssen auf jeden Fall die Straftatbestände abgehandelt werden, bei denen der hinreichende Tatverdacht angenommen wurde, da eine entsprechende rechtliche Würdigung in der Anklageschrift (i.d.R.) nicht stattfand;

⇨ es gilt zudem die Konkurrenzen abzuhandeln.

Bsp.: Hinsichtlich einer Körperverletzung am 15.08.2016 hat sich ein hinreichender Tatverdacht nicht bestätigt. Jedoch besteht ein hinreichender Tatverdacht bzgl. des Diebstahls eines Einkaufwagens am 23.08.2016.

Beispiel für den Aufbau

Staatsanwaltschaft 08. Oktober 2016

München

Az.: 12 Js 1237/16

Verfügung:

I. Die Ermittlungen sind abgeschlossen.

Einstellungsverfügung

II. Das Ermittlungsverfahren gegen den Beschuldigten

Lars Lang, geb. am 08.07.1972 in Neu-Ulm, deutscher Staatsangehöriger, lediger Friseurmeister, wohnhaft in 80993 München, Betlinstr. 1,

wegen des Verdachts der Körperverletzung u.a.

genaue Festlegung der prozessualen Tat

wird nach § 170 II 1 StPO eingestellt, soweit dem Beschuldigten zur Last gelegt wurde, gegenüber dem Daniel Scholl am 15.08.2016 eine Körperverletzung begangen zu haben.

§ 2 DIE ABSCHLUSSVERFÜGUNG

> **Beachtens Sie nochmals:**
> Bei den aus rechtlichen oder tatsächlichen Gründen abzulehnenden Tatbeständen ist zu unterscheiden: Eine „echte" Einstellung ist nur dann möglich, wenn es sich im Verhältnis zum angeklagten Delikt nicht um eine einheitliche Tat im prozessualen Sinne handelt.[88]
> Dagegen erfolgt innerhalb einer einheitlichen Tat i.S.d. § 264 StPO keine Einstellung nach § 170 II StPO! Dann wird sich i.d.R. die Formulierung eines Vermerks anbieten (s.u.), in welchem erläutert wird, warum neben dem angeklagten Tatbestand ein anderer ausscheidet. Völlig abwegige Tatbestände gehören aber nicht hierher.

Gründe der Einstellung: kein hinreichender Tatverdacht innerhalb dieser prozessualen Tat

Gründe:

Dem Beschuldigten lag zur Last, den Daniel Scholl im Verlaufe einer Schlägerei am 15.08.2016 gegen 15.00 Uhr in der Turnhalle am Stützweg in 80993 München vorsätzlich niedergestochen zu haben.

Schwerpunkt!

- *Es folgt die Beweiswürdigung und die rechtliche Würdigung, aufgrund derer eine Verurteilung nicht hinreichend wahrscheinlich ist.*

Mitteilungen

III. Mitteilung von II. (mit Gründen) an den Anzeigeerstatter Daniel Scholl, Aufheimerstr. 10 in 80993 München, mit Beschwerdebelehrung förmlich zuzustellen.[89]

IV. Mitteilung von II. formlos ohne Gründe an den Beschuldigten.[90]

Abhandlung der von der Anklage erfassten prozessualen Tat

*V. **Vermerk:** Bezüglich des von der Anklage erfassten Verhaltens des Angeschuldigten vom 23.08.2016 (andere prozessuale Tat!) liegen weitere Straftatbestände nicht vor:*

1. *Insbesondere ist § 249 I StGB nicht gegeben...............*
2. *Auch § 263 StGB liegt nicht vor, weil ....*

VI. Anklageschrift nach beiliegendem Entwurf fertigen.

VII. Nach Ausführung von I. bis VI. Anklageschrift urschriftlich mit Akten dem/der Vorsitzenden am Landgericht München I – Große Strafkammer – zuleiten, mit Bitte um weitere Veranlassung.

Mäding

Staatsanwältin

Anklageschrift

Staatsanwaltschaft

München

Az.: 12 Js 1237/16

Anklageschrift (Diebstahl)....................

Hilfsgutachten

Im Hilfsgutachten werden wiederum die in der Abschlussverfügung noch offenen Fragen behandelt.

---

88 M-G, § 170, Rn. 8.
89 Brunner, Abschlussverfügung, Rn. 226 f.; vgl. Sie § 171 StPO.
90 Vgl. Sie § 170 II 2 StPO, Nr. 88, 91 I 1 RiStBV.

§ 3 Revisionsklausuren

A. Allgemeines/Einführung

Examensrelevanz

Die Revision ist neben der Abschlussverfügung die examensrelevanteste Thematik. Nahezu jede dritte Klausur im Examen – jedenfalls in den südlichen Bundesländern – ist eine Revisionsklausur. Daher ist auch hier ein entsprechender Schwerpunkt der Vorbereitung zu setzen. Inhaltlich werden Sie auf bereits bekannte Problematiken treffen. Neu ist jedoch die Intensität und - zum Teil jedenfalls - auch der Aufbau.

Rechtsinstanz

Die Revision ist ein Rechtsmittel gegen Strafurteile. Die Revisionsinstanz ist eine reine Rechtsinstanz, d.h. es wird nur geprüft, ob das angefochtene Strafurteil verfahrensrechtlich ordnungsgemäß zustande gekommen ist und ob das materielle Recht richtig angewandt wurde (Rechtsfehler). Daher sind Beweisaufnahmen zur Klärung des Sachverhalts ausgeschlossen, insbesondere im Hinblick auf den Tathergang.

In Revisionsklausuren sind dabei drei verschiedene Aufgabenstellungen zu unterscheiden, die jeweils einen anderen Aufbau in der Klausur nach sich ziehen und andere Schwerpunkte setzen:

Klausurvarianten

1. *Gutachten vor eingelegter oder nach eingelegter, aber jedenfalls noch nicht begründeter Revision.*
2. *Gutachten über die Erfolgsaussichten einer eingelegten und bereits begründeten Revision.*
3. *Fertigung einer Revisionsbegründungsschrift mit Hilfsgutachten.*

Nachfolgend werden alle drei Varianten mit dem entsprechenden Aufbau besprochen. Dabei gilt es darauf hinzuweisen, dass die jeweiligen Schemata nicht zwingend sind, sondern lediglich Aufbauvorschläge darstellen.[91]

B. Das Gutachten vor eingelegter oder nach eingelegter, aber jedenfalls noch nicht begründeter Revision[92]

> Eine **Musterklausur** zu dieser Variante finden Sie bei Hemmer/Wüst/Gold, Assessor-Basics Strafprozessrecht, Klausur Nr. 5.

Bearbeitervermerk beachten

Diese Variante dürfte bereits aus dem Referendarexamen bekannt sein. Hier müssen Sie ein Gutachten (wegen der Zeitknappheit aber oft im Urteilsstil gehalten) über die Erfolgsaussichten einer Revision verfassen, d.h. die Zulässigkeit und Begründetheit einer Revision prüfen. Neu ist dabei aber, dass Sie am Ende eine Zusammenfassung anfertigen müssen. Sollte diese Variante Gegenstand einer Klausur sein, lautet der Bearbeitervermerk etwa wie folgt:

> *„In einem umfassenden Gutachten ist zu den Erfolgsaussichten der Revision Stellung zu nehmen."*

---

[91] Im Examen kann es zu kleineren Abweichungen der Aufgabenstellung kommen. Diese lassen sich aber zumeist auf die folgenden Varianten zurückführen.

[92] Assessor-Basics, Klausurentraining Strafprozess, Fall 5.

§ 3 REVISIONSKLAUSUREN

Zulässigkeit nicht immer gefragt

Teilweise ist nur die Begründet- und nicht die Zulässigkeit der Revision zu prüfen. Dann lautet der Bearbeitervermerk etwa wie folgt:

> *„Es ist ein Gutachten dazu zu erstellen, ob Rechtsverstöße vorliegen, die eine Revision begründen."*

I. Zulässigkeit der Revision

Hier gilt es die Frage zu klären, ob die eingelegte Revision zulässig ist bzw. eine Revision zulässig eingelegt werden kann. Ist die Zulässigkeit unproblematisch gegeben, dann bietet sich folgender Standardsatz an:

Standardsatz, wenn unproblematisch

> *Die Revision ist zulässig. Sie ist gemäß § 333 StPO (bzw. § 335 StPO) statthaft. Dabei wurde die Revision form- und fristgerecht eingelegt (§ 341 StPO). Eine ordnungsgemäße Revisionsbegründung wird erfolgen, §§ 345, 344 StPO.*

Sind jedoch Probleme enthalten, müssen diese auch erörtert werden. Dabei bietet sich folgende Vorgehensweise an:

Aufbau der Zulässigkeitsprüfung

⇨ Statthaftigkeit, §§ 333, 335 I StPO

⇨ Rechtsmittelbefugnis, §§ 296, 297 (390 I 1, 401 I 1) StPO

⇨ Beschwer (nur, wenn problematisch)

⇨ Kein Rechtsmittelverzicht (nur, wenn evtl. erklärt)

⇨ Form, Frist der Einlegung, § 341 I StPO (vor eingelegter Revision lediglich ein Hinweis)

⇨ (Kurzer) Hinweis auf die zu beachtende Form und Frist für die Revisionsbegründung, §§ 345, 344 StPO.

> **hemmer-Methode:** Hier gilt nichts anderes als im Zivilrecht. Nur wenn Probleme vorliegen, sind die jeweiligen Punkte zu erörtern. Unnötige Ausführungen verärgern den Korrektor.

1. Statthaftigkeit

angegriffenes Urteil

Die Revision ist nach § 333 StPO gegen Urteile der Strafkammern, gegen Urteile der Schwurgerichte und gegen erstinstanzliche Urteile des OLG statthaft. Nach § 335 StPO ist die Sprungrevision statthaft, wenn gemäß § 312 StPO gegen das Urteil Berufung eingelegt werden könnte (Urteile des Strafrichters und des Schöffengerichts).

> **Anmerkung:** Grundsätzlich kann also gegen alle erstinstanzlichen und alle Berufungsurteile[93] mit der Revision vorgegangen werden.

Sprungrevision

Bei der Sprungrevision können Sie dabei auf zwei Probleme stoßen:

Annahmebedürftigkeit?

Strittig ist, ob die Revision zulässig ist, wenn die Berufung nach § 313 I 1 StPO (Bagatellsachen, lesen!) annahmebedürftig wäre. Da die Berufung als solche aber zulässig ist (als Anfechtungsmöglichkeit), bejaht der BGH die Zulässigkeit der Revision, da eine weitere Erschwerung nicht angebracht sei.[94]

---

93 Zu den Besonderheiten einer Revision gegen ein Berufungsurteil siehe § 3 E.
94 BGHSt 40, 395 = jurisbyhemmer.

Übergang der Rechtsmittel

Auch ist der Übergang von Rechtsmitteln innerhalb der Fristen möglich, d.h. wurde zunächst durch einen Verfahrensbeteiligten die Berufung eingelegt und als unzulässig verworfen oder zurückgenommen, dann lebt die Revision eines anderen Beteiligten wieder auf, § 335 III 1 StPO.

2. Rechtsmittelbefugnis

Rechtsmittelbefugte

Rechtsmittelbefugt ist die Staatsanwaltschaft und der Angeklagte (§ 296 I StPO), sowie der Verteidiger (§ 297 StPO). Die Vollmacht des Verteidigers aus der vorherigen Instanz wirkt grundsätzlich fort. Bei widersprüchlich eingelegten Rechtsmitteln geht dasjenige des Angeklagten dem des Verteidigers vor, § 297 StPO. Rechtsmittelbefugt sind auch die gesetzlichen Vertreter (§ 298 I StPO), Neben- und Privatkläger (§§ 401 I 1, 390 I 1 StPO) und Nebenbeteiligte (§§ 433 I 1, 296 I; 440 III, 442 I, 444 II 2 StPO).

3. Beschwer

Beschwer durch Tenor

Der Angeklagte ist durch einen Schuldspruch (Urteilstenor) immer beschwert. Nur bei einem Freispruch entfällt die Beschwer. Dagegen ist die Staatsanwaltschaft selbst bei antragsgemäßer Verurteilung rechtsmittelbefugt (vgl. § 296 II StPO), eine Beschwer ist für sie nicht relevant.

4. Kein Rechtsmittelverzicht

Verzicht als Prozesshandlung

Nach § 302 StPO kann auf ein Rechtsmittel verzichtet werden, es sei denn dem Urteil ist eine Verständigung i.S.d. § 257c[95] StPO vorausgegangen.[96] Ein Verzicht bedarf der Form der Rechtsmitteleinlegung (vgl. § 341 I StPO) oder muss in der Hauptverhandlung erfolgen.[97] Der Verzicht ist Prozesshandlung. Er kann unter einer Beschränkung erklärt werden. Bedingungen sind jedoch unzulässig. Der Widerruf ist nur bis zum Zugang möglich. Anfechtung und Rücknahme sind ausgeschlossen. Bei wesentlichen Mängeln ist er unwirksam.[98]

Rücknahme

Selbiges gilt für die Rücknahme einer eingelegten Revision. Der wirksame Verzicht oder die Rücknahme führt zur Unzulässigkeit der Revision. Anders als im Zivilrecht kann eine zurückgenommene Revision nicht erneut zulässig eingelegt werden, da sie wie ein Verzicht behandelt wird.

5. Form und Frist der Einlegung, § 341 I StPO[99]

Rechtsmittelanzeige

Wurde die Revision bereits eingelegt, müssen Sie nun Form und Frist der Einlegung überprüfen. Wurde sie noch nicht eingelegt, erfolgt in der Zulässigkeit oder der Zusammenfassung (siehe unten) ein kurzer Hinweis.

---

95 Nach neuester Rechtsprechung des BGH reicht allein der Hinweis des Vorsitzenden, dass ein Geständnis Auswirkungen auf das Strafmaß habe, nicht für einen Verständigungsvorschlag aus, vgl. BGH, Beschl. v. 18.12.2014 – 1 StR 242/14.
96 M-G, § 302, Rn. 26a ff.
97 BGH, NStZ 1999, 526 = **juris**byhemmer.
98 Z.B. bei Verhandlungsunfähigkeit oder durch die Art und Weise seines Zustandekommens, M-G, § 302, Rn. 23 ff.
99 Vgl. Sie Muster Nr. 40 bei KN.

> **Achtung:** Die Revisionseinlegung (§ 341 I StPO) ist eine reine **Rechtsmittelanzeige**, die es von der Revisionsbegründung (§§ 345, 344 StPO) streng zu unterscheiden gilt.

a. Form und Inhalt der Revisionseinlegung

schriftlich oder zu Protokoll der Geschäftsstelle

Die Revision ist bei dem Gericht, dessen Strafurteil angefochten wird, schriftlich oder zu Protokoll der Geschäftsstelle einzulegen (iudex a quo).

Dabei ist die Einlegung zu Protokoll in der Hauptverhandlung ausreichend (§ 341 I StPO). Allerdings ist eine Rechtsmitteleinlegung vor Abschluss der Urteilsverkündung mangels Beschwer unwirksam.[100] Für den inhaftierten Angeklagten gilt zusätzlich § 299 StPO. Es besteht kein Anwaltszwang.

u.U. Auslegung

Inhaltlich muss nur der Wille zur Anfechtung des Strafurteils ersichtlich sein.

b. Einlegungsfrist

Wochenfrist

Die Revision muss innerhalb einer Woche nach der Verkündung des angefochtenen Strafurteils eingelegt werden. War der Angeklagte bei der Verkündung nicht anwesend, beginnt für ihn die Frist mit der Zustellung des Urteils (§§ 341 II, 37 StPO).[101]

6. Form und Frist der Revisionsbegründung

Hinweis genügt

Bei diesem Klausurtypus kommt es auf den konkreten Inhalt der Revisionsbegründung (Problem der zulässigen Verfahrensrüge) noch nicht an, da eine solche noch nicht vorliegt und sie auch keine entwerfen müssen. Daher erfolgt entweder im Rahmen der Zulässigkeit oder in der Zusammenfassung ein kurzer Hinweis darauf, ob und wie eine Revisionsbegründungsschrift noch erfolgen kann, da deren rechtzeitiges Vorliegen eine Zulässigkeitsvoraussetzung ist.

a. Äußere Form der Revisionsbegründung

Varianten unterscheiden

Die Begründung ist an das Gericht zu richten, dessen Strafurteil angefochten wird (§ 345 I StPO, iudex a quo). Dabei kann der Angeklagte diese nur schriftlich und von einem Verteidiger (oder einem sonstigen Rechtsanwalt der die Verantwortung für den Inhalt übernimmt) unterschrieben **oder** zu Protokoll der Geschäftsstelle einreichen, § 345 II StPO.

> **Anmerkung:** Diese zwei Varianten gilt es streng zu trennen! Insoweit besteht ein entscheidender Unterschied zur Revisionseinlegung.

Unterzeichnung durch Rechtsanwalt

Wird die Revision von einem Privat- oder Nebenkläger eingelegt, so müssen diese die schriftliche Revisionsbegründung durch einen Rechtsanwalt unterzeichnen lassen (vgl. § 390 II StPO, gilt bei Nebenklägern analog).[102]

---

[100] M-G, Vor § 296, Rn. 4.
[101] Beim inhaftierten Angeklagten genügt die rechtzeitige Protokollierung beim Haftgericht, § 299 StPO.
[102] M-G, § 401, Rn. 2.

b. Revisionsbegründungsfrist[103]

Fristberechnung in den Fällen des § 345 I 1 StPO

Die Revision muss innerhalb eines Monats bei dem iudex a quo eingelegt werden, § 345 I 1 StPO. Die Frist beginnt **mit dem Ablauf** der Frist des § 341 I StPO.[104]

Bsp.: Am 04.12.2016 (Mittwoch) erfolgte die Verkündung des Urteils. Das Urteil wurde am 10.12.2016 dem Verurteilten zugestellt. Wann endet die Revisionsbegründungsfrist?

Lösung: Da die Zustellung vor dem Fristablauf des § 341 I StPO erfolgte, ist für die Berechnung der Revisionsbegründungsfrist § 345 I 1 StPO maßgebend. Die Einlegungsfrist des § 341 I StPO beginnt mit der Verkündung des Urteils, folglich am 04.12.2016. Die Einlegungsfrist endet nach § 43 I StPO am 11.12.2016 (Mittwoch, da bei einer Wochenfrist gem. § 43 I StPO auf den Tag mit der gleichen Benennung abzustellen ist) um 24.00 Uhr.

Die Revisionsbegründungsfrist beginnt aber erst mit Ablauf der Einlegungsfrist, also mit Beginn des 12.12.2016! Der 12.12.2016 ist damit der erste Tag der Begründungsfrist. Nach §§ 345 I 1, 43 I StPO endet mithin die Revisionsbegründungsfrist am 12.01.2017 (da bei einer Monatsfrist gem. § 43 I StPO auf den Tag mit der gleichen Zahl abzustellen ist) um 24.00 Uhr. Da dies ein Sonntag ist, ergibt sich eine Verschiebung auf den 13.01.2017 um 24.00 Uhr, § 43 II StPO.

> **hemmer-Methode:** Sie sollten die Fristberechnung vor dem Examen einüben. Unserer Erfahrung nach bemerkt ein Großteil der Bearbeiter das Problem **gar** nicht und rechnet ohne jede Erläuterung den Anfangstag der Frist des § 345 I 1 StPO bereits mit ein; Grund dafür ist wohl die Orientierung an der Fristberechnung nach §§ 187 ff. BGB. Die StPO weist allerdings mit § 43 StPO hier eine eigenständige Fristberechnungsvorschrift auf!

Fristberechnung in den Fällen des § 345 I 2 StPO

Sollte das vollständige Urteil nicht innerhalb einer Woche nach der Verkündung zugestellt worden sein, so läuft die Revisionsbegründungsfrist ab der (wirksamen) Urteilszustellung, §§ 345 I 2, 37 I, 145a StPO. Das Urteil muss aber erneut zugestellt werden (Fristbeginn), wenn das Sitzungsprotokoll erst nach der Urteilszustellung fertiggestellt wurde.[105]

Bsp.: Das Urteil gegen A wurde am 06.12.2016 verkündet. Am 16.12.2016 erfolgte die Zustellung des Urteils an den Verteidiger des A, dessen Vollmacht bei den Akten liegt. Am 19.12.2016 erfolgt eine Urteilszustellung auch an den A. Kann A am 19.01.2017 die Revisionsbegründung noch rechtzeitig einbringen?

Lösung: Da der Ablauf der Frist des § 341 I StPO vor sämtlichen Zustellungen des Urteils erfolgte, ist § 345 I 2 StPO anzuwenden. Stellt man auf die Zustellung an den Verteidiger ab, dann wäre der Fristablauf nach § 43 I StPO am 16.01.2017. Stellt man dagegen auf die Zustellung an A ab, dann liefe die Frist erst am 19.01.2017 ab. Da die Vollmacht des Verteidigers bei den Akten liegt, kommt § 145a StPO zur Anwendung. Diese Vorschrift gilt für alle Arten der Zustellung nach StPO.[106] Die Zustellung an den Verteidiger ist aber nicht zwingend, sondern es besteht ein Wahlrecht des Gerichts. Eine Zustellung an den Verteidiger oder den Beschuldigten genügt.[107]

---

103 Vgl. Sie auch ausführlich bei Assessor-Basics, Klausurentraining Strafprozess, Fall 6.
104 M-G, § 345, Rn. 2, 4.
105 Vgl. Sie M-G, § 273, Rn. 34; § 273 IV StPO.
106 M-G, § 145a, Rn. 4.
107 M-G, § 145a, Rn. 6 m.w.N.

Diese unterschiedlichen Zustellungen führen zu einer Ungewissheit, die nicht zu Lasten des A gehen kann. Daher findet § 37 II StPO Anwendung. Die Frist kann damit noch eingehalten werden, da die letztere Zustellung maßgebend ist.

> **hemmer-Methode:** Die Fristberechnung gehört im Assessorexamen zum absoluten Grundwissen und ist zu beherrschen. In den Klausuren des Assessorkurses wird diese Problematik regelmäßig trainiert.

II. Begründetheit der Revision

Die Prüfung der Begründetheit erfolgt in drei Stufen:

Vorgehensweise

⇨ Von Amts wegen zu beachtende Verfahrensvoraussetzungen bzw. -hindernisse.

⇨ Prüfung von Verfahrensfehlern, wobei die Fälle des § 338 StPO vor § 337 StPO zu prüfen sind (Vorbereitung von Verfahrensrügen).

⇨ Prüfung von materiellen Fehlern (Vorbereitung der Sachrüge).

1. Von Amts wegen zu beachtende Verfahrensvoraussetzungen bzw. Verfahrenshindernisse[108]

nur bei Anhaltspunkten prüfen

Soweit die Revision zulässig erhoben wurde, prüft das Gericht die Verfahrensvoraussetzungen grundsätzlich von Amts wegen. Dennoch sind im Examen hierzu Ausführungen geboten, wenn der Sachverhalt hierfür Veranlassung gibt. Dabei kommen insbesondere folgende Verfahrenshindernisse für das Examen in Betracht:[109]

a. Sachliche Unzuständigkeit

Sachliche Zuständigkeit Verfahrensvoraussetzung?

Es ist streitig, ob die sachliche Zuständigkeit als Verfahrensvoraussetzung v.A.w. zu berücksichtigen ist oder eine Verfahrensrüge erfordert. I.S.d. § 6 StPO ist wohl die erste Ansicht zu präferieren.[110]

> **hemmer-Methode:** Im Zweifel sollten Sie aber klausurtaktisch auf Nummer sicher gehen und insbesondere dann, wenn der Verstoß gegen die sachliche Zuständigkeit die einzige Verfahrensrüge im Rahmen eines Revisionsbegründungsschriftsatzes (zum Revisionsbegründungsschriftsatz später näheres) hergeben sollte, eine solche formulieren und im Hilfsgutachten auf den Streit verweisen.

enge Grenzen

Zum einen prüft das Revisionsgericht, ob es selbst sachlich zuständig ist (vgl. § 348 StPO), ferner ob die Gerichte, deren Urteile überprüft werden, sachlich zuständig waren. Ein Verstoß gegen die sachliche Zuständigkeit und damit gegen das Gebot des gesetzlichen Richters liegt aber nur dann vor, wenn entweder ein zu niederes Gericht entschieden hat (es besteht somit ein „Mehr" an Kompetenz der höheren Gerichte) oder wenn ein höheres Gericht seine Zuständigkeit willkürlich angenommen hat (restriktive Handhabung!).[111]

---

108 M-G, § 344, Rn. 9, 20 ff. Zu den Besonderheiten bei der Revision gegen Berufungsurteile siehe § 3 E.
109 Eine sehr ausführliche Aufzählung von Prozessvoraussetzungen finden Sie bei M-G, Einl., Rn. 141 ff.
110 M-G, § 6, Rn. 2.
111 M-G, § 338, Rn. 32.

Formulierungsbeispiel für das Gutachten, soweit sich keine Probleme ergeben: „*Verfahrenshindernisse sind nicht ersichtlich. Insbesondere war die sachliche Zuständigkeit des LG Würzburg gegeben, da es um eine Katalogstraftat nach § 74 II Nr.16 GVG handelt. Außerdem wäre eine Unzuständigkeit des höheren Gerichts auch unbeachtlich, da keine Willkür ersichtlich ist.*"

Verletzung der Rechtsfolgenkompetenz

Spielt das Verfahren in der Klausur vor dem Amtsgericht oder – was dem insoweit gleichkommt – in einer landgerichtlichen Berufungsverhandlung vor der kleinen Strafkammer, dann sollten Sie auch auf eine etwaige **Verletzung der Rechtsfolgenkompetenz des § 24 II GVG** achten.[112] Überprüfen Sie den Tenor auf eine eventuelle Überschreitung von vier Jahren Freiheitsstrafe!

Zurückverweisung an das zuständige Gericht, § 355 StPO

Vorsicht: Die Rechtsfolge des Verstoßes gegen die Rechtsfolgenkompetenz ist nicht - wie üblich bei einem Verfahrenshindernis - die Einstellung des Verfahrens, sondern es erfolgt eine Zurückverweisung an das zuständige Gericht, § 355 StPO.

> Anmerkung: Anders aber als bei der sachlichen Zuständigkeit die eigentlich eine Prozessvoraussetzung ist, stellen Verstöße gegen die örtliche Zuständigkeit definitiv einen (formgerecht i.S.d. § 344 II 2 StPO zu rügenden) Verfahrensfehler dar.[113]

b. Strafantrag

Vorsicht bei Antragsdelikten

Bei Antragsdelikten ist der Strafantrag eine echte Prozessvoraussetzung. Bei einigen Delikten kann die StA durch die Bejahung des „besonderen öffentlichen Interesses" diesen aber überwinden. Hiervon ist auszugehen, wenn die StA in Kenntnis des fehlenden Strafantrags eine Anklage erhoben hat oder eine Verurteilung im Schlussantrag verfolgt.

c. Strafklageverbrauch, u.a.

ne bis indem

Ist der Angeklagte wegen **derselben prozessualen Tat** bereits rechtskräftig verurteilt worden, so steht der Strafklageverbrauch einer erneuten Verurteilung entgegen, Art. 103 III GG. Selbiges gilt bei einer anderweitigen Rechtshängigkeit, die mit Eröffnung des Hauptverfahrens eintritt. Auch manche Einstellungsverfügungen entfalten einen (zumindest beschränkten) Strafklageverbrauch (z.B. §§ 153a I 5, 153b, 154 II StPO).

sonstige Verfahrensvoraussetzungen

Anderweitige Verfahrensvoraussetzungen sind z.B. das Fehlen einer wirksamen Anklageschrift bzw. eines wirksamen Eröffnungsbeschlusses oder der Eintritt der Strafverfolgungsverjährung.[114]

2. Prüfung des Verfahrens

a. Die Vorbereitung von Verfahrensrügen

Verfahrensfehlerprüfung

Die Verfahrensfehlerprüfung befasst sich mit der Verletzung von Verfahrensrecht. Darunter versteht man alle Rechtsnormen, die den Weg des Richters zur Urteilsfindung bestimmen.[115]

---

112 M-G, § 328, Rn. 9.
113 §§ 16, 338 Nr.4 StPO; M-G, § 338, Rn. 30 f.
114 Vgl. Sie hierzu bereits oben § 2, Rn. 10 f.

Das Verfahrensrecht ist insbesondere dann verletzt, wenn eine gesetzlich vorgeschriebene Handlung unterblieben, wenn sie fehlerhaft vorgenommen worden ist oder wenn eine vorgenommene Verfahrenshandlung überhaupt unzulässig ist.[116]

> **Anmerkung:** Erheblich ist diese Kategorisierung für die spätere Abgrenzung von Verfahrens- und Sachrügen. In der vorliegenden Klausurvariante ist dies nur für die Reihenfolge der Prüfung relevant. Die eigentliche Bedeutung liegt aber in den formalen Anforderungen einer zulässigen Verfahrensrüge (vgl. § 344 II 2 StPO), die erst bei den anderen beiden Klausurvarianten zum Tragen kommen. Hierzu später mehr (Rn. 60 ff.).

Abgrenzung zur Sachrügevorbereitung

Die Abgrenzung zur Vorbereitung der Sachrüge ist teilweise sehr schwierig. Dies gilt insbesondere für Fehler, die sich im Zusammenhang mit der Beweisaufnahme ereignet haben. Insoweit sind dem Grunde nach Verfahrensfehler anzunehmen, insbesondere wenn sie bereits bei der Beweisaufnahme eingetreten sind.

> *Bsp. 1:* Berücksichtigt das Gericht eine Zeugenaussage, obwohl diesbezüglich ein Beweisverwertungsverbot besteht, dann liegt ein Verfahrensfehler vor; das Gericht hat dann auf dem Weg zum Urteil gegen § 261 StPO verstoßen.[117]

Etwas anderes gilt für Rechtsfehler bei der Beweiswürdigung. Diese sind im Rahmen der Vorbereitung einer Sachrüge aufzugreifen.

> *Bsp. 2:* Das Gericht wertet die Berufung des Angeklagten auf sein Schweigerecht als Schuldindiz. Hier liegt der Verstoß nicht bei der Erhebung der Beweise, sondern ausschließlich bei der Beweiswürdigung, mithin bei der Frage, wie der Angeklagte verurteilt wird.

<u>Aber Vorsicht!</u> Ein Verfahrensfehler bei der Beweisaufnahme wird nicht dadurch zu einem Sachfehler, dass er sich bei der Beweiswürdigung auswirkt.

> *In Bezug auf das **obige Beispiel 1** wird der Verfahrensfehler nicht dadurch zu einem Sachfehler, indem man argumentiert, die Beweiswürdigung wäre ohne die Zeugenaussage anders ausgefallen.*

> **hemmer-Methode:** Keine Angst! Es wird nicht von Ihnen verlangt, die Abgrenzung bis in das letzte Detail auf diesem Niveau vorzunehmen. Das Verständnis der Grundsystematik ist aber unerlässlich. Sollten nach Ihrer Prüfungsordnung Kommentare zugelassen sein, dann können Sie die Abgrenzungsfrage meist schon durch einen Blick auf die letzte Randnummer der verletzten Norm klären.

b. Besondere Anforderungen an eine Verfahrensrüge

Verfahrensfehler

Der Verfahrensfehler muss hinreichend bestimmt und beweisbar (Protokoll!) sein. Dies ist nicht der Fall, wenn der Fehler geheilt (z.B. Nachholung der Handlung) oder die Verfahrensrüge verwirkt wurde (z.B. Präklusion, vgl. §§ 6a, 16, 25, 222b StPO[118]).

---

115 M-G, § 337, Rn. 8; BGHSt 19, 273.
116 BGH MDR 1981, 157 = **juris**byhemmer.
117 M-G, § 261, Rn. 38a (a.A. vertretbar).
118 M-G, § 337, Rn. 42.

Dabei muss der Verfahrensfehler den Revisionsführer beschweren (Rechtskreistheorie[119]) und es darf sich nicht nur um eine bloße Ordnungsvorschrift handeln.

Beweisfunktion des Protokolls

Beachten Sie, dass das Hauptverhandlungsprotokoll für das Rechtsmittelverfahren erhebliche Bedeutung hat. Denn Verfahrensfehler, welche die wesentlichen Förmlichkeiten der Hauptverhandlung betreffen, können positiv wie negativ nur durch das Gerichtsprotokoll nachgewiesen werden (§§ 273, 274 StPO). Dabei kann das Protokoll aber nur den erforderlichen Tatsachenvortrag der Revisionsrüge belegen. Die sogenannte Protokollrüge (Behauptung, das Protokoll sei unrichtig) ist dagegen stets erfolglos.

c. Absolute Revisionsgründe, § 338 StPO

absoluten vor den relativen Revisionsgründen prüfen

Die absoluten Revisionsgründe gemäß § 338 StPO (lesen!) gilt es vorrangig zu prüfen, da ein Beruhen des Urteils auf diesen Verfahrensfehlern grundsätzlich unwiderlegbar vermutet wird.

Besetzung des Gerichts

aa. Nach § 338 Nr.1 StPO ist die nicht **vorschriftsmäßige Besetzung** des erkennenden Gerichts ein absoluter Revisionsgrund. Diese Konkretisierung des Grundsatzes des gesetzlichen Richters (Art. 101 I 2 GG) wird aber entscheidend durch die Verbindung zu den §§ 222a, 222b StPO eingeschränkt. Danach muss die Rüge einer fehlerhaften Besetzung eines Landes- oder Oberlandesgerichts vor der Vernehmung des ersten Angeklagten zur Sache erfolgen. Auch die Aufstellung oder Änderung des Geschäftsverteilungsplanes kann Gegenstand einer Revision sein. Eine Abweichung vom Geschäftsverteilungsplan (funktionelle Zuständigkeit) ist aber nur beachtlich, wenn sie willkürlich oder rechtsmissbräuchlich erscheint.[120]

> **Achtung:** § 338 Nr.1 StPO wird auch angewandt, wenn der Richter oder ein Schöffe zeitweise nicht anwesend ist (einschlafen, nicht aber kurzes sinnieren!), obwohl vom Wortlaut her § 338 Nr.5 StPO einschlägig erscheint.

Befangenheit

bb. Die §§ 338 Nr.2 und Nr.3 StPO behandeln die **Mitwirkung eines ausgeschlossenen oder befangenen Richters** und sind damit eine Ergänzung zu den §§ 22 ff. StPO.[121]

örtlich unzuständiges Gericht

cc. Nach § 338 Nr.4 StPO wird die Entscheidung eines **unzuständigen Gerichts** sanktioniert. Die Rüge der örtlichen Unzuständigkeit (§§ 7 ff. StPO) setzt allerdings die rechtzeitige Erhebung des Einwands – vor der Vernehmung des Angeklagten zur Sache – nach § 16 StPO voraus. Die sachliche Zuständigkeit ist dagegen eine von Amts wegen zu prüfende Verfahrensvoraussetzung.[122]

---

[119] BGHSt 11, 213 = **juris**byhemmer.
[120] M-G, § 338, Rn. 7, siehe auch Rn. 6.
[121] Zum Ausschluss wegen Befangenheit siehe Hemmer/Wüst, StPO, Rn. 201 ff; im Übrigen kann sogar der Inhalt einer öffentlich zugänglichen Facebook-Seite, die bei verständiger Betrachtung besorgen lässt, der Richter beurteile die von ihm zu bearbeitenden Strafverfahren nicht objektiv, die Besorgnis der Befangenheit begründen, vgl. BGH, Beschl. v. 12.01.2016 - 3 StR 482/15.
[122] Vgl. Sie hierzu bereits oben § 3, Rn. 16.

§ 3 REVISIONSKLAUSUREN

Anwesenheit

dd. § 338 Nr.5 StPO führt zur Aufhebung des Urteils, wenn die Hauptverhandlung in **Abwesenheit** des StA oder einer Person, deren Anwesenheit das Gesetz vorschreibt, stattgefunden hat. Hierunter fallen der Angeklagte (§ 230 StPO), der Verteidiger (im Falle einer nach § 140 StPO notwendigen Verteidigung) und auch der Dolmetscher nach § 185 GVG. Beim Angeklagten begründet die Abwesenheit aber nur dann einen absoluten Revisionsgrund, wenn nicht eine der gesetzlichen Ausnahmeregelungen der Anwesenheitspflicht der §§ 231 ff. StPO vorliegen.

Entfernung nach § 247 StPO

Von hoher Examensrelevanz ist hierbei insbesondere die Entfernung des Angeklagten nach § 247 StPO. Dabei müssen vor allem folgende Voraussetzungen vorliegen:[123]

Voraussetzungen

⇨ Die Verfahrensbeteiligten müssen vor dem Ausschluss des Angeklagten angehört werden.

⇨ Es ist ein Beschluss mit Begründung nötig. Dieser erfolgt durch das Gericht. Eine Verfügung des Vorsitzenden ist nicht ausreichend.

⇨ Zeitlich darf der Ausschluss nur solange erfolgen, wie er vom Beschluss abgedeckt ist und insgesamt nicht länger als die Vernehmung dauert.[124]

⇨ Nach der Rückkehr ist der Angeklagte unverzüglich über das in seiner Abwesenheit Geschehene zu unterrichten, § 247 S.4 StPO.

Bsp.: Dem Angeklagten wird versuchter Mord zur Last gelegt. Der Zeuge kündigt an, bei Anwesenheit des Angeklagten nicht auszusagen. Daraufhin wird der Angeklagte nach § 247 S.1 StPO ausgeschlossen. Der Zeuge sagt aus und wird vereidigt. Anschließend wird der Angeklagte wieder in den Sitzungssaal geholt und unterrichtet.

Lösung: Es liegt ein Verfahrensfehler vor, da der Ausschluss nach § 247 S.1 StPO nur während der Vernehmung erfolgen darf. Nicht mitumfasst ist dabei die Vereidigung. Es ist ein absoluter Revisionsgrund gegeben, § 338 Nr.5 StPO.

(Beachten Sie jedoch die Änderung des § 59 I 1 StPO, durch die die frühere Regelvereidigung abgeschafft wurde. Ob ein Verstoß gegen § 247 I 1 StPO weiterhin auch vorliegt, wenn der Angeklagte zur Verhandlung über die Vereidigung des Zeugen nicht zugelassen wird,[125] ist umstritten und letztendlich eine Einzelbetrachtung.)[126]

wesentlicher Teil der HV

Die Anwesenheit ist jedoch nur bei wesentlichen Teilen der Hauptverhandlung erforderlich. Dies basiert auf der Annahme der Rechtsprechung, dass § 338 StPO trotz Ausgestaltung als absolute Revisionsgründe nicht anwendbar ist, wenn das Beruhen des Urteils auf dem Mangel ausnahmsweise denkgesetzlich ausgeschlossen ist.[127]

---

123 Vgl. Sie mit intensiver Auseinandersetzung Brößler/Mutzbauer, Strafprozessuale Revision, Rn. 132 ff.
124 BGH, NJW 2010, 2450 ff.: Die Verhandlung über die Entlassung eines Zeugen ist kein Teil der Vernehmung i.S.v. § 247 StPO. Die fortdauernde Abwesenheit eines nach § 247 StPO während einer Zeugenvernehmung entfernten Angeklagten bei der Verhandlung über die Entlassung des Zeugen begründet daher regelmäßig den absoluten Revisionsgrund des § 338 Nr. 5 StPO (Heilung des Verstoßes aber u.U. möglich) = **juris**byhemmer.
125 M-G, § 247, Rn. 8 (st. Rspr.).
126 BGH NStZ 2006, 715 (BGH 3 StR 216/ 06); Life&Law 2006, Heft 12, S. 837, 840; obiter dictum in BGH, StV 2005, 7.
127 M-G, § 338, Rn. 36; vgl. Sie auch Life&Law 2006, Heft 12, S. 837, 840.

Nicht wesentlich sind z.B. die mündliche Eröffnung der Urteilsgründe und die Verkündung von Beschlüssen, sowie der Aufruf von Zeugen und Sachverständigen inklusive ihrer Belehrung (§ 57 StPO).[128]

Bei Abwesenheit des Richters gilt nicht § 338 Nr.5 StPO, sondern § 338 Nr.1 StPO (vgl. Sie bereits die obigen Ausführungen zu § 338 Nr.1 StPO).

Öffentlichkeitsgrundsatz

ee. § 338 Nr.6 StPO sichert den **Öffentlichkeitsgrundsatz** des § 169 GVG. Dies gilt aber nur für eine unzulässige Beschränkung der Öffentlichkeit, welche vom Gericht zu vertreten ist.[129]

> *Bsp.:* Das Gericht schließt die Tür zum Sitzungssaal ab oder verlegt die Sitzung an einen anderen Ort, ohne dies der Öffentlichkeit bekannt zu geben.

Massenöffentlichkeit

Dagegen können sonstige Rügen gegen das Öffentlichkeitsprinzip nur nach § 337 StPO gerügt werden (z.B. bei der Veranstaltung von Schauprozessen!).[130]

ff. Nach § 338 Nr.7 StPO wird das Gericht dazu verpflichtet, das Urteil innerhalb von fünf Wochen abzufassen und zu den Akten zu bringen, § 275 StPO.

§ 338 Nr.8 StPO

gg. Nach § 338 Nr.8 StPO ist das Urteil aufzuheben, wenn die Verteidigung durch einen Beschluss des Gerichts in einem für die Entscheidung **wesentlichen Punkt unzulässig beschränkt** wurde. Dabei muss es sich um einen Beschluss nach § 238 II StPO handeln, der eine Verfahrensvorschrift verletzt. Hier ist zu beachten, dass die Verletzung mancher Verfahrensvorschriften, wie z.B. die Rüge eines fehlerhaften Absehens von der Vereidigung nach § 61 StPO, nicht ohne eine vorherige Herbeiführung einer Entscheidung des Gerichts gerügt werden können.

> **Anmerkung:** Wegen des Merkmals „in einem für die Entscheidung wesentlichen Punkt" muss nach der h.M. ein konkreter Zusammenhang **zwischen dem Verfahrensverstoß und der Sachentscheidung möglich sein.** Es handelt sich faktisch um einen relativen Revisionsgrund.

d. Relative Revisionsgründe, § 337 StPO

Beruhen

Im Unterschied zu den absoluten Revisionsgründen wird bei den relativen Revisionsgründen das Beruhen nicht vermutet. Daher muss neben dem Gesetzesverstoß (= Gesetzesverletzung i.S.d. § 337 II StPO) auch geprüft werden, ob das Urteil überhaupt auf diesem Verstoß beruht, § 337 I StPO.

Hierfür muss kein positiver Nachweis geführt werden; es genügt bereits, dass nicht auszuschließen ist, dass ohne den Verfahrensmangel anders entschieden worden wäre.[131]

---

128 M-G, § 338, Rn. 38.
129 M-G, § 338, Rn. 49.
130 Vgl. Sie unten § 3, Rn. 33.
131 BGH, NJW 1951, 206.

einzelne Verfahrensfehler

Von Examensrelevanz sind unter anderem folgende Verfahrensfehler:[132]

> **hemmer-Methode: Dabei gilt es in der Klausur natürlich nur diejenigen zu prüfen, welche wirklich vorliegen oder zumindest problematisch erscheinen.**

Fehler vor der Hauptverhandlung

Beschuldigtenvernehmung

aa. Von enormer Examensrelevanz sind Verwertungsverbote, die im Rahmen des Ermittlungsverfahrens entstanden sind. Verwertet das Gericht Beweismittel trotz Vorliegens eines Verwertungsverbotes, dann liegt ein Verstoß des Gerichts gegen § 261 StPO vor. Hier kommen im Examen vor allem Verwertungsverbote wegen **Fehlern bei der ersten Beschuldigtenvernehmung** in Betracht.

Belehrung

⇨ Der Beschuldigte (hinreichender konkreter Anfangsverdacht und Willensakt der Strafverfolgungsbehörde/ Inkulpationsakt)[133] ist vor der ersten Vernehmung (Vernehmender tritt in amtlicher Funktion gegenüber und verlangt in dieser Eigenschaft Auskunft)[134] über sein Schweigerecht zu belehren, §§ 136 I 2 i.V.m. 163a III 2, IV 2 StPO.

Widerspruchslösung

Ein Verstoß gegen die **Belehrungspflicht** führt nach nunmehr h.M. zu einem Verwertungsverbot.[135] Dies gilt jedoch nicht, wenn der Beschuldigte von seinem Aussageverweigerungsrecht Kenntnis hatte. Wegen des „nemo tenetur" - Grundsatzes sind hieran aber hohe Anforderungen zu stellen.[136] Der anwaltlich vertretene (oder vom Gericht darüber unterrichtete) Beschuldigte muss zudem der Verwertung im Zeitpunkt des § 257 StPO widersprochen haben.[137]

Eine vorherige Zustimmung zur Verwertung präkludiert das Widerspruchsrecht.

Verteidiger

⇨ Auch muss der Beschuldigte über sein Recht, einen Verteidiger zu beauftragen und zu befragen, aufgeklärt werden. Dieses Recht wird auch dann verletzt, wenn ihm die Möglichkeit zur Konsultation nicht gegeben wird (z.B. wird ein Anruf verweigert oder einem Unkundigen kein Telefonbuch zur Verfügung gestellt).[138] Über § 137 StPO führt ein Verstoß auch hier zu einem Verwertungsverbot.[139]

---

132 Diese Auflistung ist nicht abschließend. Besondere Schwerpunkte werden auf besonders relevante und im Referendarsexamen noch nicht so ausführlich geprüfte Probleme gelegt.

133 M-G, Einl., Rn. 76 ff. Vgl. Sie hierzu auch NStZ 2008, 48 f. Wichtig: Auch einem Zeugen kann konkludent die Rolle eines Beschuldigten zugewiesen werden, selbst wenn er weiter als Zeuge bezeichnet wird. Abzustellen ist allein darauf, wie sich das Verhalten des ermittelnden Beamten bei seinen Aufklärungsarbeiten nach außen darstellt, vgl. BGH, Urteil vom 30.12.2014 - 2 StR 439/13.

134 Daher liegt bei der sogenannten Hörfalle (Privatperson lässt Polizeibeamten am Telefon mithören) auch kein Verstoß gegen § 136 StPO vor.

135 Früher sah die Rechtsprechung hierin eine schlichte Ordnungsvorschrift (BGHSt 22, 170 = jurisbyhemmer). Anders jetzt aber c. = jurisbyhemmer.

136 Bei einem Juristen kann dies wohl angenommen werden, nicht jedoch bei einem Vorbestraften.

137 Hat der Beschuldigte keinen Verteidiger, dann gilt dies nur dann, wenn er zuvor über die Unverwertbarkeit aufgeklärt worden ist. Vgl. Sie auch NStZ 2008, 49 f.

138 Vgl. M-G, § 136, Rn. 10.

139 M-G, § 136, Rn. 21; nach BGH, NStZ 2002, 380 ff. (= Life&Law, Bayern Spezial 11/2002) gebietet die Pflicht zur Belehrung über das Recht auf Verteidigerkonsultation nicht, den Beschuldigten, der keinen Wunsch auf Zuziehung eines Verteidigers äußert, auf einen vorhandenen anwaltlichen Notdienst hinzuweisen.

⇨ Seit dem Urteil BGH, NJW 2002, 975 wird über eine Pflicht zur Bestellung eines Verteidigers im Ermittlungsverfahren und ein Innehalten mit weiteren Ermittlungen bis der Verteidiger tätig wird diskutiert.

Relativiert wird das Urteil durch einen Beschluss des 5. Senats (NStZ 2002, 380 [381]), der ein Innehalten der Ermittlungen und wohl auch den Hinweis auf die Notwendigkeit einer Verteidigerbestellung verneint.

> **Anmerkung:** Sie kommen letztlich immer dann zu einem Verwertungsverbot, wenn eine Abwägung ergibt, dass die Erforschung der Wahrheit und das staatliche Strafverfolgungsinteresse hinter den zentralen Rechten des Beschuldigten zurücktreten (z.B. fair trial, nemo tenetur).

verbotene Vernehmungsmethoden

⇨ Ein gesetzlich niedergeschriebenes Verwertungsverbot ergibt sich bei einem Verstoß gegen § 136a I, III 2 StPO (lesen!). Kein Verstoß liegt aber bei Anwendung von bloßer kriminalistischer List vor (z.B. Fangfragen oder doppeldeutige Erklärungen).[140]

u.U. auch bei der „Vernehmung" durch Privatpersonen anwendbar

Mangels Vernehmung ist bei der sogenannten **Hörfalle**[141] oder beim Einsatz von V-Leuten (Privatpersonen, die der Polizei Informationen liefern; streng zu unterscheiden von verdeckten Ermittlern i.S.v. § 110a II StPO, bei denen es sich um Beamte handelt) § 136a StPO nicht anwendbar. Dagegen kommt bei einem Vorgehen i.S.d. § 136a I StPO eine analoge Anwendung in Betracht, wenn Privatpersonen gezielt auf den Beschuldigten angesetzt werden oder das Vorgehen von den Verfolgungsbehörden geduldet wird, obwohl sie zur Abwendung verpflichtet sind. Eine solche erhöhte staatliche Schutzpflicht hat der BGH z.B. während der Untersuchungshaft angenommen.[142]

Telefonüberwachung

bb. Auch eine rechtswidrige **Telefonüberwachung**[143] kann zu einem Verwertungsverbot führen.

⇨ Formelle Anforderungen, § 100b StPO:

Zuständigkeit

Für die Anordnung ist nach § 100b I 1 StPO das Gericht zuständig, im Ermittlungsverfahren der Ermittlungsrichter, §§ 162, 169 StPO.[144] Bei Gefahr im Verzug auch die StA, § 100b I 2 StPO.[145] Die Anordnung der StA tritt lediglich ex nunc (Verwertbarkeit der bisherigen Ergebnisse!) außer Kraft, wenn nicht binnen drei Werktagen die gerichtliche Bestätigung erfolgt (§ 100b I 3 StPO).[146]

---

140 M-G, § 136a, Rn. 15.
141 M-G, § 136a, Rn. 4a f.
142 M-G, § 136a, Rn. 2.
143 Die Vorschriften wurden durch das am 01. Januar 2008 in Kraft getretene Gesetz „zur Neuregelung der Telefonüberwachung und anderer verdeckter Ermittlungsmaßnahmen sowie zur Umsetzung der Richtlinie 2006/24/EG" (BGBl. I 2007, 3198 ff.) geändert.
144 Mit Anklageerhebung das befasste Gericht. Erforderlich ist stets ein Antrag der StA. M-G, § 100b, Rn. 1.
145 Die richterliche Anordnung kann nicht eingeholt werden, ohne dass der Zweck der Maßnahme gefährdet wird. Tatsächliche oder rechtliche Irrtümer machen die Anordnung nicht unwirksam, anders bei Willkür; M-G, § 98, Rn. 6 und 7 m.w.N.
146 BGH, NJW 95, 2237 (2238).

Form	Nach § 100b II 1 StPO hat die Anordnung schriftlich zu erfolgen und muss erkennen lassen, wer sie erlassen hat.[147] Es muss soweit möglich der Name und die Anschrift des Betroffenen enthalten sein, gegen den die Maßnahme gerichtet ist, § 100b II 2 Nr.1 StPO. Auch Angaben über Art, Umfang und Dauer der Maßnahmen unter Benennung des Endzeitpunktes (Nr.3) sowie die Rufnummer oder eine andere Kennung des zu überwachenden Anschlusses oder des Endgerätes (Nr.2) müssen in der Anordnung enthalten sein.[148]
Rechtsfolge bei Verstoß	⇨ Aus Verstößen gegen die Anordnungskompetenz oder sonstiger Formvorschriften resultiert grundsätzlich kein Verwertungsverbot, es sei denn die Befugnisse wurden bewusst überschritten.[149]
	⇨ Materielle Voraussetzungen, § 100a StPO:
Überwachung des Fernmeldeverkehrs	§ 100a StPO lässt die Überwachung des Fernmeldeverkehrs nicht nur bei den herkömmlichen Formen des Telefonierens und Fernschreibens, sondern bei jeglicher Art von Nachrichtenübermittlung zu. Dagegen werden Lauschangriffe mit Abhörgeräten (akustische Wohnraumüberwachung) nicht abgedeckt, da hier keine Nachrichtenübermittlung stattfindet.
Mailbox	**Anmerkung: Der Zugriff auf Mailboxen stellt ein Sonderproblem dar. Da hier zwar der Schwerpunkt in der Verletzung des Fernmeldegeheimnisses liegt (Art. 10 GG), aber auf ein Gerät zugegriffen wird, welches in Wohnungen oder nichtöffentlichen Geschäftsräumen installiert ist (Art. 13 GG), ergibt sich eine sachliche Nähe zur Durchsuchung. Der Zugriff wird daher im Lichte der §§ 102, 103, 105 StPO eingeschränkt, darf deshalb nur einmal und nur bei konkreten Anhaltspunkten erfolgen.**[150]
Verdacht bzgl. einer Katalogtat	Bestimmte Tatsachen müssen den Verdacht bzgl. einer schweren Straftat begründen, wobei diese als Täter oder Teilnehmer begangen, versucht oder durch eine Straftat vorbereitet worden sein kann (nicht bei Strafvereitelung bzw. Begünstigung).
Subsidiaritätsgrundsatz	Aufgrund des massiven Grundrechtseingriffs muss die Erforschung des Sachverhalts oder die Ermittlung des Aufenthaltsortes des Beschuldigten auf andere Weise wesentlich erschwert oder aussichtslos sein.[151]
richtiger Adressat	Dabei darf die Maßnahme nur gegenüber dem Beschuldigten oder gegenüber Personen, von denen aufgrund bestimmter Tatsachen anzunehmen ist, dass sie für den Beschuldigten bestimmte oder von ihm herrührende Mitteilungen entgegennehmen oder weitergeben, erfolgen. Gleiches gilt, wenn der Beschuldigte einen anderen Anschluss benutzt (§ 100a III StPO).[152]

---

[147] M-G, § 100b, Rn. 3.

[148] Der Tatvorwurf ist nicht in die Formel aufzunehmen, jedoch bedarf es auch nach der Neufassung des § 100b StPO zumindest einer knappen Darlegung der den Tatverdacht begründenden Tatsachen und der Beweislage. Ebenso ist der Grund der Überwachung und ihre Unentbehrlichkeit darzulegen sowie die Schwere des Einzelfalls, vgl. Sie M-G, § 100b, Rn. 5.

[149] M-G, § 100b, Rn. 15; § 100a, Rn. 35.

[150] M-G, § 100a, Rn. 6 a.E. sehr streitig; dies gilt für die in den unter den überwachten Telefonanschlüssen erreichbaren Mailboxen. Vgl. bzgl. des Zugriffs auf E-Mails und zugangsgeschützte Bereiche im Internet M-G, § 100a, Rn. 6b und 7 f.

[151] M-G, § 100a, Rn. 13 f.

[152] M-G, § 100a, Rn. 16 ff.

Schutz des Kernbereichs privater Lebensgestaltung

Durch das Gesetz „zur Neuregelung der Telefonüberwachung und anderer verdeckter Ermittlungsmaßnahmen sowie zur Umsetzung der Richtlinie 2006/24/EG" wurde in Abs. 4 eine Regelung zum Schutz des Kernbereichs privater Lebensgestaltung eingeführt. Danach sind Maßnahmen unzulässig, wenn die aufgrund der vorliegenden tatsächlichen Anhaltspunkte zu erstellende Prognose ergibt, dass von vornherein *ausschließlich* Erkenntnisse aus dem Kernbereich zu erwarten sind.[153]

Rechtsfolgen bei Verstoß

⇨ Ein ausdrückliches Verwertungsverbot besteht bei den Erkenntnissen aus dem Kernbereich privater Lebensgestaltung, § 100a IV 2 StPO. Im Übrigen ist der gewonnene Beweis in der Hauptverhandlung (durch Augenschein = Vorspielen des Tonträgers, durch Zeugenvernehmung der Polizeibeamten oder die Verlesung des Aufzeichnungsprotokolls) bei einer Verletzung wegen der erheblichen Grundrechtseingriffe nicht verwertbar.[154]

Der Verwertung muss nach der Auffassung des BGH hier allerdings wie bei Verstößen gegen § 136 StPO spätestens im Zeitpunkt nach § 257 StPO widersprochen werden.[155] Jedoch ist die Annahme des zureichenden Tatverdachts, ebenso wie die Annahme der Subsidiarität, nur auf die Vertretbarkeit überprüfbar. Insoweit wird ein Beurteilungsspielraum eingeräumt.[156]

Zufallsfunde

⇨ Die Regelung über die Zufallsfunde ist nun in § 477 II StPO zu finden. Zu einer weitergehenden Strafverfolgung wegen einer Katalogtat sowohl gegen den Beschuldigten sowie Teilnehmer seiner Tat sind Zufallsfunde verwertbar. Gleiches gilt für die Strafverfolgung gegen Dritte.[157]

⇨ Zufallsfunde über „Nichtkatalogtaten" dürfen nicht unmittelbar herangezogen werden. Zulässig ist aber eine mittelbare Verwertung, indem aufgrund der erlangten Erkenntnisse Ermittlungen durchgeführt werden und dabei andere Beweismittel gewonnen werden. Steht dagegen die „Nichtkatalogtat" in einem Zusammenhang mit der Katalogtat, kann eine unmittelbare Verwertung erfolgen, soweit es um die Verfolgung des Beschuldigten oder der Teilnehmer an seiner Tat geht.[158]

Lauschangriff

cc. Examensrelevant ist auch das Problem des **Lauschangriffs:**

Dies gilt natürlich ganz besonders nach der seit dem 01. Juli 2005 in Kraft getretenen Änderungen[159] der §§ 100c bis 100f StPO (lesen!) aufgrund der **Verfassungswidrigkeitserklärung der damaligen Gesetzesfassung durch das BVerfG.**[160]

---

[153] M-G, § 100a, Rn. 23 ff.; kritisiert wird insbesondere, dass nur Maßnahmen, die "allein Erkenntnisse aus dem Kernbereich privater Lebensgestaltung" betreffen, unzulässig sind. Lesenswert NJW 2008, 114 ff.

[154] M-G, § 100a, Rn. 35 f.

[155] M-G, § 100a, Rn. 39.

[156] BGH, NJW 95, 1974 (1975); M-G, § 100a, Rn. 39.

[157] M-G, § 477, Rn. 6 f.

[158] M-G, § 477, Rn. 6. Bei Dritten vgl. M-G, § 477, Rn. 7.

[159] Lesenswert hierzu ist der Aufsatz von M. Löffelmann, Die Neuregelung der akustischen Wohnraumüberwachung, in NJW 2005, 2033 ff. Auch durch das am 01. Januar 2008 in Kraft getretene Gesetz zur „Neuregelung der Telefonüberwachung und anderer verdeckter Ermittlungsmaßnahmen sowie zur Umsetzung der Richtlinie 2006/24/EG" erfuhren die Vorschriften Veränderungen, jedoch nicht derart einschneidende.

[160] BVerfG, Urteil vom 03.03.2004, NJW 2004, 999 ff. = Life&Law 2004, 324 ff. = **juris**byhemmer.

Gem. § 100c IV StPO darf eine akustische Wohnraumüberwachung nur dann angeordnet werden, wenn dadurch Äußerungen nicht erfasst werden, die dem Kernbereich privater Lebensgestaltung zuzurechnen sind. Gespräche in Betriebs- oder Geschäftsräumen sind i.d.R. aber nicht diesem Kernbereich zuzurechnen. Dies gilt auch für Gespräche über begangene Straftaten und Äußerungen, mittels derer Straftaten begangen werden.[161]

Werden jedoch bei einer Überwachung Äußerungen des Kernbereichs privater Lebensgestaltung abgehört und aufgezeichnet, muss dies unverzüglich unterbrochen und die Aufzeichnungen über solche Äußerungen gelöscht werden, § 100c V StPO. Erkenntnisse über diese Äußerungen unterliegen dann einem Verwertungsverbot.

Ist eine akustische Wohnraumüberwachung unterbrochen worden, kann sie gem. § 100c V 5 StPO unter den Voraussetzungen des Abs. 4 wieder fortgeführt werden.

In der Praxis dürfte es jedoch schwierig sein zu entscheiden, wann wieder eingeschaltet werden darf.[162]

⇨ Zu den formelle Anforderungen vgl. § 100d StPO[163] (lesen!):

Zuständigkeit

Die Anordnung hat durch die in § 74a IV GVG genannte Kammer des LG oder bei Gefahr im Verzug durch die Anordnung dessen Vorsitzenden zu erfolgen, § 100d I StPO.[164] Auch hier tritt die Anordnung nur ex nunc außer Kraft, wenn nicht binnen drei Werktagen die Bestätigung der Kammer erfolgt, § 100d I 3 StPO.[165]

Form

Die Anordnung muss gem. § 100d II StPO schriftlich ergehen und die in S. 2 genannten Punkte enthalten. In ihrer Begründung müssen die Voraussetzungen und die wesentlichen Abwägungsgesichtspunkte, insbesondere die unter Abs. 3 S. 2 genannten, dargelegt werden und die Anordnung auf einen Monat befristet sein (Verlängerung um einen weiteren Monat möglich), §§ 100d I 4, 5, III StPO.

Rechtsfolgen bei Verstoß

⇨ Verstöße gegen die Formvorschriften führen nicht zu einem Verwertungsverbot, anders jedoch bei einer Maßnahme ohne vorherige Anordnung.[166]

---

161 "Gespräch" meint nur solche Äußerungen - wenigstens im "Zwiegespräch" - die dazu bestimmt sind, von anderen zur Kenntnis genommen zu werden (wichtige Entscheidungen finden Sie unter http://www.hemmer-aktuell.de/newsletter_archiv.php); vgl. Sie auch zu der Verwertbarkeit eines im Krankenzimmer heimlich aufgezeichneten Selbstgesprächs NStZ 2005, 700 f.; NJW 2005, 3295 ff.

162 Problematisch ist auch ein Verwertungsverbot von Erkenntnissen aus einem Lauschangriff, wenn ein nachträglich selektives Löschen rechtswidrig aufgenommener Äußerungen aus dem Kernbereich privater Lebensgestaltung unmöglich ist, StV 2005, 79 ff.

163 Durch die zuletzt erfolgte Änderung in 2008 wurden seine Absätze 5 (a.F.) und 7 bis 10 aufgehoben. Ihre Regelungen befinden sich nun in § 101 VIII sowie in IV bis VII StPO.

164 M-G, § 100d, Rn. 1.

165 Der Wortlaut in § 100d I 3 StPO (Strafkammer) ist etwas irreführend, da § 74a IV GVG gerade die Zuständigkeit einer Kammer bestimmt, die nicht mit Hauptverfahren in Strafsachen befasst ist. Dies wird aber regelmäßig eine Zivilkammer sein. Diese ist aber dann für die Entscheidung nach § 100 c StPO ausnahmsweise als Strafkammer tätig, so dass der Wortlaut des § 100 d I 3 StPO im Ergebnis richtig ist und vor allem keine andere, weitere Strafkammer mit der Formulierung gemeint ist.

166 M-G, § 100d, Rn. 13; § 100a, Rn. 35, 39.

	⇨ Materielle Voraussetzungen, § 100c I bis VI StPO:
Abhörung in Wohnungen	Es wird das Abhören und Aufzeichnen des nichtöffentlich gesprochenen Wortes[167] des Beschuldigten in einer Wohnung[168] mittels technischer Mittel erlaubt, das nicht in den Kernbereich privater Lebensgestaltung fällt, § 100c I, IV, V StPO (vgl. Sie auch obige Ausführungen hierzu).
Verdacht bzgl. einer bes. schweren Tat gem. Abs. 2	Zum einen muss gem. § 100c I StPO ein Verdacht vorliegen, dass eine unter Abs. 2 aufgeführte besonders schwere Straftat begangen oder falls der Versuch strafbar ist versucht worden ist. Außerdem muss die Tat auch im Einzelfall besonders schwer wiegen und die durch die Überwachung erfassten Äußerungen für die Sachverhaltserforschung und Ermittlungen relevant sein.
Subsidiaritätsgrundsatz	Wegen des massiven Grundrechtseingriffs muss die Erforschung des Sachverhalts oder die Ermittlung des Aufenthaltsortes des Täters auf andere Weise unverhältnismäßig erschwert oder aussichtslos sein.
Betroffene	Grundsätzlich darf die Überwachung nur gegen den Beschuldigten in dessen Wohnung erfolgen, § 100c III StPO; in der Wohnung anderer Personen nur dann, wenn aufgrund bestimmter Tatsachen anzunehmen ist
	⇨ dass der in der Anordnung nach §100d II StPO bezeichnete Beschuldigte sich in ihr aufhält,
	⇨ die Maßnahme in der Wohnung des Beschuldigten nicht allein zur Erforschung des Sachverhalts oder zur Ermittlung des Aufenthaltsortes eines Mitbeschuldigten führen wird.
Unzulässigkeit	Ein Lauschangriff ist auch unter den Voraussetzungen des § 100c VI StPO (lesen!) unzulässig.
Rechtsfolgen bei Verstoß	⇨ Bei einer Verletzung des § 100c StPO darf eine Verwertung wegen des massiven Grundrechtseingriffs nicht stattfinden. Verwertungsverbote sind in § 100c V 3 und § 100c VI 1, 2. HS. StPO normiert. Ferner sind die Vorschriften des § 100d V Nr.1 und Nr.3 StPO zu beachten, vgl. Sie auch § 100c VII StPO.
Zufallserkenntnisse	⇨ Hinsichtlich von Zufallserkenntnissen gilt § 100d V StPO.[169]

> **hemmer-Methode:** Aufgrund der Aktualität der Thematik und der unübersichtlichen gesetzlichen Regelung erfolgte hier eine genauere Darstellung. Sie sollten insoweit in der Lage sein, sich die wesentlichen Eckpunkte anhand des Gesetzestextes zu erschließen.

verdeckter Ermittler/V-Person	**dd.** Nach § 110a StPO ist der Einsatz von **verdeckten Ermittlern** zulässig. Solche sind Beamte des Polizeidienstes, die unter einer Legende ermitteln, § 110a II StPO. Davon ist der sogenannten **V-Mann** strikt zu unterscheiden, auf den diese Vorschriften nicht anwendbar sind.[170]

---

[167] Unterredung, die für niemand anders als den Gesprächspartner bestimmt ist, M-G, § 100c, Rn. 3.

[168] Wegen Art. 13 GG alle Räumlichkeiten, die der allgemeinen Zugänglichkeit entzogen sind und als Stätte privaten Lebens und Wirkens dienen. Auch Arbeits-, Betriebs- und Geschäftsräume. BVerfG NJW 71, 2299; M-G, § 100c, Rn. 3 = **juris**byhemmer.

[169] Geht dem § 477 StPO als speziellere Regelung vor.

[170] M-G, § 110a, Rn. 4a.

Der V-Mann ist ein Informant aus dem Milieu des Beschuldigten und kann von den Verfolgungsbehörden zur Aufklärung eingesetzt werden. Beweisverwertungsverbote ergeben sich hier recht selten. Ein solches kann sich aber ergeben, wenn diese Personen zur bewussten Umgehung von Schutzvorschriften des Beschuldigten eingesetzt werden. Der Lockspitzel-Einsatz führt jedenfalls nur zu einer Berücksichtigung bei der Strafzumessung.[171]

Beschlagnahme

ee. Beweisverwertungsverbote ergeben sich eher selten aus einem Verstoß gegen die **Beschlagnahmevorschriften** der §§ 94 ff. StPO.[172] Primär sind Verstöße mit den Rechtsbehelfen nach § 304 bzw. § 98 II 2 StPO anzugreifen. Achten Sie jedoch auf Verstöße gegen § 97 StPO (lesen!). Dieser ist bei Verteidigerschriftsätzen, also bei Post des Verteidigers an den Beschuldigten, die sich in dessen Besitz befindet, wegen des fair trial Grundsatzes und wegen der Wirkung des § 148 StPO entsprechend anwendbar.[173]

sonstige Verfahrensfehler in diesem Stadium

ff. Ein relativer Revisionsgrund kann auch bei einer fehlerhaften Nichtzulassung eines Nebenklägers vorliegen, bei einer unterbliebenen Ladung des Verteidigers zur Hauptverhandlung nach § 218 StPO oder einer Verletzung der §§ 142, 146a StPO.

Fehler in der Hauptverhandlung

gg. Verfahrensfehler können auch bereits zu Beginn der Hauptverhandlung auftreten. Hier gilt es zum einen § 243 StPO zu beachten.

Vernehmung zur Person

⇨ Nach **§ 243 II 2 StPO**[174] erfolgt zunächst die Vernehmung zur Person. Diese dient der Identitätsfeststellung. Gibt der Angeklagte trotz Verpflichtung keine Auskunft, so muss das Gericht die Identität selbst feststellen, jedoch sind Zwangsmittel nicht angebracht. Fand die Feststellung nicht oder nicht ausreichend statt, so liegt zwar ein Verfahrensfehler vor, jedoch wird das Urteil hierauf regelmäßig nicht beruhen.[175]

Verlesung des Anklagesatzes

⇨ Sodann wird nach § 243 III 1 StPO der Anklagesatz verlesen. Darauf kann nicht verzichtet werden. Ein Verstoß hiergegen stellt generell einen relativen Revisionsgrund dar, da hierdurch die Schöffen über die Vorwürfe unterrichtet werden und damit ein Beruhen anzunehmen ist. Etwas anderes gilt nur, wenn der Zweck der Verlesung nicht beeinträchtigt wurde.[176]

Hinweis auf Aussagefreiheit

⇨ Mithin ist der Angeklagte spätestens nach Verlesung der Anklage über sein Recht zum Schweigen zu belehren, § 243 V 1 StPO. Ein Verstoß stellt einen Revisionsgrund dar (keine bloße Ordnungsvorschrift). Wegen des Zwecks der Norm – Klarstellung der Aussagefreiheit – beruht das Urteil aber dann nicht auf dem Verstoß, wenn der Angeklagte von seinem Schweigerecht wusste.

---

171 Vgl. Sie hierzu Fischer, § 46, Rn. 67 ff.

172 Übrigens handelt es sich bei der Beschlagnahme der auf dem Mailserver eines Providers gespeicherten E-Mails um eine offene Ermittlungsmaßnahme, deren Anordnung den davon Betroffenen und Verfahrensbeteiligten gem. §§ 33, 35 StPO bekanntzumachen ist.

173 M-G, § 97, Rn. 36 f.

174 Auf Verstöße gegen § 243 I, II 1 StPO kann die Revision nicht gestützt werden.

175 M-G, § 243, Rn. 10 f., 37.

176 Z.B.: Der Sachverhalt ist sehr einfach gelagert oder der Angeklagte hat beispielsweise die einfache Trunkenheit eingeräumt; M-G, § 243, Rn. 13 ff. und insbesondere Rn. 38.

Dies ist bei einer Vertretung durch einen Verteidiger anzunehmen. Bei Verfahrensrügen ist eine erweiterte Darlegungspflicht hinsichtlich der Unkenntnis aber nicht zu fordern (str.).[177]

> **Vorsicht:** Macht der Angeklagte nach der Vernehmung zur Person (§ 243 II 2 StPO) auf Verlangen des Gerichts Angaben über persönliche Verhältnisse, die über die Identitätsfeststellung hinausgehen (Vorleben, Werdegang, Tätigkeit, familiäre Verhältnisse), so dürfen diese ohne vorherige Belehrung nach § 243 V 1 StPO nicht verwertet werden. Denn insoweit liegt eine Vernehmung zur Sache vor.[178]

Vernehmung des Angeklagten

hh. Wurden bestimmte Fragen an den Angeklagten durch Gerichtsbeschluss trotz Zulässigkeit nicht zugelassen, so liegt ein Verstoß gegen §§ 240 II, 241 II, 238 II StPO vor. Dieser Revisionsgrund kann mit dem Protokoll nachgewiesen werden.

Wird dagegen behauptet, der Angeklagte sei nicht ausreichend befragt worden, kann zwar grundsätzlich eine **Aufklärungsrüge**[179] erhoben werden, jedoch hatte er selbst die Möglichkeit sich hierzu zu äußern, so dass ein Beruhen des Urteils grundsätzlich verneint werden muss.

Massenöffentlichkeit

ii. Ein relativer Revisionsgrund kann auch bei einer Verletzung der gesetzlichen **Pflicht zur Beschränkung der Öffentlichkeit** vorliegen. Prozesse vor einer Massenöffentlichkeit (Schauprozesse) sind insoweit problematisch, als der Angeklagte zum bloßen Schauobjekt degradiert wird. Ferner wird das Gericht durch den Druck der vielen Zuschauer in seiner Neutralität beeinträchtigt. Daher ergibt sich ein Verstoß gegen den Grundgedanken des § 169 S.2 GVG und Art. 1 I, 2 I GG. Da eine Beeinflussung nicht auszuschließen ist, liegt ein Revisionsgrund regelmäßig vor.

> **Bsp.:** Wegen des großen Andrangs verlegt der Richter die Verhandlung in die örtliche Sporthalle (5000 Sitzplätze).

> **Anmerkung:** Bei einem „Zuwenig" an Öffentlichkeit ist § 338 Nr.6 StPO einschlägig, bei einem „Zuviel" an Öffentlichkeit § 337 StPO.

Dolmetscher

jj. Ist der Angeklagte der deutschen Sprache nicht mächtig, so muss ein **Dolmetscher** hinzugezogen werden, § 185 I 1 GVG. Über seine Pflichten ist der Dolmetscher zu belehren und zu beeidigen, § 189 II GVG, §§ 72, 57 StPO. Unterbleibt dies völlig, so liegt ein Revisionsgrund vor. Hingegen begründet eine Fehlerhaftigkeit kein Beruhen des Urteils.

Fehler in der Beweisaufnahme

Urkundenbeweis

kk. Häufig kommt es auch zu Problemen bei der **Beweisaufnahme** mit Urkunden. Wegen der **Unmittelbarkeit der Beweisaufnahme** gilt der Vorrang des Personal- vor dem Urkundenbeweis, § 250 StPO. Demnach darf ein Urkundenbeweis nicht durchgeführt und verwertet werden, wenn dem Grunde nach ein Personenbeweis möglich ist.[180]

---

177 M-G, § 243, Rn. 19 ff., 39. In einer Revisionsbegründungsschrift sollte man wegen des Gebots des sichersten Weges dennoch Stellung nehmen.
178 M-G, § 243, Rn. 12.
179 Dazu später mehr.
180 Beachten Sie in diesem Zusammenhang auch NStZ RR 2005, 380 ff., nachdem grds. als Ersatz für eine Zeugenvernehmung übersandte Zusammenfassungen der Aussagen von an unbekannten Orten gefangen gehaltenen hochrangigen Al Quaida – Mitgliedern in der Hauptverhandlung nach § 251 I Nr.2 StPO zu Beweiszwecken verlesbar sind.

Bsp.: Zeuge Z sagt im Ermittlungsverfahren aus. Das Gericht verzichtet auf eine Vernehmung des Zeugen in der Hauptverhandlung, da die Verlesung des Aussageprotokolls ausreiche. Es liegt ein Verstoß gegen § 250 StPO vor.

Verlesung

Eine Ausnahme hiervon macht § 254 StPO: Erklärungen des Angeklagten, die in einem richterlichen Protokoll enthalten sind, können zum Zweck der Beweisaufnahmen über ein Geständnis verlesen werden. Es muss sich um ein richterliches Protokoll (polizeiliche sind ausgeschlossen) handeln.

> **Anmerkung:** §§ 250, 254 StPO postulieren aber kein Recht auf das tatnächste Beweismittel. D.h., das polizeiliche Protokoll über die Beschuldigtenvernehmung kann nicht verlesen werden, jedoch kann der Polizist „als Zeuge vom Hörensagen" vernommen werden.

§ 252 StPO

Häufig stellt sich auch die Frage, ob Aussagen von Zeugen, welche erst in der Hauptverhandlung von ihrem Zeugnisverweigerungsrecht Gebrauch machen, verwertet werden können.

§ 252 StPO stellt klar, dass eine spätere Zeugnisverweigerung dem Grunde nach möglich ist. Das Protokoll kann wegen §§ 250, 252 StPO nicht verlesen werden.[181]

„Zeuge vom Hörensagen"

Jedoch könnte dann, da kein Anspruch auf das tatnächste Beweismittel besteht, z.B. ein vernehmender Polizist als Zeuge herangezogen werden. Zwar verbietet § 252 StPO dem Wortlaut nach nur die Verlesung der Aussage, jedoch stellt dieser nach h.M. ein über den Wortlaut hinausgehendes umfassendes Verwertungsverbot dar. Würde man § 252 StPO als bloßes Verlesungsverbot verstehen, wäre die Vorschrift überflüssig, da sich ein Verlesungsverbot bereits aus § 250 S.2 StPO ergibt.[182]

> **Anmerkung:** Beachten Sie, dass § 252 StPO nicht für das Aussageverweigerungsrecht nach § 55 StPO gilt (Wortlaut). Dieses schützt den Zeugen nur vor sich selbst und bezieht sich nicht auf den Beschuldigten und die Verwertbarkeit von Aussagen in dessen Verfahren.

Ausnahme von der erweiterten Anwendung

Allerdings besteht nach h.M. eine Ausnahme vom Verwertungsverbot, wenn es sich um eine (ermittlungs-)richterliche Vernehmung handelt. Der richterlichen Aussage sei eine andere Qualität beizumessen.

Daher darf ein Richter als Zeuge vom Hörensagen herangezogen und die Aussage verwertet werden, wenn der Richter vor der Vernehmung ordnungsgemäß belehrt hat (vgl. Sie § 52 III StPO).[183]

Zeugnisverweigerungsrechte

II. Regelmäßig führen Fehler bei der **Vernehmung von Zeugen**, die zur Verweigerung der Aussage berechtigt sind, zu einem Revisionsgrund, da ein Beruhen des Urteils auf der Aussage nicht völlig ausgeschlossen werden kann.

---

181 So auch nicht die Aussage eines Beschuldigten, der im Vorprozess ein Zeugnisverweigerungsrecht hatte, vgl. OLG Koblenz, Beschluss vom 29.01.2014 - 1 Ss 125/13.
182 M-G, § 252, Rn. 12 f.
183 BGHSt 22, 219 und 27, 231; M-G, § 252, Rn. 13 ff. = **juris**byhemmer.

Die in § 52 StPO genannten Angehörigen haben ein Zeugnisverweigerungsrecht (Schutz des familiären Friedens). Sie sind nicht zur Aussage verpflichtet, worüber sie auch (vor jeder Vernehmung!) zu belehren sind, § 52 III 1 StPO. Ein Verstoß gegen die Belehrungspflicht stellt grundsätzlich einen Revisionsgrund dar, da die Norm auch dem Schutz des Angeklagten dient (Rechtskreistheorie).[184]

Nach §§ 53, 53a StPO haben auch Angehörige bestimmter Berufsgruppen ein Zeugnisverweigerungsrecht. Aufgrund ihrer Berufe ist von einer Kenntnis des Verweigerungsrechts auszugehen, so dass eine Belehrung nicht erforderlich ist. Sagt der Betroffene dennoch aus, so begründet dies kein Verwertungsverbot: Es handelt sich um ein Zeugnisverweigerungsrecht, nicht um eine Pflicht.[185]

Auch Verstöße gegen § 54 StPO ziehen kein Verwertungsverbot nach sich, da hier die Pflicht zur Geheimhaltung gegenüber dem Dienstherrn besteht (Rechtskreistheorie) und dieses Ziel nach der Aussage nicht mehr erreicht werden kann.[186]

Aussageverweigerungsrecht

Auch § 55 StPO soll nicht den Beschuldigten, sondern den Aussagenden schützen (Rechtskreistheorie). Daher begründet ein Verstoß unter anschließender Verwertung der Aussage keinen Revisionsgrund für den Beschuldigten.[187]

Verwertung von Schweigen

mm. Die **Berücksichtigung von Schweigen** des Angeklagten kann zu einem Verfahrensfehler (mit der Folge eines Verwertungsverbots) führen, welcher im Rahmen des § 337 StPO zu rügen ist.[188] Dabei gilt es folgende Variationen zu unterscheiden:

vollständiges Schweigen des Angeklagten

⇨ Der Angeklagte hat **zu jeder Zeit geschwiegen**, d.h. er hat weder im Ermittlungsverfahren noch im Hauptverfahren ausgesagt. Wegen des nemo tenetur Grundsatzes dürfen keinerlei Rückschlüsse aus dem Schweigen gezogen werden.

Bsp.: Der Angeklagte sagt nicht aus. Das Gericht wertet das Schweigen als Indiz gegen ihn, da es der Meinung ist, dass ein Unschuldiger ausgesagt hätte und er etwas verbergen wolle. Im Wege der Revision kann dieser Verfahrensfehler geltend gemacht werden.

zeitweiliges Schweigen

⇨ Der Angeklagte hat nur **zeitweilig geschwiegen**. Eine Schlussfolgerung hieraus kann ebenfalls zu einem Revisionsgrund führen.

Bsp.: Im Ermittlungsverfahren hat der Angeklagte seine Aussage verweigert. In der Hauptverhandlung sagt er nun aus. Das Gericht wertet die Aussage als unwahr, da der Angeklagte andernfalls bereits im Ermittlungsverfahren ausgesagt hätte.

---

184 M-G, § 52, Rn. 34.
185 Ein Revisionsgrund liegt aber dann vor, wenn das Gericht fälschlicherweise auf eine Aussagepflicht hingewiesen hat, M-G, § 53, Rn. 50.
186 M-G, § 54, Rn. 32.
187 M-G, § 55, Rn. 16 ff.
188 BGH, StV 1992, 97. Nach anderer Ansicht handelt es sich um einen sachlichen Fehler, der mit der Sachrüge geltend gemacht werden muss, vgl. Sie M-G, § 261, Rn. 38 und § 337, Rn. 8 = **juris**byhemmer.

teilweises Schweigen

⇨ Der Angeklagte **schweigt nur teilweise**, d.h. er sagt innerhalb einer Vernehmung aus und beruft sich bzgl. einzelner Fragen auf sein Aussageverweigerungsrecht. Dieses Verhalten darf zu seinem Nachteil verwertet werden und begründet keinen Revisionsgrund, da die bisherige Aussage gewertet wird und damit kein Verstoß gegen den nemo tenetur Grundsatz vorliegt.[189]

entsprechende Anwendung

Aufgrund des Sinn und Zwecks der Zeugnisverweigerungsrechte der §§ 52 – 53a StPO gelten die eben dargestellten Grundsätze hier entsprechend.

Unterschied bei § 55 StPO

Beim Aussageverweigerungsrecht gilt es wegen des geschützten Rechtskreises zu unterscheiden: Eine Verwertung zu Lasten des Angeklagten ist möglich, da § 55 StPO den Aussagenden und nicht den Angeklagten schützt. Daher gelten die obigen Grundsätze nur zu Gunsten des von § 55 StPO geschützten Aussagenden (Rechtskreistheorie).

Zeugenvereidigung

nn. Nach § 59 StPO a.F. war ein Zeuge grundsätzlich ***zu vereidigen***. Seit 01.09.2004 wurde diese Regelvereidigung abgeschafft, § 59 I 1 StPO n.F. Somit wird ein Zeuge nur noch vereidigt, wenn es das Gericht wegen der ausschlaggebenden Bedeutung der Aussage oder zur Herbeiführung einer wahren Aussage nach seinem Ermessen für notwendig hält. In § 60 StPO befinden sich Vereidigungsverbote,[190] in § 61 StPO ein Eidesverweigerungsrecht.[191]

Es bietet sich folgendes Vorgehen zur Kontrolle des gesetzmäßigen Verhaltens an:

Vorgehensweise

⇨ Ist eine Vereidigung erfolgt?

⇨ Erfolgte keine Vereidigung, so ist dies der gesetzliche Regelfall, § 59 I 1 StPO.

⇨ Die Entscheidung wird trotz des Wortlauts des § 59 I 1 StPO insoweit vorab vom Vorsitzenden getroffen, § 238 I StPO.

⇨ Liegt eine Gesetzesverletzung vor? D.h. die Vereidigung wurde fehlerhaft verfügt oder durchgeführt.

⇨ Liegt eine Entscheidung des Vorsitzenden vor, so ist trotz des Gesetzesverstoßes (jetzt nur noch § 60 StPO denkbar) ein Revisionsgrund grds. nur dann gegeben, wenn eine Entscheidung des Gerichts nach § 238 II StPO herbeigeführt wurde. Unterblieb aber eine Entscheidung des Vorsitzenden, so bedarf es auch keiner Entscheidung des Gerichts für die Annahme eines Revisionsgrundes![192]

⇨ Wenn nicht völlig auszuschließen ist, dass das Gericht sich auch auf die betreffende Aussage gestützt hat, ist im Fall des Verstoßes gegen § 60 StPO regelmäßig ein Beruhen des Urteils auf der Aussage zu bejahen. Fehlt eine Entscheidung über die Vereidigung, so erfolgt eine Einzelfallbetrachtung.

---

189 BGH, NJW 2000, 1426 = **juris**byhemmer.

190 Beachten Sie, dass der Verdacht i.S.d. § 60 Nr.2 StPO bereits vor der Aussage vorliegen muss; M-G, § 60, Rn. 20 ff.

191 Zur Möglichkeit, wann das Beruhen des Urteils auf der Verletzung der Pflicht zur Belehrung eines angehörigen Zeugen über sein Recht zur Eidesverweigerung ausgeschlossen sein kann, vgl. NStZ 2008, 171 f.

192 So die frühere st. Rspr. und weiterhin M-G, § 59, Rn. 13; zumindest einen Antrag auf Vereidigung fordert wohl BGHSt 50, 282 = NJW 2006, 388 = NStZ 2006, 234 (= BGH 2 StR 457/ 05 – Beschluss vom 16.11.2005) = **juris**byhemmer.

Aufklärungsrüge

oo. Nach § 244 II StPO besteht eine **Aufklärungspflicht** des Gerichts (Untersuchungsgrundsatz). Hiernach ermittelt das Gericht von Amts wegen oder aufgrund eines Beweisermittlungsantrags die für das Verfahren wesentlichen Tatsachen. Daher kann auch eine zu Unrecht unterbliebene Ermittlung grds. gerügt werden.[193]

> *Bsp. 1: Der Angeklagte weist das Gericht darauf hin, dass der Zeuge keine Angaben zur Person gemacht hat und verlangt eine Nachfrage des Gerichts, § 68 StPO. Das Gericht weist den Einwand zurück.*[194]

> *Bsp. 2: Der Angeklagte beantragt vor Gericht seine Ehefrau als Entlastungszeugin (= mangels bestimmter Beweistatsache Beweisermittlungsantrag) zu vernehmen. Der Vorsitzende lehnt den Antrag unter Verweis auf eine ohnehin gegebene Befangenheit der Ehefrau ab. Verstoß gegen § 244 II StPO.*

Beweisantrag

pp. Gemäß § 244 III 1, VI StPO darf das Gericht einen **Beweisantrag** durch Gerichtsbeschluss nur zurückweisen, wenn er unzulässig ist. Bei einem Beweisantrag möchte der Antragsteller eine bestimmte Tatsache mit einem bestimmten (zulässigen) Beweismittel feststellen. Er erfordert ein hohes Maß an Bestimmtheit, d.h. er muss hinsichtlich der Beweistatsache, dem Beweismittel und dem Beweisziel konkret gestellt werden.

Abgrenzung vom Beweisermittlungsantrag[195]

Der Beweisantrag unterscheidet sich daher wesentlich vom Beweisermittlungsantrag, § 244 II StPO, der nur ein allgemeines Tätigwerden des Gerichts fordert. Während der Beweisermittlungsantrag ohne größere Formalitäten abgewiesen werden kann, bedarf es für die Abweisung eines Beweisantrags der Voraussetzungen des § 244 III-VI StPO (lesen!).

Von Examensbedeutung ist regelmäßig § 244 III 1 StPO, da eine Erhebung insbesondere dann unzulässig ist, wenn bzgl. des Beweismittels ein Beweiserhebungsverbot besteht.

Revisionsgrund

Weist das Gericht einen Beweisantrag ab, ohne dass die folgenden Ablehnungsgründe vorliegen, so ist von einem Revisionsgrund auszugehen. In einer Revisionsbegründung wäre der Beweisantrag wörtlich zu übernehmen und die Tatsachen darzustellen, welche den Abweisungsbeschluss fehlerhaft machen.

Ablehnungsgründe

Einzelne Ablehnungsgründe:

⇨ Unzulässigkeit der Beweiserhebung, insbesondere bei Beweiserhebungs- bzw. Beweisverwertungsverboten relevant, § 244 III 1 StPO.

⇨ Bedeutungslosigkeit der Beweiserhebung, Offenkundigkeit der Beweisbehauptung, Ungeeignetheit oder Unerreichbarkeit des Beweismittels, Prozessverschleppung oder Wahrunterstellung, § 244 III 2 StPO.

⇨ Bei Augenschein oder Auslandszeugen zusätzlich nach Ermessen, § 244 V 1, 2 StPO.

⇨ Bei Sachverständigen zusätzlich wegen eigener Sachkunde oder bei weiteren Sachverständigen wegen Erwiesenheit des Gegenteils der Beweisbehauptung, § 244 IV 1, 2 StPO.

---

193 Zur Aufklärungsrüge aus didaktischen Gründen Näheres erst bei § 3, Rn. 76.
194 M-G, § 68, Rn. 23.
195 Vgl. Sie auch NStZ 2008, 52 ff.

§ 3 REVISIONSKLAUSUREN

präsente Beweismittel

qq. Eine **Erhebung von präsenten Beweismitteln** seitens des Gerichts hat grundsätzlich immer zu erfolgen, § 245 I StPO. Präsente Beweismittel sind solche, die dem Gericht unmittelbar vorliegen und sofort erhoben werden können. Selbst eine völlige Bedeutungslosigkeit begründet eine Ablehnung nicht.[196]

Wurden die präsenten Beweismittel vom Angeklagten oder der StA herbeigeschafft, so bedarf es zusätzlich eines Beweisantrages, § 245 II 1 StPO. Unter den Gründen des § 245 II 2 StPO kann dieser Antrag abgelehnt werden.

Revisionsgrund

Wurde der Beweis in unzulässiger Weise nicht erhoben, so liegt regelmäßig ein Revisionsgrund vor.[197]

rr. Ein Revisionsgrund kann auch durch einen **unterlassenen Hinweis i.S.d. § 265 StPO** vorliegen.

Änderung der rechtlichen Würdigung

Nach § 265 I StPO obliegt dem Gericht eine **Hinweispflicht**, wenn es die in der Anklageschrift benannte prozessuale Tat nun unter anderen rechtlichen Gesichtspunkten würdigt.

> *Bsp.:* Während die Anklage von einer Beihilfe zum Mord ausging, würdigt das Gericht die Handlung des Angeklagten nun als eine Anstiftung. Aufgrund der unterschiedlichen Qualität der Teilnahmeform liegt eine Änderung des rechtlichen Gesichtspunktes vor. Weist das Gericht den Angeklagten hierauf nicht hin, ist ein Revisionsgrund gegeben.

Straferhöhung

Kommt es aufgrund bestimmter Umstände zu einer Strafschärfung (Qualifikationen, Regelbeispiele, Maßregeln), so bedarf es ebenfalls eines Hinweises des Gerichts, § 265 II StPO. Dies gilt nicht bei Nebenstrafen und Nebenfolgen, wenn diese eines über den angeklagten Tatbestand hinausgehenden Merkmals nicht bedürfen.[198]

Änderung tatsächlicher Gesichtspunkte

Allgemein anerkannt ist, dass § 265 StPO bei einer Änderung eines tatsächlichen Gesichtspunkts analog anzuwenden ist.[199]

> **Anmerkung:** § 265 StPO soll eine umfassende Verteidigung des Angeklagten und einen Schutz vor Überraschungen gewährleisten. Daher ist auch eine Analogie zugunsten des Angeklagten angebracht.

Dies gilt aber nur, wenn das Gericht bei seinem Urteil diesen neuen Umstand auch zugrunde legt.

> *Bsp.:* Kurz vor der Urteilsverkündung erfährt das Gericht, dass der Diebstahl der Stereoanlage nicht wie bisher angenommen im Kaufhaus A, sondern im gegenüberliegenden Kaufhaus B erfolgte. Dies wird dem Urteil zugrunde gelegt.

Schlussvortrag/letztes Wort

ss. Ein elementares Recht des Angeklagten ergibt sich aus § 258 StPO. Wird ihm das Recht auf den **Schlussvortrag** oder das **letzte Wort** verwehrt, so kann zumeist nicht ausgeschlossen werden, dass er noch etwas Wesentliches mitgeteilt hätte, § 337 StPO.

---

[196] M-G, § 245, Rn. 1 f.
[197] M-G, § 245, Rn. 30.
[198] M-G, § 265, Rn. 24.
[199] M-G, § 265, Rn. 21 ff.

Bsp. 1: Das Gericht hatte sich zur Beratung über ein Beweismittel zurückgezogen. Völlig überraschend erlässt das Gericht nach der Rückkehr das Urteil, ohne dem Angeklagten zuvor die Möglichkeit eines Schlussvortrags oder des letzten Wortes zu geben.

Bsp. 2: Das Gericht untersagt dem Angeklagten das letzte Wort bzw. untersagt ihm die Verwendung von Aufzeichnungen. Da hier ein elementarer Verstoß des Gerichts vorliegt, nimmt die herrschende Meinung sogar ohne Beschluss einen Revisionsgrund nach § 338 Nr.8 StPO an.

Bsp. 3: Eine Verletzung des Rechts auf das letzte Wort liegt nicht vor, wenn das Gericht feststellt, eine Verständigung habe nicht stattgefunden, da dies auch kein Wiedereintritt in die Hauptverhandlung ist.[200]

Beratung

tt. Dem Urteil des Gerichts hat eine **Beratung** unmittelbar voranzugehen, § 260 StPO. Fand eine Beratung überhaupt nicht statt, oder wurde nach Wiedereintritt in die Hauptverhandlung nicht erneut beraten, so liegt regelmäßig ein relativer Revisionsgrund vor. Selbiges gilt, wenn an der Beratung Personen teilgenommen haben, die nach § 193 GVG nicht befugt waren. Da die Durchführung der Beratung nicht protokollbedürftig ist, kann der Beweis regelmäßig nur im Freibeweisverfahren erbracht werden.

3. Prüfung der Sachrüge

Prüfung sachlichen Rechts

Die Prüfung des sachlichen Rechts erfolgt regelmäßig aufgrund der allgemeinen Sachrüge, § 344 II 1, 2.Alt. StPO: „Es wird die Verletzung des sachlichen Rechts gerügt." Sie müssen hier alle Gesetzesverstöße prüfen, die sich erst und ausschließlich im Urteil zeigen.

materiell-rechtliche Prüfung

Hier erfolgt im Wesentlichen der Angriff gegen die rechtliche Würdigung des Urteils. Grundlage der rechtlichen Prüfung sind die im Urteil festgestellten Tatsachen. Dies gilt unabhängig von der Richtigkeit oder Verwertbarkeit (bereits Verfahrensfehler! Keine hypothetische Betrachtung) der Tatsachen (Rechts- und keine Tatsacheninstanz!). Es ist zu prüfen, ob das Gericht auf der Basis des von ihm festgestellten Sachverhaltes die Strafbarkeit korrekt beurteilt hat.

> **hemmer-Methode:** Der Schwerpunkt einer Revisionsklausur liegt nicht selten in der Prüfung des materiellen Rechts. Insoweit gibt es – bis auf die prägnantere Sprache – keine wesentlichen Unterschiede zum Referendarexamen. Sie müssen die Strafbarkeit des/der Angeklagte(n) prüfen und mit dem angegriffenen Urteil vergleichen.

Auch „formelle" Fehler können zu einer Sachrüge führen.

a. Urteil mit Fassungsmangel

an § 267 StPO orientieren

Ist das Urteil unvollständig, formelhaft oder nicht verständlich, so kann dies eine Sachrüge begründen, da das Revisionsgericht dann gar nicht in die Lage versetzt wird, das Urteil auf sachlich-rechtliche Mängel zu untersuchen.[201] Die Verständlichkeit verbietet daher - bis auf wenige Ausnahmen - eine Verweisung oder Bezugnahme auf andere Urteile oder Ermittlungsakten.[202] Beim freisprechenden Urteil (§ 267 V StPO) aus tatsächlichen Gründen muss zunächst der Anklagevorwurf und sodann der festgestellte Sachverhalt dargestellt werden.

---

200 Vgl. hierzu BGH, Beschlüsse vom 12.11.2015 bzw. 08.12.2015 - 5 StR 467/15.
201 M-G, § 337, Rn. 21.
202 M-G, § 267, Rn. 2, 8 ff.

§ 3 REVISIONSKLAUSUREN

Danach ist zur Beweiswürdigung Stellung zu nehmen und u.U. darzustellen, warum eine weitere Sachverhaltsaufklärung nicht möglich war.[203] Im Übrigen sollte jedoch nur bei erheblichen Fassungsmängeln eine Verletzung des sachlichen Rechts angenommen werden, da § 267 StPO keine allzu hohen Anforderungen stellt.[204]

b. Beweiswürdigung im Urteil

falsche Würdigung der Beweise

Die falsche Würdigung der Beweise kann mit der Revision grundsätzlich nicht gerügt werden (Rechtsinstanz!), wohl aber der Weg dorthin. Ein sachlicher Fehler liegt im Rahmen der Beweiswürdigung aber nur vor, wenn diese unvollständig ist, gegen die allgemeine Lebenserfahrung oder aber gegen Denkgesetze bzw. gesicherte wissenschaftliche Erkenntnisse verstößt.[205]

> *Bsp.: Der Angeklagte soll ein 40 kg schweres TV-Gerät von einem 180 cm hohen Regal im Kaufhaus gestohlen haben. Der Angeklagte ist jedoch kleinwüchsig (95 cm) und selbst nur 42 kg schwer.*

Verletzung von in dubio pro reo

Auch die Verletzung des Grundsatzes in dubio pro reo kann zu einer Sachrüge führen. Ein Verstoß hiergegen kann aber nur dann mit Erfolg geltend gemacht werden, wenn das Gericht Zweifel in tatsächlicher Hinsicht hatte und es diese auch offenbarte.

> **hemmer-Methode: Sie sollten hier mit der Annahme eines sachlichen Fehlers vorsichtig sein, da auch der BGH eine restriktive Anwendung verfolgt.**

c. Fehler im Rahmen der Strafzumessung[206]

Strafzumessung

Die Strafzumessung ist grundsätzlich Sache des Tatrichters. Das Revisionsgericht nimmt keine ins Einzelne gehende Richtigkeitskontrolle vor.

Ein - in rechtlicher Hinsicht - fehlerhafter Rechtsfolgenausspruch kann aber zu einem Revisionsgrund führen. Im Anschluss sollen hier nun lediglich die wichtigsten Regeln in Kürze dargestellt werden.[207]

aa. Die Strafrahmenverschiebung des Besonderen Teils für minder schwere Fälle bzw. besonders schwere Fälle oder des Allgemeinen Teils werden nicht oder nicht im richtigen Verhältnis zueinander gewürdigt. Dabei gilt es vom Gericht zwingend folgende Reihenfolge einzuhalten:[208]

> *Zur Verdeutlichung folgendes Beispiel: Der Angeklagte hat mit einer BAK von 2,4 Promille das Opfer vorsätzlich bei einem Streit in der Diskothek getötet (strafbar wegen Totschlags).*

zwingende Prüfungsreihenfolge für das Gericht

⇨ Kommt ein minder schwerer Fall in Betracht? Vorliegend kommt § 213 StGB in Betracht. Das Gericht muss zunächst prüfen, ob der Täter, z.B. weil er zum Zorn gereizt wurde, gehandelt hat.

---

203 M-G, § 267, Rn. 33.
204 Insoweit missverständlich: BGH, NStZ 1994, 400.
205 M-G, § 337, Rn. 26 ff.
206 Zu den Einzelheiten der Strafzumessung siehe § 4.
207 Vgl. Sie zu den Details einer systematisch korrekten Strafzumessung § 4.
208 Fischer, § 50, Rn. 2.

⇨ Wird dies verneint, so muss in die Gesamtwürdigung ggf. auch der vertypte AT-Milderungsgrund miteinbezogen werden: § 213 StGB „sonst ein minder schwerer Fall." In diese Abwägung ist der vertypte Milderungsgrund nach § 21 StGB (2,4 Promille) eventuell mit einzubeziehen, falls andere Umstände zur Begründung eines minder schweren Falles nicht genügen.

⇨ Ggf. kommt (auch noch, vgl. § 50 StGB) eine Milderung nach § 21 StGB in Betracht, wenn dieser nicht schon für den minder schweren Fall "verbraucht wurde."

Doppelverwertungsverbot

bb. Bei der Einzelstrafzumessung werden Umstände unter Verstoß gegen § 46 III StGB doppelt verwertet. Auch liegt ein Revisionsgrund vor, wenn strafzumessungsirrelevante Umstände herangezogen werden (z.B. „unsittliche Lebensführung des Angeklagten"). Selbiges gilt, wenn das Fehlen von strafmildernden Umständen als strafschärfendes Argument herangezogen wird.

> *Bsp.:* Das Gericht bejaht einen besonders schweren Fall nach § 240 IV 1 StGB, weil der Angeklagte völlig nüchtern war und auch sonst keine Milderungsgründe vorliegen.

cc. Bei der Gesamtstrafenbildung werden §§ 53, 54, 55 StGB verletzt.

dd. Die Möglichkeit einer naheliegenden Strafaussetzung zur Bewährung wird nicht oder nur unzureichend erwogen.

ee. Es werden Maßregeln der Sicherung fälschlicherweise verhängt oder rechtsirrig übersehen.

III. Ergebnis

Ergebniszusammenfassung

Am Ende Ihrer Klausur sollten Sie noch kurz zu folgenden Rechtsfragen Stellung nehmen:

⇨ Wurde die Revision noch nicht eingelegt, müssen Sie nun klarstellen, ob die Revision eingelegt werden soll und in welchem Umfang. Ist die Revision bereits eingelegt, sollten Sie kurz zu den Erfolgsaussichten Stellung nehmen.

⇨ Welche Rügen haben Aussicht auf Erfolg?

Empfehlenswert ist auch die Mitteilung des Antrages, der in der Revisionsbegründung gestellt wird, §§ 353, 354 StPO. Dabei sind folgende Anträge möglich:

Regelfall: Aufhebung und Zurückweisung

Ist das Urteil verfahrensfehlerhaft, weil Tatsachenfeststellungen unvollständig oder inkorrekt sind, ohne dass ein völliger Freispruch oder Einstellung gerechtfertigt wäre, dann wird die Aufhebung mitsamt den Feststellungen und Zurückweisung nach §§ 353, 354 II StPO beantragt.

> *Bsp.:* „Ich beantrage, das Urteil des Landgerichts Augsburg, Schwurgericht, vom 04.11.2016 mitsamt den Feststellungen aufzuheben und die Sache zu neuer Verhandlung und Entscheidung an eine andere als Schwurgericht zuständige Strafkammer des Landgerichts Augsburg zurückzuverweisen."

Aufhebung und Freispruch

Das Urteil ist falsch, weil der Angeklagte nach den rechtsfehlerfrei und vollständig getroffenen Tatsachenfeststellungen eigentlich freizusprechen ist. Dann wird die Aufhebung und der Freispruch durch das Revisionsgericht beantragt, §§ 353 I, 354 I StPO. Die Feststellungen sind dagegen nicht aufzuheben, da diese die Grundlage des Freispruchs bilden.

> *Bsp.:* „Ich beantrage, das Urteil des Landgerichts Augsburg, Schwurgericht, vom 04.11.2016 aufzuheben und den Angeklagten freizusprechen."

Aufhebung und Einstellung

Ist das Urteil inkorrekt, weil das Verfahren nach den rechtsfehlerfrei und vollständig getroffenen Tatsachenfeststellungen an sich wegen eines Verfahrenshindernisses einzustellen gewesen wäre, dann wird Aufhebung und Einstellung durch das Revisionsgericht beantragt, §§ 353 I, 354 I StPO.

> *Bsp.:* „Ich beantrage, das Urteil des Landgerichts Augsburg, Schwurgericht, vom 04.11.2016 aufzuheben und das Verfahren einzustellen."

> **hemmer-Methode:** Die Ausformulierung der Anträge ist an sich nicht zwingend, es sei denn, sie wird vom Bearbeitervermerk ausdrücklich gefordert. Sie hinterlässt aber stets ein positives Erscheinungsbild beim Korrektor und wird Ihre Punktzahl definitiv beeinflussen. Es genügt anstelle eines ausformulierten Antrags im Regelfall die einfache Feststellung, was beantragt wird, z.B. „dass Aufhebung mitsamt den zugrundeliegenden Feststellungen und Zurückweisung beantragt wird."

C. Klausurtyp 2: Gutachten nach bereits begründeter Revision

> Eine **Musterklausur** hierzu finden Sie bei Hemmer/Wüst/Gold, **Assessor-Basics Strafprozessrecht, Klausur Nr. 6.**

Sollte dieser Typ 2 Gegenstand einer Revisionsklausur sein – eine bereits eingelegte und begründete Revision, lautet der Bearbeitervermerk üblicherweise wie folgt:

Bearbeitervermerk

> „Das Gutachten ist zu erstellen. Der Sachbericht ist erlassen."
>
> oder
>
> „In einem Gutachten ist zu den Erfolgsaussichten der Revision Stellung zu nehmen."

Dem Grunde nach erfolgt eine Bearbeitung wie beim vorab unter B. erörterten Klausurtyp 1. Jedoch gibt es aufgrund der bereits vorliegenden Revisionsbegründung einige Besonderheiten zu berücksichtigen.

I. Zulässigkeit

keine Besonderheiten

Im Rahmen der Zulässigkeit gilt grundsätzlich obiges unter B. erörtertes Schema.

Revisionsbegründung

Da die Revisionsbegründung aber im Sachverhalt abgedruckt ist, muss deren Vorliegen bereits besonderes berücksichtigt werden, §§ 344, 345 StPO. Sie müssen insbesondere zur Form und Frist Stellung nehmen.[209]

Zulässigkeit der Rügen

Ob ein Verstoß gegen § 344 II 2 StPO vorliegt, müssen Sie in den ganz überwiegenden Fällen des Examens hier noch nicht entscheiden. Da im Examen auch Ihre materiell-rechtlichen Kenntnisse abgeprüft werden sollen, wird auch die allgemeine Sachrüge erhoben sein. Daher kann die Revision nicht insgesamt unzulässig sein. Dann führt eine unzulässig erhobene Verfahrensrüge lediglich dazu, dass *diese* Rüge nicht in der Sache geprüft wird.

> **hemmer-Methode:** Daher wird § 344 II StPO im Aufbau bei der Zulässigkeit der Revision nicht sehr intensiv; selbiges geschieht erst im Rahmen der Begründetheit als Unterpunkt bei der Stellungnahme zu den einzelnen erhobenen Verfahrensrügen. Aus klausurtaktischen Gründen folgt unser Skript dieser Examenstypik.

II. Begründetheit der Revision

Berücksichtigung der bereits vorliegenden Revisionsbegründung

Bei der Prüfung der Begründetheit ergeben sich Besonderheiten insoweit, als dass bereits eine Begründung der Revision vorliegt und beachtet werden muss.

1. Verfahrensvoraussetzungen

nur bei Anhaltspunkten

Da diese von Amts wegen geprüft werden, gibt es keine Besonderheiten. Es gilt diese nur dann anzusprechen, wenn Verfahrensvoraussetzungen zweifelhaft oder nicht gegeben sind.

2. Prüfung der erhobenen Verfahrensrügen[210]

Hier ergibt sich wegen § 344 II 2 StPO ein erheblicher Unterschied zu Klausurtyp 1, da dort eine Revisionsbegründung noch nicht erfolgt war.

Denn nach § 344 II 2 StPO müssen die den Mangel enthaltenden Tatsachen der Verfahrensrüge angegeben werden, um eine Verfahrensrüge zulässig zu erheben.

zweistufige Prüfung!

Daraus folgt nun notwendigerweise eine **zweistufige Prüfung für jede einzelne erhobene Verfahrensrüge**: Zuerst muss die Zulässigkeit, ggf. im Anschluss die Begründetheit der Rüge geprüft werden.

> **Anmerkung:** Wichtig ist also zu sehen, dass unzulässig gerügte oder andere mögliche Verfahrensverstöße, die überhaupt nicht gerügt wurden für die Erfolgsaussichten der Revision gar nicht mehr relevant sein können; das Gericht prüft insoweit nur zulässig erhobene Verfahrensrügen. Ist eine Verfahrensrüge zulässig, aber unbegründet, so darf der Revision auch keinesfalls stattgegeben werden. Dies deshalb, weil eine andere – nicht erhobene oder unzulässige – Verfahrensrüge begründet gewesen wäre! Nicht erhobene oder unzulässig erhobene Verfahrensrügen sind im Rahmen der Klausurbearbeitung in der Regel – sofern nicht der Bearbeitervermerk dies ausschließt – in einem Hilfsgutachten, ggf. einem zweiten Teil des geforderten Gutachtens zu sonstigen Problemkreisen zu prüfen.

---

209 Vgl. Sie oben und Assessor-Basics, Klausurentraining Strafprozess, Fall 6.
210 Vgl. Sie KN Muster Nr. 42.

§ 3 REVISIONSKLAUSUREN

Sie beginnen zunächst mit den erhobenen absoluten, dann mit den relativen Revisionsgründen.

a. Zulässigkeit der Verfahrensrüge

§ 344 II 2 StPO

Sie erläutern nun zunächst, ob eine nach § 344 II 2 StPO ordnungsgemäß erhobene Verfahrensrüge gegeben ist.

> **hemmer-Methode:** Obwohl letztlich nur ein schlüssiger Tatsachenvortrag Zulässigkeitsvoraussetzung für eine Verfahrensrüge ist, erfolgt vorliegend aus didaktischen Gründen eine an der Praxis und damit dem Examen orientierte Darstellung. Denn nur so können Sie die im Sachverhalt abgedruckte Verfahrensrüge ihrem Inhalt nach richtig erfassen.

aa. Einleitungssatz

Einleitungssatz nicht zwingend!

In der Praxis ist ein Einleitungssatz vor dem Sachvortrag üblich, da dem Leser damit gezeigt wird, worauf man mit den folgenden Darlegungen hinaus will. Ein solcher ist jedoch nicht zwingend und ist damit keine notwendige Zulässigkeitsvoraussetzung der Verfahrensrüge.

Bsp.: „Ich rüge die Verletzung von §§ 52 III, 52 I Nr.3 bzw. 61 StPO."

bb. Schlüssiger Tatsachenvortrag[211]

Zulässigkeitsvoraussetzung!

Der Tatsachenvortrag ist der wichtigste Teil. Fehler führen zur Unzulässigkeit der Rüge.

umfassender substantiierter Tatsachenvortrag

Nach § 344 II 2 StPO erfordert zulässig erhobene Verfahrensrüge, dass die den geltend gemachten Verstoß enthaltenden Tatsachen genau und bestimmt dargelegt werden. Dies deshalb, weil das Revisionsgericht **auf Grund dieser Darlegung und ohne weiteren Blick in die Akten** das Vorhandensein – oder Fehlen – eines Verfahrensfehlers feststellen können muss. Der Beweis der behaupteten Tatsachen obliegt insoweit dem Beschuldigten.[212] Die Akten werden **nur zum Beweis, nicht aber zur Schlüssigkeitsprüfung** herangezogen.

Wichtig ist hierbei das Vorbringen bestimmter Tatsachen, wobei auf Genauigkeit und Vollständigkeit geachtet werden muss.[213]

konkrete Behauptung

Diese Tatsachen müssen behauptet werden. Die Rüge ist mithin unzulässig, wenn der Verfahrensverstoß nur als möglich bezeichnet wird bzw. nur Zweifel oder Vermutungen geäußert werden.[214]

Bsp.: Das Gericht hat in der Hauptverhandlung vom 18. Februar 2016 den Zeugen Maier vernommen. Dieser war nicht über ein Zeugnisverweigerungsrecht belehrt worden, obwohl er der Schwager des anderweitig in derselben Sache verfolgten Schmidt ist, gegen den bis zur Abtrennung seines Verfahrens durch Beschluss vom 18. Dezember 2012 zunächst auch zusammen mit der Angeklagten ermittelt worden war.

---

211 Zu den formellen Anforderungen an die Verfahrensrüge lesenswert auch H. Meyer-Mews, Die Revision in Strafsachen, in NJW 2005, 2820 ff.
212 M-G, § 344, Rn. 21 ff. m.w.N.
213 M-G, § 344, Rn. 24.
214 M-G, § 344, Rn. 25 m.w.N.

Seine Verurteilung durch das Landgericht Memmingen (Az.: 4 KLs 4 Js 1234/16) ist noch nicht rechtskräftig, da er gegen das Urteil vom 11. Januar 2016 am 17. Januar 2016 Revision eingelegt hat.

cc. Beweisangebot

nicht zwingend!

Ein Beweisangebot ist zwar absolut praxisüblich, letztlich aber keine Zulässigkeitsvoraussetzung.

> **Bsp.:** Beweis: Protokoll der Hauptverhandlung vom 18. Februar 2016; Akten des Verfahrens 4 Kls 4 Js 1234/16.

dd. Rechtsausführungen

nicht zwingend!

Ebenfalls keine Zulässigkeitsvoraussetzung sind Rechtsausführungen. In praktischen Revisionsbegründungsschriftsätzen und in Klausuren sind sie allerdings die Regel.

> **Bsp.:** Damit hat das Gericht gegen § 52 III StPO und gleichzeitig gegen § 61 StPO verstoßen, da dem Zeugen nach § 52 I Nr.3 StPO ein Zeugnisverweigerungsrecht zusteht......

ee. Darlegung des Beruhens

grds. nicht zwingend!

relative Revisionsgründe

Grundsätzlich besteht auch keine Darlegungspflicht, inwieweit das Urteil auf dem Verfahrensfehler beruht. Bei § 337 StPO sind aber durchaus kurze Ausführungen üblich.

> **Bsp.:** Dieser Verstoß war auch kausal für das Urteil i.S.d. § 337 StPO, da sich nicht ausschließen lässt, dass der Zeuge bei richtiger Belehrung nicht ausgesagt hätte. Weiterhin lässt sich nicht ausschließen, dass dann die Beweiswürdigung insgesamt ohne diese belastende Zeugenaussage anders ausgefallen wäre.

absolute Revisionsgründe

Bei absoluten Revisionsgründen nach § 338 StPO entfällt die Beruhensprüfung völlig. Hier greift die gesetzliche Vermutungsregel. Üblich ist jedoch ein Normzitat.

Eine erweiterte Darlegungspflicht besteht allerdings in zwei Fällen:

unterlassene Belehrung des Angeklagten

Fall 1: Die Belehrung des Beschwerdeführers über sein Schweigerecht (§ 136 I 2 StPO) wurde unterlassen.[215] In diesen Fällen muss zur Verwertung etwaiger dennoch erfolgter Einlassungen des Angeklagten im Urteil Stellung genommen werden.[216]

> **Bsp.:** Auch fand eine Verwertung statt, da das Gericht seine Überzeugung von der Täterschaft des Angeklagten bei dem räuberischen Überfall ausdrücklich und maßgeblich auf die Aussage des Angeklagten vom 12.11.2016 stützte.

Heilung kommt in Betracht

Fall 2: Wenn eine Heilung des Verfahrensfehlers in Betracht gekommen wäre, mithin ein Beruhen hätte ausscheiden können, muss dargelegt werden, dass eine solche nicht erfolgte.[217]

---

215 M-G, § 344, Rn. 27; § 136, Rn. 27 f.; § 243, Rn. 39.
216 Vgl. Sie BGH NStZ 1993, 399 = **juris**byhemmer.
217 M-G, § 344, Rn. 27; zur Möglichkeit der Heilung vgl. Sie M-G, § 337, Rn. 39 und § 338, Rn. 3.

Für eine zulässige Verfahrensrüge - wie sie in einer Examensklausur im Sachverhalt abgedruckt wird - folgendes abschließende Beispiel:

Kurt Lang *Memmingen den 21.03.2016*

Rechtsanwalt

Haltstr. 13

89255 Memmingen

An das

Landgericht Memmingen

89255 Memmingen

Az.: 5 KLs 15 Js 1234/16

Hiermit möchte ich die im Namen meines Mandanten Lars Lang am 25.02.2016 eingelegte Revision gegen das Urteil vom 18.02.2016 ordnungsgemäß begründen.

Antrag

Ich beantrage, das Urteil mitsamt den getroffenen Feststellungen aufzuheben und zur erneuten Verhandlung an eine andere Kammer des Landgerichts Memmingen zurückzuverweisen.

Einleitungssatz

I. Ich rüge einen Verstoß gegen § 247 S.4 StPO.

Tatsachenvortrag

Das Landgericht hat in der mündlichen Verhandlung den Angeklagten aus der Hauptverhandlung entfernt, da es befürchtete, dass die Zeugin Saskia Bohn in seiner Anwesenheit nicht aussagen werde. Ich rüge nun die unterbliebene Unterrichtung des Angeklagten vom Inhalt der während seiner Abwesenheit erfolgten Aussage.

Beweis

Beweis: *Protokoll der Hauptverhandlung, ...*

rechtliche Würdigung

Damit hat das Gericht gegen § 247 S.4 StPO verstoßen.

Beruhen

Es lässt sich nicht ausschließen, dass das Verfahren bei ordnungsgemäßer Unterrichtung anders verlaufen wäre. Insoweit hätte der Angeklagte nämlich in der Folge möglichenfalls seine Verteidigung anders ausgerichtet und das Gericht anders entschieden.

II. Weiter erhebe ich die allgemeine Sachrüge........

Kommentararbeit

hemmer-Methode: Aufgrund der einzelfallabhängigen Anforderungen an eine zulässige Verfahrensrüge sollten Sie in der Klausur – soweit als Hilfsmittel zugelassen – unbedingt den Abschluss der jeweiligen Kommentierung der verletzten Norm zur Kontrolle heranziehen (vgl. Sie etwa M-G, § 136, Rn. 24 ff., oder § 136a, Rn. 33).

b. Begründetheit der Verfahrensrüge[218]

Hier gilt es den Revisionsgrund näher darzulegen.

Vorgehensweise

⇨ Zunächst erfolgt die Darstellung des Verfahrensfehlers.

⇨ Liegen entsprechende Aspekte vor, können Ausführungen angebracht sein, inwieweit folgende Punkte erwiesen sind: Fehler, Beschwer (Rechtskreistheorie), Verwirkung oder Heilung.

---

[218] Vgl. Sie die obigen Darstellungen zu den Revisionsgründen.

⇨ Dann erfolgt eine Stellungnahme zum Beruhen des Urteils auf diesen Verfahrensfehlern, wobei bei den absoluten Revisionsgründen ein Normzitat und bei relativen Revisionsgründen die Darlegung der Möglichkeit des Beruhens genügt.

Bsp.: Der Revisionsführer beruft sich mit seiner zulässigen Rüge auf die Verletzung des § 169 S.1 GVG, da der Hausmeister den Eingang zum Gericht nicht aufgeschlossen hatte. Deshalb hatten interessierte Zuschauer und auch die Pressevertreter keinen Zugang. Als der Vorsitzende von dem verschlossenen Eingang erfuhr, ließ er diesen auch nicht mehr öffnen, da er davon ausging, dass etwaige interessierte Zuschauer spätestens nach 15 Minuten gegangen sind, als sie bemerkten, dass die Eingangstür nicht geöffnet wird:

Formulierungsbeispiel

„Die Revision ist wegen Verstoßes gegen § 169 S.1 GVG nur dann begründet, wenn der Ausschluss auf einem Verschulden des Gerichts beruht, da nur dann ein absoluter Revisionsgrund nach § 338 Nr.6 StPO vorliegt. Das Verschulden des Hausmeisters ist dem Gericht nicht zuzurechnen.

Jedoch trifft das Gericht eine Aufsichtspflicht. Vorliegend hätte der Vorsitzende sofort, nachdem er von dem verschlossenen Eingang erfahren hatte, diesen öffnen lassen müssen. Dies hat er nicht getan. Mithin liegt eine schuldhafte Verletzung des Öffentlichkeitsgrundsatzes auf Seiten des Gerichts vor. Die Kausalität ergibt sich aus § 338 Nr.6 StPO."

> **Wichtige Anmerkung:** Sollten Sie zu einer Unzulässigkeit der Rüge gelangt sein, bietet sich gleich im Anschluss eine hilfsweise Prüfung der Begründetheit an. Andernfalls würde die Abhandlung anschließend außerhalb des Gutachtens über die Erfolgsaussichten der eingelegten und begründeten Revision und damit außerhalb des Zusammenhangs erfolgen.

c. Besonderheiten bei einer Aufklärungsrüge, § 244 II StPO

Untersuchungsgrundsatz

Aus dem Untersuchungsgrundsatz ergibt sich nach § 244 II StPO eine Aufklärungspflicht. Diese beschränkt sich auf alle rechtlich erheblichen Tatsachen, die für den Schuld- und/oder den Rechtsfolgenausspruch von Bedeutung sind. Mithin kann ein Untätigbleiben des Gerichts grundsätzlich einen Verfahrensfehler darstellen, wenn hierdurch die Untersuchungspflicht verletzt wurde.

Voraussetzungen einer Verfahrensrüge

Voraussetzung für eine erfolgreiche Verfahrensrüge in Form einer Aufklärungsrüge[219] ist aber, dass ein bestimmtes Beweismittel und das konkret zu erwartende Beweisergebnis benannt werden. Überdies ist eine Darlegung der Umstände und Vorgänge notwendig, die für die Beurteilung, dass sich dem Gericht die vermisste Beweiserhebung aufdrängen musste, von Bedeutung sind.

Im Falle einer unterbliebenen Zeugenvernehmung erfordert dies die Wiedergabe der Niederschrift über die im Ermittlungsverfahren durchgeführte Vernehmung des Zeugen.[220]

---

[219] Zu den Voraussetzungen einer zulässigen Verfahrensrüge siehe auch unten.
[220] M-G, § 244, Rn. 79 ff.

§ 3 REVISIONSKLAUSUREN 85

Daraus ergibt sich folgendes Zulässigkeitsschema (§ 344 II 2 StPO):

Zulässigkeitsvoraussetzungen

⇨ Bezeichnung der aufklärungspflichtigen Tatsache.

⇨ Darlegung des konkreten Beweisergebnisses in Form einer Tatsachenbehauptung.

⇨ Bezeichnung des für die Aufklärung zu Verfügung stehenden Beweismittels.

⇨ Darlegung, warum sich die unterbliebene Aufklärung dem Gericht hätte aufdrängen müssen.

⇨ Beruhensnachweis hinsichtlich der unterbliebenen Aufklärung.

Bsp. für eine zulässig geltend gemacht Aufklärungsrüge

aufklärungspflichtige Tatsache

I. Ich rüge einen Verstoß gegen § 244 II StPO.

Das Landgericht Memmingen hat bzgl. der dem Angeklagten vorgeworfenen Äußerungen gegenüber dem Hauptangeklagten H in der mündlichen Verhandlung den V-Mann Martin B. Immerlein als sogenannten mittelbaren Zeugen vernommen. Dieser bestätigte insoweit im Hinblick auf den genauen Wortlaut der Äußerungen den Vorwurf der Anklage.

Eine Zeugenvernehmung des verdeckten Ermittlers, der die berichteten Informationen unmittelbar erlangt haben soll, erfolgte nicht. Mithin wurde nicht einmal dessen Identität ermittelt.

Beweis

Beweis: Protokoll der Hauptverhandlung

Darlegung

Damit hat das Gericht seine Aufklärungspflicht verletzt, da es offensichtlich keine ausreichenden Bemühungen zur Vernehmung des verdeckten Ermittlers unternahm. Mithin hat das Gericht nicht zur Feststellung der Identität des verdeckten Ermittlers beigetragen. Eine Sperrerklärung erfolgte nicht.

Beruhensnachweis

Hierauf beruht auch das Urteil, da die Glaubhaftigkeit der unzutreffenden Anschuldigungen nicht ausreichend überprüft werden konnten. Insbesondere konnte sich das Gericht nicht hinreichend mit den Zweifeln auseinandersetzen. Weiterhin ....

> **Anmerkung:** Die Aufklärungsrüge ist eine normale Verfahrensrüge, an die wegen der zu befürchtenden Ausuferungen **erhöhte Anforderungen bzgl. der Zulässigkeit der Rüge** gemacht werden. Bei der Begründetheit der Rüge kann nach dem obigen Muster vorgegangen werden.

3. Prüfung der Sachrüge

allgemeine Sachrüge

a. Im Gegensatz zu den Verfahrensrügen ist § 344 II 2 StPO bei der Sachrüge nicht anwendbar. Daher genügt die allgemeine Sachrüge, um sämtliche materiellen Probleme überprüfen zu lassen:

„Es wird die Verletzung des sachlichen Rechts gerügt."

Wegen des Echoprinzips sollten vorgebrachte besondere Begründungen zur Sachrüge immer abgehandelt werden.

> **Beachten Sie aber:** Dadurch, dass der Revisionsführer bei der Sachrüge auf bestimmte Fehler hinweist, erfolgt keine Beschränkung auf das Vorbringen des Revisionsführers. D.h. solange keine echte und wirksame Revisionsbeschränkung vorliegt, erfolgt eine umfassende Prüfung des materiellen Rechts.

Revisionsbeschränkung in den Revisionsanträgen

b. Etwas anderes gilt jedoch dann, wenn die Revision beschränkt wurde (vgl. § 344 I StPO „inwieweit"). Dies geschieht im Rahmen der Revisionsanträge. Eine Revision kann immer dann wirksam beschränkt erhoben werden, wenn eine selbständige Aburteilung möglich ist (Trennbarkeitsformel).[221] Eine Beschränkung kann auch konkludent erfolgen, wenn eine eindeutige Auslegung möglich ist.[222]

unzulässige Beschränkung führt nicht zur Unzulässigkeit

Fehler im Rahmen der Beschränkung führen nicht zur Unzulässigkeit, sondern zu einer unbeschränkten Revision. Selbiges gilt bei fehlender Ermächtigung für den Verteidiger, der die zuvor unbeschränkt eingelegte Revision nun teilweise zurücknimmt, § 302 II StPO.

Abgrenzung wegen Wirksamkeit

Dabei muss eine (von Anfang an) beschränkt eingelegte Revision von der Teilrücknahme abgegrenzt werden, da nur für letztere § 302 II StPO (lesen!) gilt.[223]

III. Ergebnis

Verfahrensrügen

1. Zunächst sollte eine Zusammenfassung erfolgen, welche Verfahrensrügen warum (keinen) Erfolg haben.

Urteilstenor

2. Sodann wird von Ihnen ein Vorschlag zum Tenor der Entscheidung des Revisionsgerichts erwartet.

häufige Konstellationen

a. Regelmäßig entscheidet das Gericht aufgrund einer Hauptverhandlung. Dann ergeht ein Urteil mit folgendem möglichen Inhalt (§§ 349 V, 353 ff StPO):

⇨ Verwerfung als unzulässig: 349 I

1. Die Revision des Angeklagten gegen das Urteil des Landgerichts München I vom 04.11.2016 wird verworfen.

2. Der Angeklagte hat die Kosten des Rechtsmittels zu tragen

⇨ Verwerfung als unbegründet:

1. Die Revision der StA gegen das Urteil des Landgerichts Würzburg vom 19.10.2012 wird verworfen.

2. Die Kosten des Verfahrens und die notwendigen Auslagen des Angeklagten fallen der Staatskasse zur Last.

⇨ Aufhebung des Ersturteils und Einstellung wegen Verfahrenshindernis, §§ 353 I, 354 I StPO:

1. Auf die Revision des Angeklagten hin wird das Urteil des Landgerichts München I vom 04.02.2016 aufgehoben und das Verfahren eingestellt.

2. Die Kosten des Verfahrens und die notwendigen Auslagen des Angeklagten fallen der Staatskasse zur Last.

⇨ Aufhebung des Ersturteils und Freispruch, §§ 353 I, 354 I StPO:

1. Auf die Revision der Staatsanwaltschaft hin wird das Urteil des Landgerichts München I vom 04.02.2016 aufgehoben und der Angeklagte freigesprochen.

---

221 BGH NStZ 1995, 493 = **juris**byhemmer.
222 M-G, § 344, Rn. 6.
223 M-G, § 302, Rn. 29 ff. und § 344, Rn. 4 f.

§ 3 REVISIONSKLAUSUREN

2. Die Kosten des Verfahrens und die notwendigen Auslagen des Angeklagten fallen der Staatskasse zur Last.

⇨ Aufhebung und Zurückverweisung, §§ 353, 354 II StPO:

1. Auf die Revision des Angeklagten wird das Urteil des Landgerichts München I vom 04.02.2016 mit den zugrundeliegenden Feststellungen aufgehoben.

2. Die Sache wird zur neuen Verhandlung und Entscheidung, auch über die Kosten des Rechtsmittels, an eine andere Strafkammer des Landgerichts zurückverwiesen.

⇨ (Teil-) Einstellung nach §§ 153, 154, 154a StPO:

1. Die Strafverfolgung wird nach § 154a II StPO auf den Vorwurf des versuchten Raubes beschränkt.

2. Auf die Revision des Angeklagten wird das Urteil des Landgericht München I vom 04.02.2016

im Schuldspruch dahin geändert, dass der Angeklagte nur des versuchten Raubes mit Todesfolge schuldig ist;

im Rechtsfolgenausspruch mit den dazugehörigen Feststellungen aufgehoben.

3. Soweit eine Aufhebung erfolgte wird die Sache zur neuen Verhandlung und Entscheidung, auch über die Kosten des Rechtsmittels, an eine andere als Schwurgericht zuständige Strafkammer des Landgerichts verwiesen.

4. Die weitergehende Revision wird verworfen.

weniger relevante Konstellationen

b. Dagegen sind folgende Sonderfälle im Examen eher selten denkbar:

⇨ Das Revisionsgericht hält die Revision einstimmig für offensichtlich unbegründet[224] ⇨ Verwerfung als unbegründet durch Beschluss, wenn ein Antrag des StA vorliegt, § 349 II StPO.

⇨ Das Revisionsgericht hält die Revision einstimmig für offensichtlich begründet ⇨ Aufhebung des Urteils durch Beschluss, § 349 IV StPO.

⇨ Die Revision wurde wirksam zurückgenommen ⇨ Feststellung der Rücknahme und Entscheidung über die Kosten, § 473 I StPO.

⇨ Das Revisionsgericht hat einen vom Ausgangsgericht übersehenen Zulässigkeitsmangel festgestellt oder es fehlt an einer anderen Zulässigkeitsvoraussetzung ⇨ Die Revision wird durch Beschluss nach § 349 I StPO als unzulässig verworfen.

⇨ Es liegen die Voraussetzungen der §§ 153, 154, 154a oder 206a StPO vor ⇨ Einstellung (ganz oder teilweise) durch Beschluss.

⇨ Sonderfall des § 348 StPO (sicher nicht klausurrelevant).

> **hemmer-Methode:** Auch hier müssen Sie sich nicht sämtliche Tenorierungsmöglichkeiten sofort einprägen. Diese dienen der Veranschaulichung. Mit der entsprechenden Klausurübung werden Sie hier keinerlei Probleme haben.

---

224 M-G, § 349, Rn. 6 ff., 10 f., 18.

IV. Hilfsgutachten

Im Hilfsgutachten – soweit dies vom Bearbeitervermerk gefordert wird – müssen nun alle nicht oder nicht zulässig gerügten Verfahrensfehler behandelt werden.

Revisionsbegründungsschriftsätze

D. Klausurtyp 3: Fertigung einer Revisionsbegründungsschrift[225]

> Dieser Klausurtyp ist in Bayern sehr beliebt und die im Examen in den letzten Jahren am häufigsten geprüfte Revisionsrechtsvariante!
> Eine Musterklausur hierzu finden Sie bei Hemmer/ Wüst/ Gold/ Mielke/ Daxhammer, Die öffentlich-rechtliche und die strafrechtliche Anwaltsklausur, Strafrechtsklausur Nr. 1.

Aufgabe dieser Klausur ist die Anfertigung einer Revisionsbegründungsschrift nach §§ 344, 345 StPO. Der Bearbeitervermerk lautet dann etwa wie folgt:

Bearbeitervermerk

> *Die vollständige Revisionsbegründung des Rechtsanwalts (oder der StA) ist zu entwerfen. Soweit hierin nicht auf alle aufgeworfenen Rechtsfragen einzugehen ist, sind diese in einem Hilfsgutachten zu erörtern.*

Der Klausuraufbau orientiert sich an folgender Grobübersicht:[226]

Aufbauschema

I. Schriftsatz (des Anwalts oder der StA)

1. Rubrum

2. Antragstellung

3. Begründung der Anträge:

a. bestehende Verfahrenshindernisse

b. (zulässig formulierte) Verfahrensrügen, § 338 vor § 337 StPO

c. (konkrete) Sachrüge

4. Unterschrift (nicht vergessen!)

II. Hilfsgutachten

Aufgabenstellung

> **Anmerkung:** Bei diesem Klausurtyp ist zunächst die entscheidende Aufgabe, bereits bei der Analyse des Sachverhalts genau zu erfassen, ob bzw. inwieweit Verfahrenshindernisse, Verfahrensfehler und materielle Fehler vorliegen, auf die sich eine Revision stützen lässt. Die übrigen Probleme sind im Hilfsgutachten zu behandeln, dessen Bedeutung hier nicht unterschätzt werden darf.

I. Schriftsatz (des Anwalts oder der StA)

1. Rubrum

Da es sich um ein Schreiben an das Gericht handelt, gilt es gewisse Formalia im Kopf der Revisionsbegründung zu beachten.

---

[225] Vgl. Sie Assessor-Basics, Klausurentraining Strafprozess, Fall 7; ferner Assessor-Basics, Die öffentlich-rechtliche und die strafrechtliche Anwaltsklausur, Strafrechtsfall 1.

[226] Vgl. Sie KN Muster 42 und obiges Beispiel einer Revisionsbegründungsschrift.

Hierzu folgendes Beispiel:

Absender	Raphael Schenk	11. Oktober 2016
	Rechtsanwalt	
	Hausstraße 12	
Adressat	86942 Augsburg	
	An das	
	Landgericht Augsburg	
Gegenstand der Revision	Revisionsbegründung	
	In der Strafsache gegen	
Angeklagter/vorgeworfene Tat	Lars Lang	
	wegen gefährlichen Eingriffs in den Straßenverkehr	
Aktenzeichen	Az.: 5 KLs 25 Js 123/16	

Zu der am 27. September 2016 eingelegten Revision gegen das Urteil des Landgerichts Augsburg vom 20. September 2016.

Adressat	Der Adressat ist nach § 345 I StPO das Gericht, das entschieden hat (iudex a quo), und gerade nicht das Revisionsgericht (BGH oder OLG).
Datierung	Bei der Datierung ist die Frist nach § 345 I StPO zu beachten, da der Schriftsatz jedenfalls innerhalb der Frist zu datieren ist.

2. Antragstellung[227]

begehrte Entscheidung	Der Inhalt der Anträge richtet sich nach der begehrten Urteilsformel des Revisionsurteils. Da es sich hierbei um eine Prognose handelt, müssen Sie das Ergebnis der Revision bereits kennen. Es ist nur das zu beantragen, was mit der eingelegten Revision auch zu erreichen ist. Dabei sind folgende Anträge möglich:	82
Aufhebung und Zurückweisung als Regelfall	a. Meist wird das Urteil fehlerhaft sein, da die Tatsachenfeststellungen unvollständig oder fehlerhaft sind oder die rechtliche Würdigung falsch ist, ohne dass ein völliger Freispruch oder die Einstellung gerechtfertigt wäre, da im Übrigen eine Strafbarkeit vorliegt. Dann wird die Aufhebung (mitsamt den zugrundeliegenden Tatsachenfeststellungen)[228] und Zurückverweisung beantragt, §§ 353, 354 II StPO.	83
	Ich beantrage:	
	I. Das Urteil des Landgerichts Augsburg vom 20. September 2016 wird mit den ihm zugrundeliegenden Feststellungen aufgehoben.	
	II. Die Sache wird an eine andere Strafkammer des Landgerichts Augsburg zur erneuten Verhandlung und Entscheidung zurückverwiesen.	
Aufhebung und Freispruch	b. Ist das Urteil falsch, weil der Angeklagte nach den rechtsfehlerfrei und vollständig getroffenen Feststellungen freizusprechen ist, so wird die Aufhebung des Urteils und Freispruch beantragt, §§ 353 I, 354 I, 467 StPO.	84

---

227 Vgl. Sie als Spiegelbild die obigen Entscheidungsmöglichkeiten des Gerichts und KN S. 93.
228 Zur Aufhebung eines vorherigen Berufungsurteils siehe unten.

> **Aber Vorsicht!** Eine Aufhebung der Feststellungen nach § 353 II StPO darf jedoch nicht beantragt werden, weil hierdurch dem Freispruch die Tatsachengrundlage entzogen würde.

Ich beantrage:

I. Das Urteil des Landgerichts Augsburg vom 20. September 2016 wird aufgehoben. Der Angeklagte wird freigesprochen.

II. Die Kosten des Verfahrens und die notwendigen Auslagen trägt die Staatskasse.

Teilfreispruch

Ein Antrag auf Teilfreispruch/Teileinstellung ist dagegen nur möglich, wenn der Angeklagte im Hinblick auf eine **komplette angeklagte Tat i.S.d. § 53 StGB** (also nicht eine solche i.S.d. § 264 StPO = prozessuale Tat!) mit Sicherheit keinen Straftatbestand verwirklicht hat.[229]

Bsp.: Der Angeklagte sollte am 10.06.2016 angeblich einen Diebstahl begangen haben, was sich allerdings als unzutreffend herausstellt. Am 05.05.2016 hat er eine gefährliche Körperverletzung begangen, hinsichtlich derer die rechtliche Würdigung zwar falsch ist, aber ein Freispruch nicht in Betracht kommt. Es liegen zwei materiell-rechtliche Taten vor, wobei ein Freispruch nur für den Diebstahl in Betracht kommt.

Ich beantrage:

I. Das Urteil des Landgerichts Augsburg vom 20.09.2016 wird hinsichtlich des dem Angeklagten vorgeworfenen Diebstahls vom 10.06.2016 aufgehoben. Der Angeklagte wird insoweit freigesprochen.

II. Im Übrigen wird das Urteil des Landgerichts Augsburg vom 20.09.2016 mit den ihm zugrunde liegenden Feststellungen aufgehoben. Die Sache wird insoweit an eine andere Strafkammer des Landgerichts Augsburg zu erneuter Verhandlung und Entscheidung zurückverwiesen.

III. Soweit der Angeklagte freizusprechen ist, werden die Kosten des Verfahrens und die notwendigen Auslagen der Staatskasse auferlegt.

Aufhebung und Einstellung

c. Das Urteil ist falsch, weil das Verfahren nach den rechtsfehlerfrei und vollständig getroffenen Tatsachenfeststellungen wegen eines Verfahrenshindernisses einzustellen ist. Sodann geht der Antrag auf Aufhebung und Einstellung, §§ 353 I, 354 I StPO.

Ich beantrage:

I. Das Urteil des Landgerichts Würzburg vom 07.02.2016 aufzuheben und das Verfahren einzustellen.............

> **hemmer-Methode:** Vergleichen Sie am Ende Ihrer Klausur das gefundene Ergebnis immer mit dem gestellten Antrag. Eine Divergenz wäre ein grober Fehler!

3. Begründung der Anträge

Nach § 344 I StPO a.E. sind die Anträge zu begründen.

a. Verfahrenshindernisse

nur bestehende Verfahrenshindernisse ansprechen

Ein Vortrag zu den Verfahrenshindernissen ist nur angebracht, wenn solche auch bestehen, da andernfalls die Revision durch sie nicht begründet wird. Diese müssen von Amts wegen beachtet werden.

---

229 Brößler/Mutzbauer Rn. 361 f. & Assessor-Basics, Die öffentlich-rechtliche und die strafrechtliche Anwaltsklausur, Strafrechtsfall 1.

Es bietet sich folgende Formulierung an:

Vorab möchte ich auf das Fehlen folgender (v.A.w. zu beachtender) Prozessvoraussetzung hinweisen: ....

b. Verfahrensrügen

Einleitungssatz

Die Verfahrensrügen müssen gemäß § 344 II StPO substantiiert begründet werden. Dabei sollten Sie vorweg folgenden allgemeinen Einleitungssatz formulieren:

Ich rüge die Verletzung formellen Rechts.

Was soll gerügt werden?

Bei der Frage, was gerügt werden sollte, gilt es Ihre Klausurrolle zu beachten: Der Rechtsanwalt hat im Interesse seines Mandanten bei einer Revisionsbegründung grundsätzlich alles Denkbare zu unternehmen, um das Urteil zu Fall zu bringen. Dies bedeutet, dass er im Einzelfall auch eine Mindermeinung zu einem strittigen Problem vertreten kann.[230] Dies darf von vornherein aber nur für solche Mindermeinungen gelten, die einen gewissen Rückhalt in der Literatur finden.

Examenssituation sollte Rechnung getragen werden

In der – meist von Richtern und Staatsanwälten korrigierten – Examensklausur sollte man eher noch zurückhaltender sein.[231] Daher sind nur solche Rügen vorzubringen, bei denen eine **gesicherte Wahrscheinlichkeit** besteht, dass sie zur Aufhebung führen. Das Motto „am besten alles Rügen" ist weder in der Praxis, noch in der Examensklausur der geeignete Weg, da es von einer fehlenden Schwerpunktsetzung und von einem fehlenden Systemverständnis zeugt. Jedenfalls gehören Fehler, bei denen der Erfolg völlig oder weitgehend aussichtslos erscheint, ins Hilfsgutachten.

Reihenfolge der Rügen

Hinsichtlich der **Reihenfolge** der zu erhebenden Rügen ist es sinnvoll, mit den absoluten Revisionsgründen zu beginnen und erst anschließend die relativen Revisionsgründe zu erörtern.

> **hemmer-Methode:** Obwohl das Gesetz mit § 344 II 2 StPO grds. nur den schlüssigen Tatsachenvortrag fordert (s.o.), empfiehlt es sich dennoch – im Hinblick auf eine Annäherung an die Praxis – die nun folgende umfassendere Einkleidung vorzunehmen. Da die zulässige und praxisnahe Verfahrensrüge bereits im Klausurtyp 2 dargestellt wurde, sollen hier nur noch die Besonderheiten des Typus 3 dargestellt und der Aufbau wiederholt werden.

aa. Einleitungssatz

Bsp.: Ich rüge die Verletzung des § 244 III 1 StPO.

bb. Schlüssiger Tatsachenvortrag

u.U. wortwörtlich

Insoweit wird auf obige Ausführungen zum Revisionsgutachten bei eingelegter und bereits begründeter Revision verwiesen. Überdies empfiehlt es sich bei Anträgen und Beschlüssen diese wortwörtlich in direkter Rede wiederzugeben. Insbesondere bei kurzem Vorbringen ist aber auch die indirekte Rede möglich.

---

230 Andernfalls könnte sich eine gefestigte Rechtsprechung nicht ändern.
231 Vgl. Sie Joachimski, S. 233.

Fortlaufendes Beispiel: Die Verteidigung hat in der Hauptverhandlung folgenden Antrag gestellt: „Zum Beweis ..... (wörtliche Wiedergabe des Antrags)."

Das Gericht hat den Antrag abgelehnt, weil sich der Brief.... (Ausführungen zu den Tatsachen).

cc. Beweisangebot

sinnvoll

Angaben zu den Beweismitteln sind grundsätzlich nicht zwingend. Dennoch ist ein kurzes Vorbringen empfehlenswert. Besteht nämlich einmal die Besonderheit, dass bestimmte Vorgänge nicht unter die Beweiskraft des Protokolls (§§ 273, 274 StPO) fallen, sondern dem Freibeweis zugänglich sind (z.B. die Vorfälle im Ermittlungsverfahren), so kann man hiermit dem Korrektor demonstrieren, dass auch dieser Aspekt bekannt ist. Umfassende Darstellungen werden in der Klausur aus Zeitgründen allerdings nicht erwartet.

Beweis: Protokoll der Hauptverhandlung vom 04.04.2016.

dd. Rechtsausführungen

Rechtsausführungen stellen ebenfalls keine Zulässigkeitsvoraussetzungen dar. Sie sind jedoch üblich und empfehlenswert, da der Großteil der Punkte im Examen auf die Bearbeitung von Rechtsfragen vergeben wird.

Fortlaufendes Beispiel: Damit hat das Gericht gegen § 244 III 1 StPO verstoßen, da die Voraussetzungen des § 244 III 1 StPO nicht vorlagen. Denn ein vom Gericht angenommenes Beweisverwertungsverbot liegt nicht vor, weil..... (Ausführungen, warum ein zulässiger Beweisantrag vorlag und die Ablehnung daher unzulässig war).

ee. Darlegung des Beruhens

Fortlaufendes Beispiel: Der Rechtsverstoß war auch kausal für das Urteil, § 337 StPO, da sich nicht ausschließen lässt, dass das Urteil bei Verlesung des Schriftstückes anders ausgefallen wäre.

> **Anmerkung:** Ausführungen zu den Zulässigkeitsanforderungen der Rüge erfolgen natürlich nicht, da hierüber das Revisionsgericht entscheidet. In der Revisionsbegründungsschrift müssen Sie als Rechtsanwalt oder Staatsanwalt eine Verfahrensrüge aber so erheben, dass das Revisionsgericht die Rüge als zulässig und begründet erachtet, vor allem besondere Schlüssigkeitsanforderungen an den Tatsachenvortrag dort umsetzen.

Aufklärungsrüge

Hinsichtlich der Anforderungen an eine Aufklärungsrüge wird ebenfalls auf die oben bereits bei Klausurtypus 2 (Gutachten bei eingelegter und begründeter Revision) gemachten Ausführungen und Beispiele verwiesen.

c. Sachrüge

Mangels Anwendbarkeit des § 344 II 2 StPO bestehen nur geringe Anforderungen an die Zulässigkeit einer Sachrüge.

konkrete Fehler anzeigen

Dennoch sollte man in der Klausur nicht die allgemeine Sachrüge erheben, sondern – da insoweit praxisnah – **konkrete Fehler anzeigen.**

§ 3 REVISIONSKLAUSUREN

Bsp.::

II. Weiterhin rüge ich auch die Verletzung materiellen Rechts. Insbesondere, aber nicht abschließend,[232] rüge ich:

1. Das Gericht hat den Angeklagten wegen schweren Raubes nach § 250 I Nr.1a StGB verurteilt. Die Anwendung dieser Vorschrift auf den festgestellten Sachverhalt ist jedoch nicht gerechtfertigt, weil.... (weitere Ausführungen).

2. Weiterhin rüge ich die Verletzung von Regeln der Strafzumessung.

a. Das Gericht hat gegen das Verbot der Doppelverwertung nach § 46 III StGB verstoßen. Denn ..... (weitere Ausführungen).

Das Übrige ins Hilfsgutachten!

Die übrigen Rechtsfragen, wie etwa korrekt angewandte Tatbestände oder Tatbestände, die nun stattdessen gegeben sind (z.B. § 249 StGB statt – wie angenommen – § 250 StGB) gehören dann ins Hilfsgutachten.

Dasselbe gilt (bei RA-Klausur (!); wegen § 296 II StPO anders bei der von der StA erhobenen Revision) auch für Rechtsfragen, die zum Nachteil des Revisionsführers zu lösen sind, wie etwa vom Instanzgericht übersehene Straftatbestände.[233]

4. Unterschrift

Unterschrift nicht vergessen

Diese sollte, vgl. Sie v.a. auch § 345 II StPO, nicht vergessen werden, da einige Korrektoren die Arbeit sonst evtl. als Entwurf und nicht als Revisionsbegründungsschrift sehen. Verhindern Sie vermeidbare Punktabzüge!

II. Hilfsgutachten

Die Bedeutung des Hilfsgutachtens bei diesem Klausurtypus wurde bereits angedeutet. Dabei bietet sich folgendes Vorgehen an.[234]

1. Kurze Prüfung der Zulässigkeit der Revision

Zulässigkeit der Revision

Die Zulässigkeit der Revision ist bis dato nicht geprüft worden. Daher sollte dies nunmehr im Hilfsgutachten erfolgen. Dabei sollte man sich wiederum auf das Wesentliche und Problematische beschränken. Insbesondere auf die Fristen ist hier nicht selten genauer einzugehen, da eine Stellungnahme bisher nur indirekt über die Datierung des Schriftsatzes erfolgte.

Bearbeitervermerk beachten!

Ausführungen zur Zulässigkeit der Revision werden aber auch gelegentlich vom Bearbeitervermerk ausgeschlossen.

2. Offene Fragen, welche die Revision aber nicht begründen

Vollständigkeit der Klausur

Da Sie in der Revisionsbegründungsschrift nur das vorgebracht haben, was die Revision begründet, muss zur Vollständigkeit hier zu den Problemen Stellung genommen, welche die Revision nicht begründen.

---

232 Die hier eingeschobene Klarstellung wird teilweise empfohlen, um keinerlei Zweifel daran bestehen zu lassen, dass die Revision gerade nicht beschränkt eingelegt worden ist.

233 Ausführliche Beispiele hierfür in Assessor-Basics, Klausurentraining Strafprozess, Fall 7 und in Assessor-Basics, Die öffentlich-rechtliche und die strafrechtliche Anwaltsklausur, Strafrechtsfall 1.

234 Die Station in Strafsachen, 6. Teil, C II 4.

Dabei bietet sich eine knappe und prägnante Sprache an. Auch auf die richtige Schwerpunktsetzung sollte – wie stets im Assessorexamen – geachtet werden.

a. Verfahrenshindernisse

nur wenn Anlass besteht

Hier werden die Verfahrenshindernisse behandelt, die zwar in Betracht kommen, letztlich aber nicht einschlägig sind.

b. Verfahrensfehler

Hier kommen folgende Konstellationen in Betracht, die deshalb ins Hilfsgutachten gehören, da sie zwar problematisch sind, aber die Revision aber nicht begründen und daher in der Revisionsbegründungsschrift nicht auftauchen dürfen:

letztlich kein Fehler
⇨ Obwohl problematisch (andernfalls überhaupt nicht ansprechen!), liegt letztlich kein Verfahrensfehler vor.

Heilung
⇨ Zwar lag ein Verfahrensfehler vor, dieser wurde aber – z.B. durch Wiederholung des jeweilgen Teils der Hauptverhandlung[235] – geheilt.

Verwirkung
⇨ Ursprünglich lag ein Verfahrensfehler vor, jedoch wurde das Rügerecht verwirkt (z.B. § 238 II StPO) oder der ausnahmsweise erforderliche Widerspruch wurde nicht rechtzeitig erhoben (z.B. bei der Verwertung bei Fehlern im Rahmen des § 136 StPO).

fehlende Kausalität
⇨ Es liegt ein Verfahrensfehler vor, die Kausalität ist aber nicht gegeben (sehr selten).

Rechtskreistheorie
⇨ Ein Verfahrensfehler liegt vor, doch dieser ist nicht reversibel, da der Beschwerdeführer von dem Gesetz, gegen das verstoßen wurde, nicht geschützt werden soll (Rechtskreistheorie).

c. Sachrüge

Ins Hilfsgutachten gehören alle übrigen Rechtsfragen, die eine Sachrüge nicht begründen. Insbesondere müssen die von der Vorinstanz korrekt angewandten Straftatbestände sowie die Tatbestände, die nun an Stelle der angegriffenen treten, abgehandelt werden. Bei Rechtsanwaltsklausuren gilt dies auch für Rechtsfragen, die zum Nachteil des Revisionsführers zu lösen sind, wie etwa vom Instanzgericht übersehene Tatbestände (s.o.).

> **Anmerkung: Vergessen Sie nicht die Behandlung der Konkurrenzen am Ende des Hilfsgutachtens, soweit Ausführungen geboten sind!**

E. Besonderheit bei Revisionen gegen Berufungsurteile[236]

grundsätzlich gelten allgemeine Regeln

Mit der Revision ist natürlich auch ein Berufungsurteil anfechtbar.[237] Grundsätzlich gelten dabei die allgemeinen Regeln. Jedoch sei auf einige Besonderheiten hingewiesen.

---

235 Vgl. Sie etwa M-G, § 337, Rn. 39 und § 338, Rn. 3.
236 Vgl. Sie Assessor-Basics, Die öffentlich-rechtliche und die strafrechtliche Anwaltsklausur, Strafrechtsfall 1.
237 M-G, § 329, Rn. 46.

§ 3 REVISIONSKLAUSUREN

Besonderheiten

I. Bei der Revision gegen ein Berufungsurteil werden ebenfalls folgende Aspekte von Amts wegen geprüft:

⇨ Das Vorliegen der allgemeinen Verfahrensvoraussetzungen, insbesondere die sachliche Zuständigkeit des erstinstanzlichen Gerichts sowie des Berufungsgerichts.[238]

⇨ Das Revisionsgericht überprüft auch die Zulässigkeit der Berufung, wobei die Entscheidung über die (Nicht-)Annahme der Berufung nicht gerügt werden kann, § 322a S.2 StPO.[239]

⇨ Auch wird die Wirksamkeit und die Einhaltung einer erfolgten Berufungsbeschränkung v.A.w. kontrolliert.[240]

⇨ Die Beachtung des Verschlechterungsverbots nach § 331 StPO (reformatio in peius).[241]

nicht angreifbar

II. Dagegen kann die Revision nicht erfolgreich darauf gestützt werden, dass die Verwerfung unzulässig war (vgl. §§ 319 II, 322 II i.V.m. 336 S.2 StPO).

Besonderheiten

III. Erging das Berufungsurteil in Form einer Zurückverweisung gemäß § 328 II StPO oder einer Berufungsverwerfung gemäß § 329 I StPO, dann wird in der Revision (Rechtsinstanz!) lediglich die Richtigkeit der Zurückverweisung oder der Verwerfung geprüft. Dies bedeutet z.B. bei § 329 I StPO, dass das Gericht gerade nicht überprüft, ob der Angeklagte erschienen ist (Tatsache), da das Revisionsgericht an die tatsächlichen Feststellungen des Urteils gebunden ist. Bei diesen Urteilen werden daher regelmäßig nur Verfahrensrügen erhoben.

IV. Verfahrensfehler der ersten Instanz können in der Berufungsinstanz geheilt worden sein, insbesondere durch Nachholung.

> **Anmerkung:** Bei den sonstigen Berufungsurteilen erfolgt natürlich aufgrund der Sachrüge wie bisher eine Überprüfung des materiellen Rechts.

F. Die Revision des Nebenklägers

Revision des Nebenklägers

Nach § 401 I 1 StPO kann sich der Nebenkläger unabhängig von der StA der Revision bedienen. Dafür muss er aber anschlussbefugt sein (§ 395 StPO) und den Anschluss ordnungsgemäß erklären (§ 396 I StPO). Dies prüft das Revisionsgericht von Amts wegen, wenn der Nebenkläger die Revision allein einlegt. Legt der Angeklagte dagegen Revision ein, so wird die Anschlussbefugnis (§ 395 StPO) nur auf eine Rüge hin überprüft.[242]

---

[238] M-G, § 352, Rn. 2 ff.
[239] M-G, § 352, Rn. 2 f.
[240] M-G, § 352, Rn. 4.
[241] M-G, § 331, Rn. 24.
[242] M-G, § 396, Rn. 20 f.

nur zuungunsten des Angeklagten

Die Rechtsmittelberechtigung des Nebenklägers ist jedoch beschränkt, da er das Rechtsmittel nur zuungunsten des Angeklagten einlegen kann (beachten Sie aber § 301 StPO). Daher kann er sich auch nicht auf die Verletzung von Verfahrensvorschriften stützen, die lediglich zugunsten des Angeklagten bestehen. § 296 II StPO gilt für ihn gerade nicht. Beachten Sie, dass nach h.M. § 339 StPO analog anzuwenden ist. Nach § 400 I StPO kann er nur die Fehlerhaftigkeit des Schuldspruchs wegen eines Nebenklagedelikts geltend machen.[243]

Vorsicht!

Aus diesem Grund genügt hier auch die allgemeine Sachrüge nicht, weil dann nicht deutlich wird, ob er nicht nur das unzulässige Ziel der härteren Bestrafung (Unrichtigkeit des Rechtsfolgenausspruchs) verfolgt, § 400 I StPO. Vielmehr muss er darlegen, dass und welche nebenklagefähige Rechtsverletzung gerügt wird.[244]

Zulässigkeit

Weitere besondere Regelungen hinsichtlich der Zulässigkeit ergeben sich insbesondere für die Fristen aus § 401 I 3, II StPO. Dabei ist nach h.M. § 390 II StPO analog anwendbar.

---

[243] Die Revision mit dem Ziel, über die Annahme eines dem Angeklagten im Ergebnis ungünstigeren Konkurrenzverhältnisses die Verhängung einer Gesamtstrafe und damit einer insgesamt schwereren Rechtsfolge zu erreichen, ist zulässig, vgl. Sie BGH, NStZ 2000, 219.

[244] BGH, NStZ 1989, 221; M-G, § 400, Rn. 6.

§ 4 Das Strafurteil

> Eine Musterklausur hierzu finden Sie bei Hemmer/Wüst/Gold, Assessor-Basics Strafprozessrecht, Klausur Nr. 4.

A. Allgemeines

I. Examensbedeutung

Examensrelevanz

Die Fertigung von strafurteilen hat in den unterschiedlichen Bundesländern derzeit ganz unterschiedliche Bedeutung. Während sich manche nördlichen Bundesländer noch gänzlich auf Abschlussverfügungsklausuren beschränken, muss man in einigen südlichen Bundesländern in nahezu jedem Examenstermin mit einer Urteilsklausurvariante rechnen. Soweit nach der Prüfungsordnung die Anfertigung von Strafurteilen vorgesehen ist (dies gilt vor allem für Bayern!) sollte man sich zwingend mit den dazugehörigen Aufbaufragen und vor allem auch mit der Systematik der Strafzumessung auseinandersetzen.

II. Arten der Beendigung der Hauptverhandlung

Urteil

Die Hauptverhandlung endet regelmäßig durch Urteil. **1**

Einstellungsbeschluss

Es kann jedoch auch ein Einstellungs*beschluss* ergehen, §§ 153 II, 153a II i.V.m. 467 V, 154 II StPO. Diese Beschlüsse sind unanfechtbar, genauso wie die damit verbundenen Kosten- und Auslagenentscheidungen (vgl. § 464 III 1, HS.2 StPO).

Tod des Angeklagten

Bei Tod des Angeklagten liegt ein unbehebbares Verfahrenshindernis vor. Das Verfahren wird formell durch Einstellungsbeschluss nach § 206a StPO eingestellt.[245]

III. Arten von Urteilen

1. Einstellungsurteil

bei Prozesshindernis

Dieses ist nicht zu verwechseln mit dem Einstellungsbeschluss. Das Einstellungsurteil ist ein Prozessurteil, d.h. es ergeht ohne sachliche Prüfung. Gesetzlich erwähnt ist es in § 260 III StPO. **2**

Es ergeht, wenn Prozessvoraussetzungen fehlen oder ein Prozesshindernis vorliegt (z.B. Strafklageverbrauch, fehlende Strafanträge, Verfolgungsverjährung).

kein Strafklageverbrauch

Das Einstellungsurteil beendet das Strafverfahren, es erwächst in formelle Rechtskraft. Ein Strafklageverbrauch tritt aber grds. nicht ein. Ist das Prozesshindernis behebbar, kann die StA eine neue Anklage erheben. Bei einem unbehebbaren Verfahrenshindernis hat das Einstellungsurteil allerdings die gleiche strafklageverbrauchende Wirkung, wie ein Sachurteil.[246]

---

[245] M-G, § 206a, Rn. 8; zur Kostenentscheidung: M-G, § 464, Rn. 14.
[246] M-G, Einl., Rn. 172; M-G, § 260, Rn. 47, 48; auch mit Nachw. zur a.A., die den Strafklageverbrauch bejaht.

2. Sachurteil

Verurteilung, Freispruch

Ein Sachurteil entscheidet, ob der Schuldvorwurf berechtigt ist oder nicht. Als Inhalt kommt in Frage: Verurteilung, Freispruch oder beides kombiniert (sog. gemischte Entscheidung).

IV. Übersicht über die Bestandteile des Urteils

> Das Urteil besteht aus:
> ⇨ Rubrum
> ⇨ Tenor
> ⇨ angewandte Vorschrift(en)
> ⇨ Gründe
> ⇨ Unterschrift(en)

B. Das Rubrum

Eine gesetzliche Regelung des Rubrums (Urteilskopf) findet sich in § 275 III StPO.

Beispiel

> *Beispiel:*
>
> *Amtsgericht Kitzingen*
>
> *1 Ls 5 Js 1388/16*
>
> *Im Namen des Volkes*
>
> *Urteil*
>
> *In der Strafsache gegen*
>
> *Erwin Eidiger, geb. am 19. September 1957 in Bamberg, wohnhaft in 97318 Kitzingen, Keltenstr. 157, Bäcker, deutscher Staatsangehöriger, verheiratet,*
>
> *wegen Beihilfe zum Meineid u.a.*
>
> *hat das Amtsgericht – Schöffengericht – Kitzingen in der öffentlichen Sitzung vom 10. Januar 2016, an der teilgenommen haben:*
>
> *1. Richterin am Amtsgericht Dr. Bemon*
>
> *2. Waltraud Södel und Peter Blitzer als Schöffen*
>
> *3. Staatsanwalt Böhm als Vertreter der Staatsanwaltschaft*
>
> *4. Rechtsanwalt Tiroler als Verteidiger*
>
> *5. Justizangestellte Biehn als Urkundsbeamtin*
>
> *für Recht erkannt:*

Links oben ist die Bezeichnung des Gerichts aufzunehmen.

Aktenzeichen

Darunter das Aktenzeichen.[247]

---

247 Vgl. Sie zur Bedeutung der einzelnen Registerzeichen den Anhang im Schönfelder.

Das Urteil ergeht „Im Namen des Volkes", § 268 I StPO. Es wird mit „Urteil" bezeichnet.

Rohpersonalien

Danach erscheint „In der Strafsache gegen" mit den Rohpersonalien des Angeklagten (geboren, wohnhaft, Beruf, Familienstand usw.).

„wegen"

Die Straftat ist bei „wegen" zu nennen, bei mehreren wird das schwerste Delikt mit dem Zusatz „u.a." angegeben.

Dann folgt die genaue Bezeichnung des Spruchkörpers mit dem Tag der Verhandlung; bei mehreren Verhandlungstagen werden sämtliche Tage aufgezählt.

Namen der Mitwirkenden

Im Anschluss daran werden namentlich Richter, Schöffen, sämtliche mitwirkende Beamte der StA, Verteidiger und der bei der Urteilsverkündung anwesende Urkundsbeamte benannt. Bei Nebenklägern und Nebenbeteiligten können auch diese anschließend aufgeführt werden.

Fehlerhafte Angaben stellen keinen Anfechtungsgrund dar, da das Rubrum nicht an der Feststellung teilnimmt.

C. Tenor (Urteilsformel)

I. Erschöpfende Erledigung des Eröffnungsbeschlusses

1. Grundsätzliches

Vergleich von Anklage und Tenor

Der Prozessgegenstand wird durch die in dem Eröffnungsbeschluss zugelassene Anklage bestimmt, § 207 StPO. Der Tenor muss diesen umfassend erledigen. Ob das der Fall ist, beurteilt sich durch Vergleich der Urteilsformel mit der zugelassenen Anklage.[248]

vgl. Eröffnungsbeschluss (EB)

Ist der Schuldspruch im Tenor ein Minus im Vergleich zum Eröffnungsbeschluss (EB), dann kann ein Teilfreispruch vorliegen. Im Tenor ist dies zum Ausdruck zu bringen.

Formulierung: „Im Übrigen wird der Angeklagte freigesprochen."

2. Tatmehrheit, § 53 StGB

Teilfreispruch möglich

Geht der EB von Tatmehrheit aus (§ 53 StGB), kann eine materiell-rechtliche Tat jedoch nicht nachgewiesen werden, so muss insoweit ein Teilfreispruch erfolgen.

3. Tateinheit, § 52 StGB

kein Teilfreispruch

Anders hingegen wenn der EB von Tateinheit ausgeht (§ 52 StGB), eine Verurteilung aber nicht wegen aller Delikte erfolgen kann. Dann liegt kein Teilfreispruch vor. Denn wegen ein und derselben Tat (im materiell-rechtlichen Sinne, Unterschied zur prozessualen Tat) kann das Urteil nur einheitlich auf Verurteilung oder Freispruch lauten.[249]

---

[248] M-G, § 260, Rn. 10.
[249] M-G, § 260, Rn. 12.

> **hemmer-Methode:** Die Nichtverurteilung wegen eines Delikts ist jedoch in den Gründen zu erörtern.

Eine Ausnahme ist zu machen, wenn die Annahme von Tateinheit von vornherein fehlerhaft war. Dann ist bezüglich der nicht erwiesenen bzw. rechtlich nicht strafbaren materiell-rechtlichen Tat freizusprechen.[250]

4. Fortsetzungstat

Die Rechtsfigur des Fortsetzungszusammenhangs wurde 1994 vom BGH für bestimmte Taten aufgegeben,[251] existiert aber auch in den übrigen Bereichen praktisch nicht mehr.[252] In Betracht kommt letztlich nur noch Tatmehrheit; entsprechend wäre dann auch zu tenorieren.

II. Tenor bei Verurteilung

§ 260 IV StPO

Die gesetzliche Regelung findet sich in § 260 IV StPO. Der Tenor ist knapp, übersichtlich und klar zu formulieren. Er untergliedert sich grds. in drei Abschnitte: Schuldspruch, Rechtsfolgenausspruch und Kostenentscheidung.

Beispiel

> *Bsp.:*
>
> I. Der Angeklagte ist schuldig einer Beihilfe zum Meineid durch Unterlassen in Tateinheit mit Anstiftung zur Falschaussage in Tatmehrheit mit Verleitung zur Falschaussage.
>
> II. Er wird deswegen zu einer Gesamtfreiheitsstrafe von einem Jahr und zwei Monaten verurteilt. Die Vollstreckung der Strafe wird zur Bewährung ausgesetzt.
>
> III. Der Angeklagte hat die Kosten des Verfahrens zu tragen.

1. Schuldspruch

Im Schuldspruch sind die begangenen Taten zu kennzeichnen.

a. Rechtliche Bezeichnung der Tat

gesetzliche Überschrift

Für die rechtliche Bezeichnung sind die gesetzlichen Überschriften der Straftatbestände zu verwenden, vgl. § 260 IV 2 StPO.

Teilnahmeform

Die Teilnahmeform (Anstiftung, Beihilfe) ist aufzuführen. Nicht mitzuteilen ist dagegen, ob der Angeklagte als Allein- oder Mittäter gehandelt hat.[253] Bei § 30 II 3.Alt. StGB ist das verabredete Verbrechen zu nennen.

> *Bsp.:* „... wegen Verabredung zum schweren Raub ..."

Versuch/Qualifikation

Die Rauschtat des § 323a StGB ist nicht zu bezeichnen. Liegt ein Versuch vor, ist dies anzugeben. Das gleiche gilt für Qualifikationsmerkmale, die einen eigenen Straftatbestand begründen.

---

[250] M-G, § 260, Rn. 12 m.w.N.
[251] BGH GrS, NJW 1994, 1663.
[252] M-G, § 260, Rn. 14, 14a.
[253] M-G, § 260, Rn. 24.

So z.B. bei § 244 I Nr.1-3 StGB, § 250 StGB, ...

Vorsatz/Fahrlässigkeit

Bei Taten, die vorsätzlich *und* fahrlässig begangen werden können, gehört die Schuldform in den Tenor.

So z.B. bei § 315c III StGB und § 316 II StGB.

Nicht in die Urteilsformel gehört die Einordnung als Vergehen oder Verbrechen. Auch Strafzumessungsregeln erscheinen nicht, wie etwa Regelbeispiele oder § 21 StGB.

b. Konkurrenzverhältnis

„in Tateinheit mit"; „und"

Das Konkurrenzverhältnis der Delikte ist in den Tenor aufzunehmen:

⇨ bei § 52 StGB durch „in Tateinheit mit"

⇨ bei § 53 StGB durch „und," „sowie" oder „in Tatmehrheit mit"

Werden gleichzeitig das StGB und das OWiG verwirklicht, ist nur das Strafgesetz in den Tenor aufzunehmen (§ 21 I 1 OWiG).

c. Wahlfeststellung

„oder"

Die Kennzeichnung der Wahlfeststellung erfolgt durch „oder".

2. Rechtsfolgenausspruch

Bei Verurteilung muss der Tenor einen Rechtsfolgenausspruch enthalten.

a. Geldstrafe

Tagessatz und Tagessatzhöhe angeben

Im Falle einer Geldstrafe sind nur die Zahl der Tagessätze und die Tagessatzhöhe anzugeben, nicht die Gesamtsumme. Etwaige Zahlungserleichterungen nach § 42 StGB sind anzuführen.[254]

b. Freiheitsstrafe

Für die zeitliche Angabe der Freiheitsstrafe gilt § 39 StGB. Zulässig ist, Freiheitsstrafen von 6 Wochen oder 16 Monaten zu verhängen.

c. Untersuchungshaft

Untersuchungshaft

Wird die Untersuchungshaft angerechnet, kommt dies grds. nicht im Tenor zum Ausdruck.[255]

d. Aussetzung zur Bewährung

Bewährung

Bei Strafaussetzung zur Bewährung (§ 56 I, II StGB) lautet der Ausspruch:

„Die Vollstreckung der Strafe wird zur Bewährung ausgesetzt."

---

[254] M-G, § 260, Rn. 34.
[255] M-G, § 260, Rn. 35.

Alles andere (Bewährungszeit, -auflagen, -weisungen, vgl. §§ 56a ff. StGB) gehört in einen gesonderten Beschluss nach § 268a StPO.

> **Lesen Sie den Bearbeitervermerk genau!**
> Verlangt er nur das Urteil, entfällt die Fertigung des Beschlusses nach § 268a StPO; werden jedoch die „Entscheidung(en)" gefordert, so muss auch ein etwaiger Bewährungsbeschluss gefertigt werden!

e. Gesamtstrafe

nur Gesamtstrafe im Tenor

Bei einer Gesamtstrafe erscheint nur diese im Tenor (*„zu einer Gesamtstrafe von"*); Einzelstrafen werden nur in den Gründen genannt.

f. Nebenstrafen, Nebenfolgen

Nebenstrafen und Nebenfolgen sind im Tenor aufzunehmen.

Die Nebenfolgen sind in den §§ 45 ff. StGB geregelt; sie sind für die Klausur eher bedeutungslos.

Fahrverbot

Die einzige Nebenstrafe ist das Fahrverbot gemäß § 44 StGB. Über dessen Beginn wird durch den Vorsitzenden belehrt, § 268c StPO.

> *Bsp. für die Tenorierung:*
>
> *„Dem Angeklagten wird für die Dauer von zwei Monaten verboten, Kraftfahrzeuge jeder Art zu führen."*

Vollstreckungsrelevante Zusätze, etwa die Anordnung für den Jahresurlaub des Angeklagten, sind unzulässig.[256]

Anrechnung hat keine Auswirkung auf Tenor

Auf das Fahrverbot kann die Dauer einer vorläufigen Fahrerlaubnisentziehung (§ 111a StPO) oder die einer Verwahrung, Sicherstellung oder Beschlagnahme des Führerscheins (§ 94 StPO) angerechnet werden, § 51 I, V StGB. Dies hat jedoch keine Auswirkung auf die Anordnung der Fahrverbotsfrist im Tenor, denn das Fahrverbot ist Strafe.[257]

> **Anmerkung:** Regelungen hinsichtlich der Fahrerlaubnis finden sich an verschiedenen Stellen im Gesetz:
> Die Beschlagnahme des Führerscheins ist in § 94 III StPO geregelt. Diese betrifft nur den Führerschein als Dokument. Sie wirkt sich nicht auf die Fahrerlaubnis als öffentlich-rechtliche Berechtigung aus (Bsp.: Polizei beschlagnahmt Führerschein des volltrunkenen Autofahrers).
> Die vorläufige Entziehung der Fahrerlaubnis erfolgt nach § 111a StPO durch den Richter.
> Die endgültige Entziehung kann durch Urteil gemäß § 69 StGB erfolgen. Dabei handelt es sich um eine Maßregel der Besserung und Sicherung.
> Liegen die Voraussetzungen des § 69 StGB nicht vor, kann das Gericht ein Fahrverbot nach § 44 StGB anordnen. Die Fahrerlaubnis ist davon nicht betroffen. Zudem darf der Zeitraum höchstens drei Monate betragen.
> Fahrverbot und Entziehung der Fahrerlaubnis können ausnahmsweise gleichzeitig vorliegen, insbesondere wenn der Täter mit einem erlaubnisfreien Kraftfahrzeug gefahren ist (Mofa).[258]

---

[256] Beim Fahrverbot nach StVG ist ein Wahlrecht geregelt (§ 25 IIa StVG).
[257] Fischer, § 51, Rn. 21 ff.
[258] Fischer, § 44, Rn. 3.

g. Maßregeln der Besserung und Sicherung

Auch Maßregeln der Besserung und Sicherung (§§ 61 ff. StGB) gehören in den Tenor.

Entziehung der Fahrerlaubnis

Wichtigster Fall ist die Entziehung der Fahrerlaubnis (§ 69 StGB). Der Ausspruch besteht hier aus drei Teilen:

⇨ Entziehung der Fahrerlaubnis (§ 69 I 1 StGB)
⇨ Einziehung des Führerscheins (§ 69 III 2 StGB)
⇨ Entscheidung über die Sperrfrist (§ 69a I 1 StGB)[259]

> *Bsp.: „Dem Angeklagten wird die Fahrerlaubnis entzogen, sein Führerschein wird eingezogen. Vor Ablauf von ... darf die Verwaltungsbehörde ihm keine neue Fahrerlaubnis erteilen."*

Lag bereits eine vorläufige Entziehung der Fahrerlaubnis (§ 111a I StPO) vor, ist die Mindestsperrfrist entsprechend zu kürzen, § 69a IV StGB. Der Vorgang der Kürzung erscheint nicht im Tenor, sondern wird nur in den Gründen angesprochen.

III. Tenor bei Freispruch

Ein Freispruch ergeht, wenn die Unschuld des Angeklagten erwiesen ist oder seine Schuld unter keinen rechtlichen Gesichtspunkten festgestellt werden kann.

Der Tenor lautet:

> *„Der Angeklagte wird freigesprochen."*

Teilfreispruch

Bei Teilfreispruch lautet der Tenor:

> *„Im Übrigen wird der Angeklagte freigesprochen."*

keine Zusätze

Eine Differenzierung zwischen „erwiesener Unschuld" und „mangels an Beweisen" findet nicht statt.

IV. Tenor bei Einstellung

Der Tenor lautet:

> *„Das Strafverfahren gegen den Angeklagten wird eingestellt."*

V. Vorrang des Freispruchs vor Einstellung

VSS von Freispruch und Einstellung liegen vor: dann Freispruch

Liegen gleichzeitig die Voraussetzungen des Freispruchs und einer Einstellung vor, so wird der Angeklagte freigesprochen (sog. Vorrang des Freispruchs).[260]

> *Bsp.: Es steht in der Hauptverhandlung nun fest, dass die vorsätzliche Körperverletzung nicht erwiesen werden kann. Zugleich wird der Strafantrag zurückgenommen.*

---

[259] Fischer, § 69a, Rn. 3 ff.
[260] M-G, § 260, Rn. 44.

Nur durch den Freispruch kann ein Verbrauch der Strafklage eintreten.

bei Tateinheit schwerwiegender Vorwurf maßgebend

Werden mehrere Taten in Tateinheit angeklagt (§ 52 StGB), kann die Entscheidung, ob freigesprochen oder eingestellt wird, nur einheitlich ergehen. Ist zum Beispiel von zwei Taten eine nicht erwiesen (Freispruchsreife) und hinsichtlich der anderen liegt ein unbehebbares Verfahrenshindernis vor (Einstellungsreife), so entscheidet die schwerer wiegende gesetzliche Strafandrohung über den Urteilsspruch. Bei Gleichwertigkeit wird eingestellt.[261]

VI. Kostenentscheidung

Kosten = Gebühren und Auslagen der Staatskasse

Der Tenor muss zum Abschluss über die Kosten bestimmen, § 464 I StPO. Kosten sind die Gebühren und Auslagen der Staatskasse, § 464a I 1 StPO.

notwendige Auslagen

Gleichzeitig erfolgt ein Ausspruch über die notwendigen Auslagen, § 464 II StPO. Zu den notwendigen Auslagen gehören insbesondere die Kosten für einen Rechtsanwalt, § 464a II StPO.

Die Frage, wer die Kosten und die notwendigen Auslagen trägt, richtet sich grds. nach den §§ 465 und 467 StPO. Zudem sind besondere Fälle in den §§ 469, 470, 472 StPO geregelt.

1. Verurteilung

§ 465 I StPO

Bei Verurteilung in vollem Umfang bestimmt § 465 I StPO die Kostenentscheidung. Daneben ist zwar der Ausspruch über die notwendigen Auslagen nicht erforderlich, da sie ohne Ausspruch beim Angeklagten verbleiben. Dennoch erscheint eine entsprechende Aufnahme möglich, auch im Hinblick auf die Anordnung in § 464 II StPO.[262]

Bsp.: „Der Angeklagte hat die Kosten des Verfahrens (und seine notwendigen Auslagen) zu tragen."

Ausnahme des § 465 II StPO

Eine Ausnahme von der umfassenden Kostenpflicht des Angeklagten ist in § 465 II StPO geregelt. Hauptanwendungsfall ist der sog. unechte Teilfreispruch, bei dem tateinheitlich vorgeworfene Verstöße nur zum Teil erwiesen werden.[263]

Bsp.:[264] Der Eröffnungsbeschluss wirft dem Angeklagten ein Vergehen gemäß §§ 229, 315c I Nr.1a, III Nr.2, 52 StGB vor. Blutprobenuntersuchung und Sachverständigengutachten ergeben, dass keine alkoholbedingte Fahruntüchtigkeit vorliegt.

Formulierungsvorschlag:

„Der Angeklagte trägt die Kosten des Verfahrens; jedoch werden die notwendigen Auslagen des Angeklagten und die besonderen Auslagen der Staatskasse insoweit durch diese übernommen, als sie wegen des Verdachts einer Straftat nach § 315c StGB entstanden sind."

---

261 M-G, § 260, Rn. 46.
262 KN S. 88; a.A. Schmehl/Vollmer, S. 181.
263 Siehe bereits oben Rn. 6.
264 Schmehl/Vollmer, S. 182.

2. Freispruch

§ 467 I StPO

Die Entscheidung ergibt sich aus dem Wortlaut des § 467 I StPO:

„Die Auslagen der Staatskasse und die notwendigen Auslagen des Angeklagten fallen der Staatskasse zur Last."

3. Gemischte Entscheidung

nur teilweise Verurteilung

Eine solche liegt vor bei teilweiser Verurteilung und teilweisem Freispruch, bzw. teilweiser Einstellung. Die Tenorierung lässt sich dem Wortlaut des § 467 I StPO („soweit") entnehmen.

§ 467 I StPO „soweit"

Formulierungsvorschlag:

„Soweit der Angeklagte verurteilt ist, trägt er die Verfahrenskosten und seine Auslagen; soweit er freigesprochen ist, fallen die Verfahrenskosten und die notwendigen Auslagen des Angeklagten der Staatskasse zur Last."

Quotelung

Dies kann in der Praxis zu Schwierigkeiten bei der Berechnung und Vollstreckung führen. Nach § 464d StPO ist nunmehr eine Quotelung zulässig.

„Die Staatskasse trägt zwei Drittel der Kosten und notwendigen Auslagen des Angeklagten, ein Drittel trägt der Angeklagte."

Ausnahmen in § 467 II-V StPO

Bei Gemischter Entscheidung und Freispruch sind die Ausnahmen des § 467 II-V StPO zu beachten.

4. Rechtsmittel

sofortige Beschwerde

Gegen die Kosten- und Auslagenentscheidung findet die sofortige Beschwerde statt, § 464 III StPO. Sie ist unabhängig vom Hauptrechtsmittel (Berufung, Revision) und ist in diesem auch nicht enthalten.

VII. Entscheidung nach dem StrEG

Strafverfolgungsmaßnahmen und anschließend keine Verurteilung

Dem Angeklagten steht eine Entschädigung nach dem Gesetz über die Entschädigung für Strafverfolgungsmaßnahmen (StrEG) zu, wenn eine entsprechende Strafverfolgungsmaßnahme i.S.d. § 2 StrEG (v.a. U-Haft, vorläufige Festnahme) erfolgt ist und er freigesprochen oder das Verfahren eingestellt wurde. Eine Entschädigung ist auch möglich, wenn die Rechtsfolge im Urteil geringer ist, als die vorläufige Maßnahme, § 4 I Nr.2 StrEG.

Ausschlussgründe

Ausschluss- und Versagungsgründe sind in §§ 5, 6 StrEG geregelt. Der Begriff „grob fahrlässig" ist im zivilrechtlichen Sinn zu verstehen (§§ 276, 277 BGB), d.h. ein objektiver Maßstab ist anzulegen. Beispiele sind das falsche Geständnis oder Flucht ins Ausland.[265]

Ausspruch im Tenor

Liegen die Voraussetzungen vor, spricht das Gericht im Urteil die Verpflichtung zur Entschädigung aus, § 8 I 1 StrEG. Ein Antrag ist nicht erforderlich.

---

[265] Schmehl/Vollmer, S. 182.

Formulierungsvorschlag:

„Der Angeklagte ist für die in dieser Sache vom ... bis ... erlittene Untersuchungshaft zu entschädigen."

Oder bei Versagung (§ 6 StrEG):

„Die Staatskasse ist nicht verpflichtet, den Angeklagten dafür zu entschädigen, dass ... ."

> **hemmer-Methode:** Unabhängig davon, ob Ihre Prüfungsordnung das StrEG beinhaltet, sollten Sie sich diese Grundkenntnisse aneignen. Die Entscheidung ist von Amts wegen zu treffen und gehört somit zu einem vollständigen Urteil.

D. Angewandte Vorschriften

§ 260 V StPO

Nach dem Tenor sind die angewendeten Vorschriften aufzuführen, § 260 V StPO. Dabei erscheint zuerst die Bestimmung für den Straftatbestand, danach die Beteiligung (§§ 25 ff. StGB) und zum Schluss das Konkurrenzverhältnis (§§ 52, 53 StGB).

Strafschärfungs- und Strafmilderungsvorschriften sind anzugeben, aber nicht Grundbestimmungen wie die §§ 38, 39 oder 46 StGB.

Bei Verkehrsordnungswidrigkeiten sind die Ge- oder Verbotsnorm der StVO oder StVZO sowie der dazugehörige § 49 StVO oder § 69a StVZO und die Grundnorm § 24 StVG anzugeben.

Bei mehreren Angeklagten mit unterschiedlichen Rechtsnormen ist eine gesonderte Aufstellung für jeden vorzunehmen.[266]

Bei Freispruch und Einstellung werden die Straftatbestände nicht genannt, jedoch die Norm auf denen sie beruhen.[267]

Bsp.: „Angewandte Strafvorschrift: § 20 StGB."

E. Die Urteilsgründe

I. Allgemeines

„Gründe"

Die Urteilsgründe (§ 267 StPO) sind mit „Gründe" zu überschreiben. Sie untergliedern sich in fünf Abschnitte, die auch entsprechend mit den Ziffern I bis V versehen werden. Überschriften werden nicht gebildet.

Aufbau bei Verurteilung

> Aufbau bei Verurteilung:
> I. Persönliche Verhältnisse
> II. Sachverhaltsschilderung
> III. Beweiswürdigung
> IV. Rechtliche Würdigung
> V. Strafzumessung
> Danach erfolgt eine kurze Begründung der Kostenentscheidung (unter VI.).

---

266 M-G, § 260, Rn. 55.
267 M-G, § 260, Rn. 60, 61.

§ 4 DAS STRAFURTEIL

Bezugnahmen unzulässig

Die Urteilgründe müssen aus sich selbst heraus verständlich sein. Die Bezugnahme auf Urkunden (z.B. Zeugenprotokolle) ist nicht zulässig.[268] Eine Ausnahme gilt nur für Abbildungen (§ 267 I 3 StPO).

II. Persönliche Verhältnisse

Die persönlichen Verhältnisse sind systematisch eigentlich ein Teil der Strafzumessung, dennoch sind sie an den Anfang zu stellen.

Sie entfallen bei umfassendem Freispruch, denn es erfolgt dann auch keine Strafzumessung.

persönliche Verhältnisse, Werdegang

Der Umfang der Aufnahme in das Urteil richtet sich nach der Bedeutung für die Beweiswürdigung und die Strafzumessung. Zu nennen sind regelmäßig die Geburtsdaten, der gegenwärtige Erwerb, die wirtschaftlichen, persönlichen und familiären Verhältnisse, u.U. der Bildungsgang.

Strafregisterauszug

Enthält die Klausurangabe einen Strafregisterauszug, so ist dieser kurz zusammengefasst mit den wichtigsten Punkten (v.a. Tatzeit, Bewährungszeit, Strafverbüßung) aufzunehmen. Die Zeitpunkte haben Bedeutung für die Verwertbarkeit im aktuellen Verfahren (Beachtung der sog. Tilgungsreife).

> **hemmer-Methode: Hinter dem Strafregisterauszug kann auch die Absicht des Aufgabenstellers stehen, eine nachträgliche Gesamtstrafe in die Klausur einzubauen. Dies ist für die Strafzumessung im Auge zu behalten.**

Weigert sich der Angeklagte über seine persönlichen Verhältnisse auszusagen, so ist das Gericht verpflichtet, eine Aufklärung auf anderen Wegen zu versuchen.

Sachrüge in Revision

Sind die persönlichen Verhältnisse unzureichend geschildert, unterliegt der Rechtsfolgenausspruch in der Revision der Sachrüge aufgrund eines Darlegungsmangels.[269]

III. Sachverhaltsschilderung

1. Allgemeines

Die tatsächlichen Feststellungen sind an der Überzeugung des Gerichts auszurichten. Dabei ist unerheblich, ob dies zwischen den Beteiligten umstritten ist.

Augenzeugenperspektive

Der Richter (Referendar) schildert den Sachverhalt so, als wäre er als Augenzeuge dabei gewesen (sog. Augenzeugenperspektive).

Imperfekt

Die Ausführungen erfolgen im Imperfekt.

---

[268] M-G, § 267, Rn. 2 m.w.N.
[269] BGH, NStZ 1985, 309; vgl. Sie auch BGH, NStZ-RR 1999, 46: Hier wird auf Verfahrensrüge verwiesen. **Alle Entscheidungen** = **juris**byhemmer.

2. Mitteilung der Tatbestandsmerkmale

alle obj. und (!) subj. TBM

Mitzuteilen sind alle objektiven *und subjektiven* Tatbestandsmerkmale, also auch was der Angeklagte und ggf. auch andere Personen dachten und wollten.

> **Bsp.:** *"Dies erkannte der Angeklagte in diesem Moment auch und nahm dabei bewusst in Kauf, dass ... ."*

Maßgebend dafür, welche Tatbestandsmerkmale mitgeteilt werden müssen, sind die im Tenor genannten Taten. Dabei müssen sich grds. alle erforderlichen Tatbestandsmerkmale aus der Schilderung ergeben. Die Mitteilung ist vollständig, wenn der Rechtskundige in den konkreten Tatsachen den abstrakten Tatbestand erkennt.[270]

Um später den Unrechtsgehalt festzustellen, sind auch Beweggründe des Angeklagten und Hintergründe der Tat darzustellen.

3. Schuldform

Die Schuldform muss deutlich erkennbar sein. Die innere Tatseite ist mit tatsächlichen Feststellungen zu belegen.[271]

Eine detaillierte Schilderung ist bei bedingtem Vorsatz und Rücksichtslosigkeit i.S.d. § 315c I Nr.2 StGB erforderlich.

Für eine vorsätzliche Trunkenheit im Straßenverkehr (§ 316 I StGB) genügt nicht der pauschale Verweis auf den hohen BAK-Wert.

4. Sonstiges

Weiterhin muss die genaue Tat im prozessualen Sinn erkennbar sein.

Spätere Zeugen sollten nicht unbedingt als solche bezeichnet werden, sondern z.B. mit ihrem Beruf (z.B. Polizeibeamter).[272]

Bei einer Wahlfeststellung müssen die Sachverhaltsalternativen aufgezeigt werden.

Bei Serienstraftaten muss für jede Einzeltat Zeit, Ort und Art der Begehung zumindest grob festgestellt werden.[273]

IV. Beweiswürdigung

1. Allgemein

Beginn mit Einlassung des Angeklagten

Die Beweiswürdigung beginnt mit einer Zusammenfassung des Geständnisses/der Einlassungen des Angeklagten, bzw. mit der Feststellung, dass er sich nicht eingelassen hat. Fehlt diese Feststellung, so hätte eine Sachrüge Erfolg.

---

270 M-G, § 267, Rn. 5.
271 Vgl. Sie auch M-G, § 267, Rn. 7.
272 Schmehl/Vollmer, S. 154.
273 M-G, § 267, Rn. 6a.

Geständnis darlegen

Bei einem Geständnis des Angeklagten ist kurz mitzuteilen, ob das Gericht von Glaubhaftigkeit und Glaubwürdigkeit ausgeht und wodurch diese bestätigt werden. Eine Überprüfung erfolgt insbesondere bei Absprachen (Deals) und bei Geständnissen durch den Anwalt im Namen seines schweigenden Mandanten (sog. „schlankes Anwaltsgeständnis").

Die Beweismittel sind im Einzelnen (und nicht in einer bloßen Aufzählung) darzustellen, allerdings nur, soweit sie zur Überzeugungsbildung beigetragen haben. Der Umfang hängt vom Einzelfall ab.

bei Bestreiten des Angeklagten

Liegt ein Bestreiten durch den Angeklagten vor, so muss man sich damit in der Beweiswürdigung auseinandersetzen. Dafür genügt eine kurze Darstellung, was das Gericht von dem Bestreiten hält und wodurch dieses u.U. widerlegt ist.

2. Einzelheiten der Beweiswürdigung

a. Umfassende Beweiswürdigung

erschöpfende Auswertung der Beweistatsachen

Es gilt der Grundsatz der erschöpfenden Auswertung der Beweistatsachen. Sind verschiedene Deutungsmöglichkeiten denkbar, muss das Gericht diese mit einbeziehen und sich damit auseinandersetzen.

Allerdings sind auch keine zu hohen Anforderungen an die erforderliche Überzeugung zu stellen. Es genügt, wenn keine vernünftigen Zweifel mehr bestehen.

b. Glaubhaftigkeit/Glaubwürdigkeit

Problem: V-Leute, verdeckte Ermittler

Kritisch zu würdigen sind Aussagen von Zeugen vom Hörensagen. Werden verdeckte Ermittler oder V-Leute durch Polizeibeamte als Zeugen vom Hörensagen in den Prozess eingeführt, ist eine Bestätigung durch zusätzliche Gesichtspunkte erforderlich.[274]

kritische Würdigung bei Motiven zur Falschaussage

Auf die Glaubwürdigkeit von Zeugen ist auch zu achten, wenn Motive für eine Falschaussage bestehen.

> **Bspe.:** Mitangeklagte hoffen auf Strafermäßigung; Verwandtschaft; gute Freunde.

Bei Zeugenaussagen von Beifahrern ist eine pauschale Aberkennung des Beweiswertes unzulässig. Die „Beifahrerrechtsprechung" wurde vom BGH verworfen.[275] Es bestehen keine allgemeinen Erfahrungssätze für die Unrichtigkeit, vielmehr ist die Aussage im Einzelfall kritisch zu würdigen.

c. Sachverständigengutachten

Darlegung von Anknüpfungstatsachen und Schlussfolgerung

Das Ergebnis des Gutachtens darf nicht pauschal übernommen werden. Erforderlich sind die Darlegung der wesentlichen Grundlagen, auf denen das Gutachten beruht (sog. Anknüpfungstatsachen) und die daraus gezogenen Schlussfolgerungen.[276]

---

274 BVerfG, NJW 1992, 168; BVerfG, NStZ 1995, 60; BGH, StV 1994, 413. **Alle Entscheidungen = juris**byhemmer.
275 BGH, MDR 1988, 307 = **juris**byhemmer.
276 M-G, § 267, Rn. 13 m.w.N.

Die Mitteilung des Ergebnisses genügt allerdings bei standardisierten Gutachten (z.B. Blutalkoholanalyse).

d. Indizienbeweis

Das Gericht muss eine Gesamtwürdigung aller Indizien durchführen.

e. Schweigen des Angeklagten

kein Nachteil daraus

Ein Angeklagter darf aus seinem Schweigen keinen Nachteil erleiden (Ausfluss des nemo-tenetur-Prinzips). Dies gilt auch für die Nichtausübung von Rechten, wenn z.B. keine Haftbeschwerde eingereicht wurde.

Ausn.: teilweises Schweigen

Eine wichtige Ausnahme gilt jedoch, wenn er teilweise aussagt und nur zu bestimmten Fragen schweigt. In diesem Fall wird er selbst zum Beweismittel, das Schweigen ist insoweit also verwertbar.[277]

Einem Geständnis durch den Verteidiger muss der Angeklagte zustimmen.

f. Zeugnisverweigerungsberechtigte

Der Zeitpunkt der Aussage eines zeugnisverweigerungsberechtigten Zeugen darf nicht verwertet werden. Unverwertbar sind auch die Angaben aus einer „Vernehmung" durch den Verteidiger, wenn sich der Zeuge anschließend auf sein Zeugnisverweigerungsrecht beruft.[278]

> **hemmer-Methode:** Fehler in der Beweiswürdigung haben natürlich gleichzeitig auch Auswirkungen auf die Revision. Sie wären dort mit der Sachrüge geltend zu machen.

V. Rechtliche Würdigung

Grundlage ist Sachverhaltsschilderung

Die rechtliche Wertung erfolgt auf der Basis der Sachverhaltsfeststellungen.

> **hemmer-Methode:** Auch eine hervorragende rechtliche Bewertung hält der Revision nicht stand, wenn die Tatsachengrundlage fehlt. Ein sorgfältiges Arbeiten bei der Sachverhaltsschilderung ist daher unerlässlich.

Urteilsstil

Die rechtliche Würdigung erfolgt im Urteilsstil. Das Ergebnis ist voranzustellen. Nur Problematisches sollte breiter dargestellt werden.

Straftatbestände, die im Ergebnis nicht verwirklicht sind, können im Urteil kurz dargestellt werden, sofern ihre Anwendung nicht ganz fern liegt.[279] Die laut Sachverhalt angeklagten Tatbestände die entfallen, sollten auf jeden Fall im Urteil abgehandelt werden. Der Rest gehört in das Hilfsgutachten.

---

277 BGH, NJW 1966, 209.
278 BGH, NJW 2000, 1277 = **juris**by**hemmer**.
279 Schmehl/Vollmer, S. 167.

Bei Rechtswidrigkeit und Schuld reicht eine kurze Feststellung, dass diese vorliegen. Ein näheres Eingehen ist nur bei Anhaltspunkten erforderlich.

hoher BAK-Wert

Jedenfalls ab einem BAK-Wert von 2,5 Promille muss die Schuldunfähigkeit diskutiert werden. Sie liegt jedenfalls in dubio pro reo ab 3,0 (für Tötungsdelikte ab 3,3) Promille vor. Lehnt man dies im Einzelfall ab, was bei Anhaltspunkten im Sachverhalt durchaus denkbar ist, wird eine genaue Begründung erforderlich.

VI. Strafzumessung

1. Examensbedeutung

Die Festlegung und Begründung des Strafmaßes ist der letzte wichtige Teil in den Gründen.

Im ersten Staatsexamen spielte die Strafzumessung überhaupt keine Rolle. Bereits deshalb haben Sie sich damit wohl nie beschäftigt. Dies stellt wohl auch die Hauptursache dafür dar, dass viele Referendare Probleme mit der Strafzumessung haben.

Es ist zu empfehlen, sich rechtzeitig mit der Begründung des Rechtsfolgenausspruchs zu beschäftigen, damit man bis zum Assessorexamen die wesentlichen Grundsätze beherrscht.

Niemals offen lassen!

Die Strafzumessung ist regelmäßig ein Hauptteil der Strafurteilsklausur. Auch in Zeitnot sollte sie in keinem Fall weggelassen werden. Korrigiert ein Strafrichter, wird er dies keinesfalls akzeptieren, muss er doch selbst immer über die Strafe entscheiden. Man sollte sich auch vor Augen führen, dass den Angeklagten meist nur der Rechtsfolgenausspruch des Urteils wirklich interessiert.

Ratsam ist es, die wesentlichen Erwägungen für die Strafe bereits vor der Reinschrift zu skizzieren. Tatsachen für die Abwägung (schärfende/mildernde) können mittels einer Tabelle bereits hier geordnet werden. Optimal und zeitsparend – soweit im Examen zulässig – die Tatsachen für die Abwägung nach § 46 II StGB im Sachverhalt spätestens beim zweiten Durchlesen farbig zu markieren (z.B. grün = zu Gunsten, rot = zu Lasten).

Grundkenntnisse der Strafzumessung können auch für die Revisionsklausur bedeutsam werden. Der Aufgabensteller kann Fehler in die Strafzumessung einbauen, die es dann zu finden gilt.

Nachvollziehbare Ausführungen zur Strafzumessung werden die eigene Klausur vom Hauptfeld der Bearbeiter positiv absetzen.

2. Grundlagen

a. Strafzumessung ist Rechtsanwendung

Strafgesetz i.V.m. §§ 46 ff. StGB

Der Richter legt die Strafe nicht nach seinem Ermessen fest, sondern durch Anwendung der §§ 46 ff. StGB und der Rechtsfolgenanordnung im jeweiligen Straftatbestand.

Fehler in der Strafzumessung sind in der Revision mit der Sachrüge geltend zu machen, es handelt sich um eine Verletzung materiellen Rechts.

Nach § 267 III 1 StPO sind im Urteil die Umstände anzuführen, die für die Zumessung der Strafe aus der Sicht des Gerichts bestimmend gewesen sind. Die mit einer Verfahrensrüge geltend gemachte Verletzung des § 267 III 1 StPO kann sich somit nur auf die nicht wahrheitsgemäße Angabe der Umstände beziehen, nicht aber darauf, dass die Strafzumessung falsch sei.

b. Abgrenzung von Strafe und Maßregel

Die Strafe ergeht aufgrund der Schuld des Täters und gleicht diese aus. Sie ist das „Unwerturteil" über die Tat.

Die Maßregel setzt eine Prognose über die Gefährlichkeit des Täters voraus. Sie dient dem Schutz der Allgemeinheit.[280]

c. Strafzwecke

Drei Strafzwecke sind als maßgebliche Gesichtspunkte für die Strafzumessung zu nennen.[281]

Schuldausgleich

⇨ Schuldausgleich, bzw. auch Vergeltung.

Spezialprävention

⇨ Spezialprävention ist die Wirkung auf den Täter. Sie kann negativ (Abschreckung) und positiv (Resozialisierung) sein.

Generalprävention

⇨ Generalprävention, bzw. auch Verteidigung der Rechtsordnung.[282] Im positiven Sinn dient sie der Erhaltung und Stärkung des Vertrauens der Bevölkerung in die Rechtsordnung. In negativer Hinsicht erfolgt eine allgemeine Abschreckung potentieller Täter.

aber Schuldprinzip beachten

Die Strafzwecke können untereinander im Widerspruch stehen. Vor allem aber ist das Schuldprinzip gemäß § 46 I 1 StGB zu wahren. Die persönliche Schuld des Täters ist Grundlage der Strafzumessung. Folge ist, dass spezial- und generalpräventive Zwecke nur im Rahmen der sog. schuldangemessenen Strafe berücksichtigt werden können (dazu sogleich).

d. Strafzumessungstheorie

Ein Teil des Schrifttums und der BGH in ständiger Rechtsprechung vertreten die sog. Spielraumtheorie.[283]

Spielraumtheorie

Aus dem gesetzlichen Strafrahmen lässt sich ein konkreter Schuldrahmen ermitteln, und zwar indem man den Grad der persönlichen Schuld des Täters bestimmt. Dieser konkrete Schuldrahmen stellt die sog. schuldangemessene Strafe für die konkrete Tat dar.

Innerhalb dieses „Spielraums" werden dann die Präventionszwecke berücksichtigt.

Anschließend wird das Strafmaß festgelegt.

Auf die übrigen Theorien wird hier nicht eingegangen, denn für die Praxis ist ausschließlich die Spielraumtheorie maßgeblich.[284]

---

280 Huber, Rn. 109.
281 Fischer, § 46, Rn. 2 ff.
282 Fischer, § 46, Rn. 10 ff.
283 Fischer, § 46, Rn. 20 m.w.N.

e. Prüfungsfolge

Unter Berücksichtigung der Spielraumtheorie ergibt sich somit folgende Schrittfolge:[285]

Schrittfolge

1. Festlegung des gesetzlichen Strafrahmens,
2. Festlegung des konkreten Schuldrahmens,
3. Festlegung der Strafe innerhalb des konkreten Schuldrahmens,
4. Folgenentscheidung (v.a. Bewährung).

Aufbau in den Gründen

Hinweis: Die Festlegung des konkreten Schuldrahmens ist nur ein gedanklicher Schritt, der in den Gründen nicht auftaucht. Somit ergibt sich im Urteil letztlich ein dreistufiger Aufbau der Strafzumessung:

1. Strafrahmenbestimmung
2. Einordnung der Tat in den Strafrahmen
3. Folgenentscheidung

f. Systematik der gesetzlichen Strafrahmenbestimmungen

aa. Regelstrafrahmen

Straftatbestand maßgebend

Der Regelstrafrahmen ist die im Straftatbestand angedrohte Strafe für den Regelfall.

> **Bsp.:** § 250 I StGB „Freiheitsstrafe nicht unter 3 Jahren"

evtl. i.V.m. §§ 38 ff. StGB

Oft lässt sich dem Straftatbestand, wie im Beispiel, nicht der gesamte Strafrahmen entnehmen. Das Gesetz nennt vielerorts nur Mindest- und Höchststrafen. In diesem Fall sind die §§ 38 ff. StGB heranzuziehen.

> **Im Bsp.:** Strafrahmen von 3 Jahren bis 15 Jahre, § 38 II StGB

Der Umfang einer Geldstrafe ergibt sich aus § 40 I 2 StGB: 5 bis 360 Tagessätze.

bb. Sonderstrafrahmen

neuer Strafrahmen

Daneben können Strafmilderungen oder Strafschärfungen zu einem Ausnahme- oder Sonderstrafrahmen führen. Liegt ein solcher neuer Strafrahmen vor, spricht man von einer *Strafrahmenverschiebung*.

(1) Strafmilderung

AT: zwingende, fakultative

Im Bereich des StGB-AT gibt es zwingende (z.B. die §§ 27 II 2, 28 I StGB) und fakultative (§§ 13 II, 21, 23 II StGB) Milderungen.

BT: benannte, unbenannte minder schwere Fälle

Im StGB-BT spricht man von minder schweren Fällen, die benannt (§ 213 StGB) oder im Regelfall unbenannt sind (§§ 213 a.E., 250 III StGB). Die Benannten umschreiben genau, was minder schwer ist.

---

284 Fischer, § 46, Rn. 20 a.E.; Huber Rn. 113, 114.
285 Huber, Rn. 116.

(2) Strafschärfung

besonders schwere Fälle

Strafschärfungen sind im StGB-BT als besonders schwere Fälle geregelt.

Dabei sind die benannten v.a. die Regelbeispiele (§§ 243 I 2, 263 III 2 StGB), die eine gesetzliche Vermutung darstellen.[286]

Den unbenannten Fällen fehlt diese Vermutung (§§ 243 I 1, 263 III 1, 212 II StGB).

g. Einordnung des Falles in den gesetzlichen Strafrahmen

Der gesetzliche Strafrahmen besteht nicht bloß aus zwei Endpunkten, sondern aus einer Schwereskala.[287] In diese ist die konkrete Tat einzuordnen.

Die gesetzliche Mindeststrafe betrifft den denkbar leichtesten Fall, die Mitte den denkbaren Durchschnittsfall und die Höchststrafe den denkbar schwersten Fall.

Abgrenzung Durchschnittsfall – Regelfall

Der denkbare Durchschnittsfall ist nicht gleichzusetzen mit den erfahrungsgemäß immer wieder vorkommenden Taten (sog. Regelfall). Liegt die konkret einzuordnende Tat im Durchschnitt der gewöhnlichen Fälle (Regelfall), so ist nur eine Strafe unterhalb der Mitte des Strafrahmens schuldangemessen.

3. Auswahl der Strafe

a. Bestimmung des Strafrahmens

1. Schritt

Dies ist der wichtige erste Schritt der Strafzumessung. Fehler die hier erfolgen, haben automatisch Auswirkungen auf die nachfolgenden Überlegungen.

In den Gründen ist der Strafrahmen auch als Erstes zu erläutern.

Strafrahmenverschiebung prüfen

Der Bestimmung des letztlich anzuwendenden Strafrahmens kann ausgehend vom Regelrahmen eine Strafrahmenverschiebung vorausgehen:

aa. Minder schwerer Fall

im StGB-BT

Viele Tatbestände des besonderen Teils sehen minder schwere Fälle vor. Die Urteilsgründe müssen zu deren Vorliegen oder Nichtvorliegen genau Stellung nehmen, denn der Strafrahmen kann für den Angeklagten im Vergleich zum Regelstrafrahmen höchst unterschiedlich ausfallen.

unbenannt Fälle sind zu begründen

Dabei gibt es benannte und unbenannte Fälle (s.o.). Letztere erfordern vom Richter (Referendar) eine Wertentscheidung. Deswegen sind sie auch genau zu begründen.

---

[286] Fischer, § 46, Rn. 90 f.
[287] Fischer, § 46, Rn. 17.

Vergleich mit Regelfall

Bei einem minder schweren Fall überwiegen die mildernden Faktoren erheblich. Ein Vergleich mit den vom Gesetzgeber bedachten erfahrungsgemäß vorkommenden Fällen muss ergeben, dass die Anwendung eines geringen Strafrahmens angebracht erscheint.

Voraussetzung dafür ist eine Gesamtwürdigung aller objektiven und subjektiven Umstände, also die äußere und innere Tatseite. Dazu kommt die Berücksichtigung aller mildernden und erschwerenden Umstände. Diese können der Tat innewohnen, sie begleiten, ihr vorausgehen oder nachfolgen.[288]

Eine Entscheidungshilfe bieten die Kommentierungen im Thomas Fischer.

bb. Besonders schwerer Fall

(1) Regelbeispiele

gesetzl. Vermutung

Die Regelbeispiele als benannte besonders schwere Fälle sind vorrangig zu prüfen und lassen sich leicht bestimmen. Ist das Regelbeispiel gegeben, so besteht eine gesetzliche Vermutung für einen besonders schweren Fall insgesamt.

Abweichung vom Regelfall

Diese indizielle Wirkung kann jedoch durch andere Strafzumessungsfaktoren kompensiert werden. Diese Faktoren müssen so gewichtig sein, dass sie die Regelwirkung entkräften und die Schuld der Tat vom Regelfall abheben, so dass der erhöhte Strafrahmen als unangemessen erscheint.[289]

> **Bsp.:** *Anstiftung durch polizeilichen Lockspitzel.*

Liegt eine Abweichung vom Regelfall (Regelbeispiel) vor, muss der Richter in den Gründen erkennen lassen, dass er die Angemessenheit des erhöhten Strafrahmens geprüft hat.

(2) Unbenannte Fälle

Gesamtwürdigung

Bei den im Gesetz unbenannten Fällen ist wiederum eine Gesamtwürdigung aller Umstände der Tat vorzunehmen. Dazu gehören alle objektiven und subjektiven Umstände und die Persönlichkeit des Täters.

Umstand muss der Tat selbst innewohnen

Unterschied zu den minder schweren Fällen ist, dass es hier nur auf Umstände ankommt, die der Tat selbst innewohnen. Also solche die vor oder nach der Tat liegen, begründen keinen besonders schweren Fall.[290]

> **Bsp. für maßgebenden Umstand:** *Höhe des angerichteten Schadens.*

---

288 Fischer, § 46, Rn. 85 m.w.N.
289 Fischer, § 46, Rn. 90 f.
290 Fischer, § 46, Rn. 88, 89.

(3) Versuch

Problem: Versuch des Regelbeispiels

Problematisch ist der besonders schwere Fall im Bereich des Versuchs. Einen Versuch des besonders schweren Falles, bzw. des Regelbeispiels, gibt es nicht. Denn es handelt sich nicht um Tatbestandsmerkmale i.S.d. § 22 StGB, sondern um Strafzumessungsregeln.

BGH: Versuch möglich

Der BGH behandelt Regelbeispiele jedoch wie Tatbestandsmerkmale. Er hat entschieden, dass das Regelbeispiel bereits durch den *Beginn* der Ausführung des Erschwerungsgrundes verwirklicht werden kann.[291]

deswg. auch Milderung mögl.

Der Strafrahmen kann laut BGH dann auch nach den §§ 23 II i.V.m. 49 I StGB gemildert werden.

cc. Beteiligung bei minder schweren oder besonders schweren Fällen

Teilnahmehandlung selbst maßgebend

Bei der Strafzumessung muss die Teilnahmehandlung *selbst* unabhängig von der Haupttat als besonders schwerer oder minder schwerer Fall eingeordnet werden (sog. Selbstständigkeitsgrundsatz). Dies erfolgt aufgrund einer Gesamtwürdigung.[292] Gleiches gilt für Mittäter.

Problematisch ist, ob § 28 II StGB bei einem besonders schweren Fall für den Teilnehmer angewendet werden kann, der eine einfache Beihilfe zu einer besonders schweren Haupttat begangen hat. Direkt ist dies abzulehnen, da es sich nicht um eine Strafrahmenwahl, sondern um eine Tatbestandsänderung handelt. Eine entsprechende Anwendung ist bei Regelbeispielen möglich.[293] Folge ist, dass für den Teilnehmer nur der Regelstrafrahmen gilt.

dd. Besondere gesetzliche Milderung gemäß § 49 StGB

Auch AT-Normen i.V.m. § 49 StGB führen zu einer Strafrahmenverschiebung zugunsten des Angeklagten.

(1) § 49 I StGB

(a) Allgemein

Viele AT-Normen schreiben eine Milderung nach § 49 I StGB vor (z.B. § 27 II 2 StGB) oder lassen diese fakultativ zu (§ 23 II StGB).

neuer Strafrahmen

Es entsteht dann ein neuer Sonderstrafrahmen mit einem Mindestmaß, das sich aus § 49 I Nr.3 StGB ergibt. Die Obergrenze muss gemäß § 49 I Nr.2 StGB errechnet werden. Sie beträgt drei Viertel des im Straftatbestand angedrohten Höchstmaßes.

Bsp.: Bei 15 Jahren sind dies nun 11 Jahre und 3 Monate.

---

291 BGHSt 33, 374; NStZ 84, 262; Fischer, § 46, Rn. 97 ff., insbesondere Rn. 99 = **juris**byhemmer.
292 Fischer, § 46, Rn. 105.
293 Fischer, § 46, Rn. 105 a.E.; Huber Rn. 131.

Mehrfachmilderungen

Auch Mehrfachmilderungen sind durchaus möglich. Eine Doppelmilderung kann zum Beispiel erfolgen, wenn die Tat nur versucht wurde (§§ 23 II i.V.m. 49 I StGB) und der Täter zusätzlich noch vermindert schuldfähig war (§§ 21 i.V.m. 49 I StGB).

(b) Fakultative Milderung

mehrere Möglichkeiten für Milderung

Bei der fakultativen Milderung muss der Richter zunächst entscheiden, ob § 49 I StGB überhaupt angewendet wird.

Für ihn kommen mehrere Möglichkeiten in Betracht:

⇨ Regelstrafrahmen und Berücksichtigung nur als einfachen Milderungsgrund i.R.d. § 46 StGB;

⇨ Strafrahmenmilderung über § 49 I StGB;

⇨ Eine Sondersituation entsteht, wenn im Straftatbestand ein minder schwerer Fall vorgesehen ist (z.B. § 250 III StGB). Dann kann der Strafmilderungsgrund auch schon zu diesem Sonderstrafrahmen führen (vgl. Sie hierzu § 50 StGB).

In den Gründen muss erkennbar sein, dass diese Möglichkeiten vom Richter (Referendar) gesehen wurden. Anschließend erfolgt eine Begründung der Entscheidung.

Folgend werden die zwei praxis- und klausurrelevantesten Fälle des § 49 I StGB dargestellt.

(aa) § 21 StGB

(-) bei besonderer Verwerflichkeit

Die Strafmilderung nach § 21 StGB steht nicht im freien Belieben des Richters.[294] Die Milderung kann wegen einer besonderen Verwerflichkeit der Tat versagt werden. Dabei darf die erhöhte Schuld jedoch nicht auf der verminderten Schuldfähigkeit beruhen.[295]

Bsp.: *40 Messerstiche aufgrund der psychischen Ausnahmesituation.*

(-) bei schuldhafter Herbeiführung

Weiterhin kann § 49 I StGB abgelehnt werden, wenn der Zustand verminderter Schuldfähigkeit schuldhaft herbeigeführt wurde.

Dabei gilt für alkoholbedingte verminderte Schuldfähigkeit (vgl. Sie z.B. bei §§ 316, 315c StGB), dass eine Versagung der Milderung zulässig ist, wenn:

⇨ der Täter die Neigung hat, nach Alkoholgenuss Straftaten zu begehen und ihm dies bewusst war oder bewusst hätte sein können oder

⇨ er die enthemmende Wirkung des Alkohols kannte und ihm dennoch zusprach und es ihm bewusst war oder hätte sein können, dass die Gefahr der Begehung von Straftaten bestand;[296]

⇨ bei Trinken in Fahrbereitschaft ist von einer Milderung in der Regel abzusehen.

---

[294] Fischer, § 21, Rn. 18.
[295] Huber, Rn. 135.
[296] Fischer, § 21, Rn. 25 ff.; Huber, Rn. 136.

(bb) § 23 II StGB

Gesamtschau

Hier ist eine Gesamtschau aller schuldrelevanten Umstände durchzuführen. Dabei haben die versuchsbezogenen Umstände ein besonderes Gewicht.[297]

Bsp.: Nähe zum Rücktritt, Nähe zur Tatvollendung.

(2) § 49 II StGB

Ermessen

Die Milderung nach § 49 II StGB kommt in Betracht, wenn ein Gesetz hierauf verweist. Der Richter kann die Strafe dann nach seinem Ermessen mildern, wobei im Strafrahmen die Obergrenze unverändert bleibt. Nur das Mindestmaß sinkt.

ee. Sonderstrafrahmen und Doppelverwertungsverbot

gesetzlicher Milderungsgrund begründet zugleich minder schweren Fall

Besondere gesetzliche Milderungsgründe (z.B. §§ 23 II, 21 StGB) können auch einen vom Straftatbestand vorgesehenen minder schweren Fall begründen. Dabei ist das Doppelverwertungsverbot des § 50 StGB zu beachten.

Derselbe Umstand, der einen minder schweren Fall begründet und zugleich ein gesetzlicher Milderungsgrund i.S.d. § 49 StGB ist, darf nur einmal bei der Strafrahmenwahl berücksichtigt werden.

Deswegen ist immer zuerst zu prüfen, ob der gesetzliche Milderungsgrund für die Annahme des minder schweren Falles unbedingt erforderlich ist. Ist dies nicht der Fall, kann eine (weitere) Strafrahmenverschiebung über § 49 I StGB erfolgen.

ff. Strafrahmen bei Tateinheit

Gemäß § 52 I StGB ist nur auf eine Strafe zu erkennen.

gleiches Gesetz mehrmals verletzt

Wird das gleiche Gesetz mehrmals verletzt, so gilt dieser Strafrahmen. Der Umstand der mehrmaligen Verletzungshandlung hat nur als Strafzumessungstatsache i.R.d. § 46 StGB Bedeutung.

verschiedene Gesetze

Sind verschiedene Gesetze verletzt, so gilt das Absorptionsprinzip: die Strafe richtet sich nach dem Gesetz, das die schwerste Strafe androht (§ 52 II 1 StGB). Untergrenze ist das höchste Mindestmaß eines verletzten Gesetzes, § 52 II 2 StGB. Man spricht vom sog. Kombinationsstrafrahmen bei ungleichartiger Tateinheit.

gg. Wahlfeststellung

Bei echter Wahlfeststellung ist der Strafrahmen dem mildesten Gesetz zu entnehmen, wobei es nicht auf den Regelstrafrahmen, sondern auf den konkreten Strafrahmen nach Prüfung etwaiger Strafrahmenverschiebungen ankommt.

---

297 Fischer, § 23, Rn. 3, 4.

§ 4 DAS STRAFURTEIL

b. Einordnung der Tat in den Strafrahmen

aa. Feststellung der Strafzumessungstatsachen

Diese bilden die Grundlage für die Bewertung der Tat.

Strafzumessungstatsachen in § 46 II 2 StGB

Zunächst sind die in § 46 II 2 StGB beispielhaft genannten Strafzumessungstatsachen auszuwerten. Dies erfolgt nicht schematisch, sondern richtet sich danach, was im Einzelfall in Betracht kommt.

weitere Strafzumessungstatsachen

Daneben gibt es weitere Zumessungstatsachen:[298]

⇨ Ideal- und Gesetzeskonkurrenz mit anderen Taten,

⇨ Mitverschulden des Verletzten,

⇨ überlange Verfahrensdauer (vgl. Sie auch Verletzung von Art. 6 I 1 EMRK),

⇨ Tatprovokation durch V-Leute/ verdeckte Ermittler/ übermäßiger Lockspitzeleinsatz (sog. Strafzumessungslösung des BGH),

⇨ richterliche Verstöße gegen Belehrungspflichten,

⇨ Aufklärungshilfe.

bb. Doppelverwertungsverbot § 46 III StGB

i.R.d. Strafzumessung i.e.S.

Dieses hat nichts mit § 50 StGB zu tun.

Umstände, die schon Merkmale des gesetzlichen Tatbestandes sind, dürfen nicht nochmals berücksichtigt werden.

Bsp.: Bei § 242 StGB die Missachtung fremden Eigentums.[299]

cc. Bewertung der Strafzumessungstatsachen

Gesamtwürdigung

erst günstige, dann ungünstige Tatsachen

Die Strafzumessungstatsachen sind in einer Gesamtwürdigung darzustellen, vgl. § 46 II 1 StGB. Dabei ist zu trennen zwischen schärfenden und mildernden Strafzumessungstatsachen. Dies ist auch deutlich zu machen. Bei der Abwägung ist zunächst mit den für den Angeklagten günstigen Gründen zu beginnen, erst dann folgen die Umstände, die gegen ihn sprechen.

> **hemmer-Methode:** Es empfiehlt sich, die Strafzumessungstatsachen schon im Rahmen der Lösungsskizze entsprechend zu kennzeichnen.

Im Rahmen der Darstellung ist sorgsam aufzuführen, in welchem Umfang die einzelnen Tatsachen gewichtet wurden.

---

[298] Fischer, § 46, Rn. 56 ff.
[299] Weitere Beispiele bei Fischer, § 46, Rn. 76 ff.

Zu beachten ist ferner, dass das bloße Fehlen eines Strafmilderungsgrundes grds. nicht schärfend berücksichtigt werden kann. Das gleiche gilt umgekehrt für das Fehlen eines Strafschärfungsgrundes.[300]

dd. Festlegung der Strafe

(1) Genaues Strafmaß

Nach der Abwägung erfolgt die Festlegung der Strafe. Dabei empfiehlt sich die Anknüpfung an die Begriffe Durchschnittsfall (Mitte des Strafrahmens) und Regelfall (unterhalb der Mitte).

Dies wird in den Gründen kurz dargestellt.[301] Anschließend weicht man bei der vorliegenden Tat entsprechend der Schwere nach unten oder oben ab.

(2) Strafart

Die Festlegung der Strafart richtet sich nach dem StGB:

vgl. StGB

- ⇨ 5 Tage bis 1 Monat: Geldstrafe, § 38 II StGB;
- ⇨ 1 Monat bis 6 Monate: Regelfall ist Geldstrafe, § 47 I StGB;
- ⇨ 6 Monate bis 1 Jahr: Geldstrafe, wenn diese ausdrücklich angeordnet wurde oder wenn § 47 II StGB einschlägig ist;
- ⇨ über 1 Jahr: nur Freiheitsstrafe, vgl. § 40 I 2 StGB a.E.

(a) Geldstrafe

Tagessatzzahl

Die Zahl der Tagessätze ist Zumessungsakt unter Berücksichtigung der Strafzumessungstatsachen.

Tagessatzhöhe

Die Höhe des Tagessatzes bestimmt sich unter Berücksichtigung der persönlichen und wirtschaftlichen Verhältnisse, wobei das regelmäßige Nettoeinkommen pro Tag maßgebend ist, § 40 II StGB. Auch Schätzung ist möglich, § 40 III StGB.

Faustregel für Tagessatzhöhe:

Bei der Ermittlung der Tagessatzhöhe kann folgende Faustregel herangezogen werden:[302]

Abzug für Ehefrau 1/5, für Kind 1/10

Vom Nettoeinkommen des Angeklagten werden als Unterhaltsverpflichtungen für die nichtverdienende Ehefrau 1/5 und für jedes Kind etwa 1/10 abgezogen.[303] Diese Berechnung sollte in den Gründen auch dargestellt werden.

Zahlungserleichterungen

Letztlich wird auch noch über eine etwaige Bewilligung von Zahlungserleichterungen entschieden, § 42 StGB.

---

300 GrSen BGHSt 34, 350 = **juris**byhemmer.
301 Huber, Rn. 151.
302 Brunner/v. Heintschel-Heinegg, Rn. 154 ff.
303 Die von Fischer, § 40, Rn. 14 a.E. vorgeschlagene Berechnungsmethode nach dem Kindesunterhaltsgesetz i.V.m. der Regelbetragsverordnung ist in der Klausur zu zeitaufwendig (vgl. Sie Palandt § 1612a im Anhang).

(b) Lebenslange Freiheitsstrafe

BVerfG 1992

In seinem Beschluss von 1992 hat das BVerfG die Verfassungsmäßigkeit der lebenslangen Freiheitsstrafe bei verfassungskonformer Auslegung der §§ 454, 462a StPO, 74 I 1, II 1 Nr.4 GVG festgestellt.[304] Danach ist allerdings auch erforderlich, dass das Schwurgericht bereits im Erkenntnisverfahren die für eine Aussetzung des Strafrestes erheblichen Tatsachen des § 57a I 1 Nr.2 StGB feststellt.

Über die vollstreckungsrechtlichen Folgen hingegen entscheidet das Vollstreckungsgericht (Vollstreckungsdauer, Verlängerungsdauer).

bes. Schwere der Schuld

Wird die besondere Schwere der Schuld bejaht, mit der Folge, dass eine Aussetzung des Strafrestes nach fünfzehn Jahren nicht mehr möglich ist, muss der Ausspruch in den Tenor und es ist eine Darlegung in den Gründen erforderlich.[305]

c. Bildung einer Gesamtstrafe

aa. Gleichzeitige Aburteilung mehrerer Taten

§ 53 I StGB

Bei gleichzeitiger Aburteilung mehrerer Straftaten wird auf eine Gesamtstrafe erkannt, § 53 I StGB.

zuvor Einzelstrafen bestimmen

Zuvor müssen die Strafen für die einzelnen Taten (sog. Einzelstrafen) nach obigen Grundsätzen ermittelt werden.

(1) Strafrahmen der Gesamtstrafe

Untergrenze

Untergrenze des Strafrahmens ist die um eine Maßeinheit erhöhte höchste Einzelstrafe, § 54 I 2 StGB (sog. Einsatzstrafe).

Obergrenze

Bei der Höchststrafe darf die Summe der Einzelstrafen nicht erreicht werden, § 54 II 1 StGB. Sie muss also mindestens um eine Maßeinheit darunter bleiben. § 54 II 2 StGB setzt eine absolute Grenze fest.

Maßeinheit

Die Maßeinheit beträgt bei Geldstrafe einen Tagessatz, denn § 40 I 2 StGB gilt nur für die Einzelstrafe. Bei Freiheitsstrafe unter einem Jahr ist sie eine Woche, darüber einen Monat, § 39 StGB.

> *Bsp.:* 80 und 100 Tagessätze: Strafrahmen von 101 bis 179 Tagessätze.
>
> 7 und 11 Monate Freiheitsstrafe: Strafrahmen von 11 Monaten 1 Woche bis 1 Jahr 5 Monate.

(2) Zumessung der Gesamtstrafe

Die Zumessung erfolgt unter Würdigung der Person des Täters und der einzelnen Straftaten, § 54 I 3 StGB.

Verhältnis der Taten maßgebend

Bei den einzelnen Straftaten ist deren Verhältnis untereinander maßgebend. Bei Verschiedenheit der Taten muss dies deutlich erhöhend berücksichtigt werden, anders bei zeitlichem Zusammenhang.

---

304 BVerfGE 86, 288 = **juris**byhemmer.
305 Vgl. Sie zusammenfassend Fischer, § 57a, Rn. 14.

(3) Geldstrafe und Freiheitsstrafe

Gesamtfreiheitsstrafe

Treffen Geld- und Freiheitsstrafe zusammen, kann eine Gesamtfreiheitsstrafe gebildet werden, § 53 II 1 StGB. Eine Gesamtgeldstrafe ist nach § 53 II 2 StGB möglich.

bb. Nachträgliche Gesamtstrafenbildung

VSS: früh. Urteil noch nicht vollstreckt

Ist eine frühere Verurteilung noch nicht vollstreckt, kann bei Vorliegen der Voraussetzungen des § 55 I StGB eine nachträgliche Gesamtstrafe gebildet werden.

> *Bsp.:* Der Täter begeht im Januar des Jahres 2016 einen Diebstahl und im Februar des Jahres 2016 einen Betrug. Im März 2016 wird in einem ersten Urteil lediglich der Diebstahl mit einer Geldstrafe abgeurteilt, da der Betrug noch gar nicht entdeckt wurde. Mitte April des Jahres 2016 wird schließlich auch der Betrug aufgedeckt. Die Geldstrafe aus dem ersten Urteil ist noch nicht vollständig bezahlt.

Zeitabfolge:

1. Tat / 2. Tat
⇩
1. Urteil (für 1. oder 2. Tat)
⇩
2. Urteil für übriggebliebene Tat
⇩

§ 55 StGB: Übriggebliebene Tat *vor früherer Verurteilung* (Urteilsausspruch / Strafbefehlserlass) begangen und 1. Urteil noch nicht erledigt.

---

hemmer-Methode: Achten Sie darauf, ob im Sachverhalt der Klausur frühere Straftaten mitgeteilt werden, die noch nicht erledigt sind (z.B. über einen Auszug aus dem Bundeszentralregister).

Gesamtstrafe mit früh. Taten

In den Gründen - im Anhang an die Schilderung der persönlichen Verhältnisse - sind zunächst die früheren Taten mit den jeweils verhängten Strafen mitzuteilen.[306]

erneute Abwägung

Die damaligen Strafzumessungserwägungen müssen i.R.d. Festsetzung der Gesamtstrafe neu erörtert werden, bloße Bezugnahme reicht nicht.

> *Formulierungsvorschlag für die Klausur:*
>
> „Unter nochmaliger Abwägung aller für und gegen den Angeklagten sprechenden Gesichtspunkten, insbesondere ..., ist eine Gesamtstrafe von ... tat- und schuldangemessen."

Beinhaltete das frühere Urteil den Entzug der Fahrerlaubnis, so ist § 55 II StGB zu beachten.

Liegt bereits eine vollständige Vollstreckung vor, so ist dies als besondere Härte bei der Strafzumessung in der neuen Verurteilung zu berücksichtigen (sog. Härteausgleich).[307]

---

[306] Huber, Rn. 159.
[307] Fischer, § 55, Rn. 21 ff.

4. Folgenentscheidung

a. Allgemein

Strafzumessung i.w.S.

Die Folgenentscheidung als Strafzumessung i.w.S. ist strikt zu trennen von der soeben durchgeführten Strafzumessung i.e.S. Insbesondere ist das Strafmaß nicht so festzulegen, dass eine Aussetzung zur Bewährung ermöglicht oder ausgeschlossen werden soll.[308]

b. Strafaussetzung zur Bewährung

aa. Systematik

Begründung

In den Gründen muss die Aussetzung der Vollstreckung der Strafe zur Bewährung oder die Nichtaussetzung begründet werden, § 267 III 4 StPO. Dies gilt allerdings nur bis zu einer Freiheitsstrafe von 2 Jahren, da nur insoweit Bewährung in Frage kommt.

drei Fälle in § 56 StGB geregelt

Drei Fälle der Strafaussetzung sind in § 56 StGB geregelt. Alle drei erfordern zunächst eine günstige Prognose und erfolgen bei

- einer Freiheitsstrafe bis 6 Monaten zwingend (arg. e contrario § 56 I i.V.m. III StGB);
- einer Freiheitsstrafe von 6 Monaten bis 1 Jahr zwingend, wenn nicht die Verteidigung der Rechtsordnung die Vollstreckung gebietet (§ 56 I, III StGB);
- einer Freiheitsstrafe von 1 Jahr bis 2 Jahren, wenn besondere Umstände vorliegen und eine Vollstreckung zur Verteidigung der Rechtsordnung nicht erforderlich ist, § 56 II, III StGB.

bb. Prognoseentscheidung

Prognosetatsachen in § 56 I 2 StGB

§ 56 I 2 StGB nennt die wichtigsten Prognosetatsachen (lesen!). Die im Einzelfall maßgeblichen sind in den Gründen darzulegen.

Zusätzlich können bestimmte bereits festgestellte Strafzumessungstatsachen berücksichtigt werden, soweit sie eine Prognose zulassen (z.B. Aufklärungshilfe des Angeklagten).

Die Prognosetatsachen sind nach „günstig" und „ungünstig" zu sortieren. Die Begründung der Prognoseentscheidung sollte anhand empirisch nachvollziehbarer und objektiver Kriterien erfolgen.[309]

So ist bei einer längeren Entwicklungsgeschichte hin zur Kriminalität eine ungünstige Prognose anzunehmen. Demgegenüber ist bei Kriminalität im Rahmen der Persönlichkeitsreifung oder bei sozialer Unauffälligkeit eine günstige Prognose anzusetzen. Hier kann schon der Schock der Bestrafung für eine günstige Prognose sprechen.

---

[308] Huber, Rn. 161.
[309] Huber, Rn. 168.

cc. Besondere Umstände, § 56 II StGB

bes. Umstände

Diese sind im Vergleich zu gewöhnlichen Milderungsumständen gesondert zu ermitteln. Hier sind Milderungsgründe von besonderem Gewicht erforderlich. Nach § 56 II 2 StGB ist das Bemühen des Verurteilten um Wiedergutmachung zu berücksichtigen.

dd. Verteidigung der Rechtsordnung, § 56 III StGB

Verteidigung der Rechtsordnung

Die Strafaussetzung darf aus diesem Grund nur versagt werden, wenn andernfalls das allgemeine Rechtsempfinden und Vertrauen der Bevölkerung in die Rechtsverfolgung erschüttert würde.[310]

c. Maßregeln der Besserung und Sicherung

aa. Begründungspflicht

Begründungspflicht

Bei Anordnung und bei fehlender Anordnung trotz Antrags besteht gemäß § 267 VI 1 StPO eine Begründungspflicht. Für die Entziehung der Fahrerlaubnis (§ 69 StGB) und die Anordnung einer isolierten Sperre, falls der Angeklagte keine Fahrerlaubnis hat (§ 69a I 3 StGB), ist eine Begründung stets erforderlich, wenn eine Anordnung unterbleibt aber in Betracht kam, § 267 VI 2 StPO.

bb. Freiheitsentziehende Maßregeln

Bei den freiheitsentziehenden Maßregeln erfolgt die Prognoseentscheidung aufgrund eines ärztlichen Gutachtens, vgl. Sie auch § 246a StPO. Zudem ist die Verhältnismäßigkeit zu prüfen, § 62 StGB.

Eine gleichzeitige Aussetzung der Vollstreckung zur Bewährung ist gemäß § 67b I 1 StGB möglich.

cc. Entziehung der Fahrerlaubnis

(1) § 69 I StGB

Ergibt sich aus der Tat, dass der Angeklagte zum Führen von Kraftfahrzeugen ungeeignet ist, so entzieht ihm das Gericht die Fahrerlaubnis, § 69 I 1 StGB. Die begangene Tat muss im Zusammenhang mit dem Führen eines *Kraft*fahrzeugs stehen.

Ungeeignetheit

Der Angeklagte muss ungeeignet zum Führen von Kraftfahrzeugen jeder Art sein und dies muss sich aus der Tat ergeben. Die mangelnde Eignung kann auf körperlichen oder geistigen Mängeln beruhen (z.B. Epilepsie).

Klausurrelevanter ist allerdings das Fehlen der charakterlichen Zuverlässigkeit.

neuere Entwicklung der Rspr. bei Nicht-Katalogtaten

Dies ist v.a. dann der Fall, wenn die Tat unter Benutzung eines Kraftfahrzeuges begangen wurde. Dabei ist auch die Bedeutung des Fahrzeugs für die Tat maßgebend.[311]

---

310 Näheres dazu Fischer, § 56, Rn. 14 ff.
311 Fischer, § 69, Rn. 9 ff.

Der BGH[312] sieht den Schutzzweck des § 69 StGB allein in der Sicherheit des Straßenverkehrs und nicht auch in der allgemeinen Verbrechensbekämpfung. Die strafrechtliche Entziehung bei Nicht-Katalogtaten i.S.d. § 69 II StGB verlangt daher konkrete Anhaltspunkte für die Gefahr, der Täter werde seine kriminellen Ziele über die im Verkehr gebotene Sorgfalt und Rücksichtnahme stellen. Delikte, die keinerlei spezifische Verkehrssicherheitsinteressen berühren scheiden als Anlasstaten generell aus.[313] Während nach früherer Rechtsprechung eine charakterliche Unzuverlässigkeit bereits bei Nutzung eines Kfz zur Beschaffung von Betäubungsmitteln angenommen wurde, kann dies nun nicht mehr gelten. Anders läge der Fall aber dann, wenn der Täter selbst drogenabhängig ist.[314]

(2) § 69 II StGB

in der Regel ungeeignet

Der Täter ist in der Regel als ungeeignet anzusehen, wenn er einen der vier Tatbestände des § 69 II StGB verwirklicht hat (§§ 315c, 316, 142 StGB unter zusätzlichen Voraussetzungen, § 323a StGB (im Zusammenhang mit diesen Taten).

Es handelt sich bei § 69 II StGB um eine gesetzliche Vermutung. Liegen die Voraussetzungen vor, ist eine genaue Begründung nicht erforderlich. Von einer Entziehung kann nur dann abgesehen werden, wenn die Tat Ausnahmecharakter hat.[315]

> *Beispiel für Formulierung in den Gründen:*
>
> *„Die Fahrerlaubnis des Angeklagten wird entzogen und sein Führerschein wird eingezogen. Denn durch die fahrlässige Trunkenheit im Verkehr hat sich der Angeklagte als ungeeignet zum Führen von Kraftfahrzeugen erwiesen. Es liegt ein Regelfall gemäß § 69 II Nr.2 StGB vor. Anhaltspunkte dafür, dass die Tat Ausnahmecharakter hat, sind nicht ersichtlich."*

Einziehung

(3) Ein erteilter Führerschein ist nach § 69 III 2 StGB einzuziehen.

(4) Sperrfrist, § 69 I 1 StGB

6 Monate bis 5 Jahre

Gleichzeitig mit der Entziehung bestimmt das Gericht eine Sperre, für deren Dauer keine neue Fahrerlaubnis erteilt werden darf, § 69a I 1 StGB. Die Sperrfrist liegt zwischen 6 Monaten und 5 Jahren.

Besitzt der Täter keine Fahrerlaubnis, so wird nur eine isolierte Sperre angeordnet, § 69a I 3 StGB.

Anrechnung

Häufig ist unmittelbar nach der Tat eine Sicherstellung bzw. Beschlagnahmung des Führerscheins (§ 94 StPO) oder eine vorläufige Entziehung der Fahrerlaubnis (§ 111a StPO) erfolgt. Dann verkürzt sich das Mindestmaß der Sperrfrist (6 Monate) um diese Zeit. Es darf jedoch 3 Monate nicht unterschreiten, § 69a IV, VI StGB.

---

312 BGH, NJW 2005, 1957 ff. = **juris**byhemmer.
313 BGH, NJW a.a.O.; BGH, NStZ 2003, 312 = **juris**byhemmer.
314 Geppert in NStZ 2003, 288 ff. (290).
315 Fischer, § 69, Rn. 22.

d. Das Fahrverbot, § 44 StGB

aa. Grundsätzliches

milderes Mittel Statt der Entziehung der Fahrerlaubnis kann die Anordnung eines Fahrverbots als milderes Mittel in Betracht kommen.

Das Fahrverbot ist keine Maßregel der Besserung und Sicherung, sondern Nebenstrafe, also Strafe neben Freiheits- oder Geldstrafe.

Das Fahrverbot ist vorwiegend spezialpräventiv als Warnungs- und Besinnungsstrafe für nachlässige oder leichtsinnige Kraftfahrer gedacht.[316] Dennoch ist Grundlage die Schuld des Täters. Das Fahrverbot ist nach den allgemeinen Regeln zuzumessen. Es kann für die Dauer von ein bis drei Monaten verhängt werden.

grds. durch § 69 StGB verdrängt Neben der Entziehung der Fahrerlaubnis kommt es nur in Betracht, wenn von der Sperre nach § 69a II StGB bestimmte Arten von Kraftfahrzeugen ausgenommen wurden, für diese aber zunächst ein Fahrverbot verhängt werden soll; oder wenn ein Fahren mit erlaubnisfreien Fahrzeugen in Betracht kommt (z.B. Mofa), denn ein Entzug der Fahrerlaubnis läuft insoweit ins Leere.[317]

In der Regel wird jedoch § 44 StGB durch § 69 StGB ausgeschlossen, so dass Letzterer stets zuerst zu prüfen ist.

bb. § 44 I 2 StGB

gesetzl. Vermutung § 44 I 2 StGB sieht eine gesetzliche Regelvermutung wie bei § 69 II StGB vor. Demnach ist ein Fahrverbot i.d.R. anzuordnen, wenn der Täter nach § 315c I Nr.1a (oder i.V.m. III) StGB oder nach § 316 StGB verurteilt wird, aber die Entziehung der Fahrerlaubnis nach § 69 StGB unterbleibt.

cc. § 44 I 1 StGB

Der Grundfall des § 44 I 1 StGB verlangt die Verurteilung wegen einer Straftat, die im Zusammenhang mit dem Führen eines Kraftfahrzeugs begangen wurde. § 44 I 1 StGB kommt auch dann in Betracht, wenn ein Fall des § 142 StGB vorlag, der verursachte Schaden aber nicht bedeutend i.S.d. § 69 II Nr.3 StGB war.

VII. Urteilsgründe bei Freispruch

Differenzierung zw. tatsächlichen und rechtlichen Gründen Beim Freispruch ist zu differenzieren zwischen Freispruch aus tatsächlichen und aus rechtlichen Gründen. Dies muss sich auch aus den Urteilsgründen ergeben, § 267 V 1 StPO.

1. Freispruch aus tatsächlichen Gründen

Tat nicht nachgewiesen Ein Freispruch aus tatsächlichen Gründen ergeht, wenn die Tat nicht nachgewiesen werden kann.

Aufbau In den Gründen wird zunächst der Anklagevorwurf aufgezeigt.

---

316 Fischer, § 44, Rn. 2.
317 Fischer, § 44, Rn. 3.

Bsp.: „Dem Angeklagten wird vorgeworfen/ zur Last gelegt ... "

Dann wird der festgestellte Sachverhalt dargelegt. Im Anschluss daran erfolgt die maßgebende Beweiswürdigung.[318] Kommen Beweisverwertungsverbote in Frage, sind diese hier zu erörtern.

2. Freispruch aus rechtlichen Gründen

keine Strafbarkeit — Beim Freispruch aus rechtlichen Gründen wird die Tat zwar nachgewiesen, ist aber nicht strafbar.

Aufbau — Hier erfolgt zunächst die Schilderung des erwiesenen Sachverhaltes. Eine Beweiswürdigung ist nicht zwingend erforderlich.[319] Der Schwerpunkt liegt in diesem Fall in der rechtlichen Würdigung. Dort muss dargelegt werden, aus welchen Gründen die Tat nicht strafbar ist.

VIII. Urteilsgründe bei Einstellung

Aufbau — Zunächst ist der Anklagevorwurf wiederzugeben. Dies kann regelmäßig recht kurz erfolgen. Danach sind im Rahmen der Feststellungen nur die Tatsachen anzugeben, die zur tatsächlichen und rechtlichen Kennzeichnung des Verfahrenshindernisses notwendig sind.

Bsp.: Daten für Strafantragsfrist.

Anschließend erfolgt die rechtliche Erörterung des Prozesshindernisses.

IX. Aufbau bei gemischter Entscheidung

teils Verurteilung, teils Freispr./Einstellung — Eine gemischte Entscheidung ergeht, wenn nur wegen eines Teils der im Eröffnungsbeschluss zugelassenen Taten verurteilt wird. Im Hinblick auf den anderen Teil wird freigesprochen oder eingestellt.

> **Anmerkung: Die Tatkomplexbildung richtet sich im Strafurteil nicht nach der prozessualen Tat im Sinne des § 264 StPO, sondern nach der materiell-rechtlichen Tat, § 53 StGB. Daher können bereits jeweils tatmehrheitlich zueinanderstehende Taten teilfreigesprochen, bzw. teilweise eingestellt werden.**

zuerst Verurteilung — Zunächst ist der zu verurteilende Teil vollständig, inklusive Strafzumessung abzuhandeln.

dann Teilfreispruch/-einstellung — Danach erfolgt der nichtverurteilende Teil. Ergeht ein Teilfreispruch, ist der übliche Aufbau des Freispruchs zu wählen, i.d.R. beginnend mit dem Anklagevorwurf. Das gleiche gilt für die Teileinstellung.

Kosten — Die Begründung der Kostenentscheidung gemäß § 467 I StPO (vgl. Sie „soweit") erfolgt am Schluss.

---

[318] M-G, § 267, Rn. 33.
[319] M-G, § 267, Rn. 34.

X. Nebenentscheidungen

v.a. Kosten

Für die Nebenentscheidungen, v.a. Kostenentscheidung und Entschädigungsanspruch, die im Tenor getroffen wurden, sind hier die tatsächlichen und rechtlichen Grundlagen anzugeben, vgl. §§ 464 ff. StPO.

F. Unterschrift

§ 275 II StPO

Das Urteil ist von den mitwirkenden Richtern zu unterschreiben, § 275 II StPO. Die Unterschrift der Schöffen ist nicht erforderlich.

G. Urteilsbegleitende Beschlüsse

I. Fortdauer der Untersuchungshaft oder der Unterbringung, § 268b StPO

§ 120 I 2 StPO

Bei Freispruch oder Einstellung ist der Haftbefehl gemäß § 120 I 2 StPO aufzuheben.

Fortdauer der U-Haft nach Verurteilung

Bei Verurteilung muss das Gericht stets prüfen, ob die Haftgründe fortbestehen - gegebenenfalls ist ein Auswechseln möglich - und ob eine Aussetzung nach § 116 StPO in Betracht kommt. Es ergeht ein gesonderter Beschluss nach § 268b StPO.[320]

Die Haftgründe sind kenntlich zu machen, vgl. § 34 StPO.

II. Bewährungsbeschluss, § 268a StPO

Wird im Urteil die Strafe zur Bewährung ausgesetzt, ergeht im Anschluss an das Urteil der Beschluss nach § 268a StPO. Der Inhalt richtet sich nach den §§ 56a bis 56d StGB.

III. Vorläufige Entziehung der Fahrerlaubnis

vor und während Prozess § 111a StPO (-), dann im Urteil § 69 StGB (+)

Wurde die Fahrerlaubnis vor und während des Prozesses noch nicht vorläufig gemäß § 111a StPO entzogen und wird im Urteil aber eine Entziehung der Fahrerlaubnis nach § 69 StGB angeordnet, so ergeht nun gleichzeitig ein Beschluss über die vorläufige Entziehung. Nur so kann die Entziehung der Fahrerlaubnis vor Rechtskraft des Urteils durchgesetzt werden.

---

320 M-G, § 268b, Rn. 2.

§ 5 Plädoyer der Staatsanwaltschaft

A. Allgemeines

> Vgl. Sie auch die Musterklausur bei Hemmer/Wüst/Gold, Assessor-Basics Strafprozessrecht, Klausur Nr. 3.

Nach dem Ende der Beweisaufnahme erhält der Staatsanwalt zu seinen Ausführungen und Anträgen das Wort, § 258 I StPO. Er würdigt in tatsächlicher und rechtlicher Hinsicht das Ergebnis der Hauptverhandlung. Er ist zum Schlussvortrag verpflichtet. Für den Inhalt gelten innerdienstliche Anweisungen, Nr.138, 139 RiStBV.

Es ergibt sich ein ähnlicher Aufbau wie beim Strafurteil. Der Unterschied besteht darin, dass der StA sein Ergebnis nicht voranstellt, sondern zu ihm hinführt.

> Anmerkung: Bearbeiten Sie deshalb zunächst die Ausführungen zum Strafurteil!

Examensbedeutung

Die Aufgabenstellung, einen vollständigen Schlussvortrag der StA in wörtlicher Rede zu verfassen, wurde im bayrischen Assessorexamen erstmals 1994 geprüft und sorgte für Überraschung. Sie taucht seitdem häufig auf. Berücksichtigt man die Parallelen zum Strafurteil, lässt sich auch dieser Klausurtyp in den Griff bekommen.

Im Aufbau ist zu differenzieren, ob das Plädoyer auf Verurteilung, Freispruch oder Einstellung abzielt.

Anrede

Alle Varianten beginnen mit der Anrede:

> „Hohes Gericht, Herr (Frau) Verteidiger(in), "

B. Verurteilung

I. Aufbau[321]

1. Sachverhaltsschilderung
2. Beweiswürdigung
3. Rechtliche Würdigung
4. Strafzumessung
5. Anträge

II. Sachverhaltsschilderung

Einleitungssatz

Nach der Anrede folgt ein einleitender Satz.

> Bsp.: „Die heutige Beweisaufnahme hat den Sachverhalt, so wie er in der Anklageschrift niedergelegt ist, bestätigt.
>
> Für die Staatsanwaltschaft ist folgender Sachverhalt erwiesen: ..."

---

[321] Vgl. Sie dazu KN Nr. 38.

Augenzeugenperspektive

Die Sachverhaltsschilderung erfolgt im Imperfekt. Es gelten die gleichen Grundsätze wie für den Sachverhalt in der Anklageschrift und im Strafurteil. Der StA beschreibt die Tat aus der Augenzeugenperspektive, so als ob er sie selbst beobachtet hat. Dabei ist seine Überzeugung vom Tatablauf maßgebend. Es müssen grundsätzlich alle objektiven *und auch subjektiven* Tatbestandsmerkmale mitgeteilt werden. Die Sachverhaltsschilderung muss so erfolgen, dass ein rechtskundiger unbeteiligter Zuhörer die rechtliche Würdigung ohne weiteres vornehmen kann.

> **hemmer-Methode:** Dies bedeutet aber auch, dass die klügsten Ausführungen in der rechtlichen Würdigung falsch sind, wenn sie nicht der Sachverhaltsschilderung entsprechen.

III. Beweiswürdigung

Nun ist zu begründen, warum von diesem Sachverhalt auszugehen ist.

Geständnis

Dies kann sich aufgrund eines glaubhaften und glaubwürdigen Geständnisses des Angeklagten ergeben, wobei Glaubhaftigkeit und Glaubwürdigkeit kurz zu begründen sind.

bestreiten

Äußert sich der Angeklagte nicht, oder bestreitet er die Tat, so muss sich der Sachverhalt aufgrund der durchgeführten Beweisaufnahme ergeben.

> **Bsp.:** „Dieser Sachverhalt steht zur Überzeugung der Staatsanwaltschaft fest aufgrund ..." (Geständnis des Angeklagten/ Einlassung des Angeklagten/ Beweisaufnahme)

Beweisverwertung

Probleme der Beweisverwertbarkeit sind hier anzusprechen.

IV. Rechtliche Würdigung

Obersatz

Die rechtliche Würdigung beginnt mit einem Obersatz, der zusammenfasst, wie sich der Angeklagte strafbar gemacht hat.

> **Bsp.:** *„Der Angeklagte hat sich aufgrund des festgestellten Sachverhalts eines Diebstahls gemäß § 242 I StGB schuldig gemacht."*

Anschließend erfolgt die rechtliche Würdigung. Dabei gilt, Unproblematisches kurz und Problematisches eingehender darzulegen.

V. Strafzumessung und Antrag auf Verurteilung

1. Der StA muss eine gerechte Strafe finden und diese begründen. Die Ausführungen zur Strafzumessung im Strafurteil gelten entsprechend.

Aufbau

Auch hier ist in folgender Weise aufzubauen:

1. Festlegung des Strafrahmens
2. Ausfüllung des Strafrahmens
3. Rechtsfolgen

§ 5 PLÄDOYER DER STAATSANWALTSCHAFT

Strafrahmen	**2.** Der ermittelte Strafrahmen wird vorangestellt.

> **Bsp.:** „Der Strafrahmen ist dem § ... zu entnehmen, denn ..."

Strafzumessungstatsachen abwägen	Anschließend sind die Strafzumessungstatsachen darzustellen und abzuwägen, § 46 II StGB.

> **Bsp.:** „Für den Angeklagten spricht... / Zugunsten ...
>
> Gegen ihn spricht ... / Zu Lasten ..."

Strafmaß, Strafart festlegen	**3.** Nach der Abwägung ist das genaue Strafmaß festzulegen und die Strafart zu bestimmen.

> **Bsp.:** „Daher erscheint der Staatsanwaltschaft eine Geldstrafe von ... Tagessätzen als angemessen."

Bei der Geldstrafe ist die Höhe des Tagessatzes zu nennen und zu begründen. Wird eine Freiheitsstrafe unter 2 Jahren verhängt, muss zur Strafaussetzung auf Bewährung Stellung genommen werden.

Antrag auf Verurteilung	**4.** Im Anschluss an die Strafzumessung erfolgt der Antrag auf Verurteilung.

> **Bsp.:** „Ich beantrage daher, den Angeklagten wegen dieser Tat zu einer Geldstrafe von 40 Tagessätzen zu je 30 Euro zu verurteilen."

VI. Sonstige Anträge

1. Aufbau

Kommen weitere Anträge in Betracht, sind diese einschließlich ihrer Begründung, nach dem Antrag auf Verurteilung aufzuführen.

2. Antrag auf Entzug der Fahrerlaubnis

§ 69 II StGB	**a.** Liegt ein Vergehen des § 69 II StGB vor, ist der Angeklagte in der Regel als ungeeignet zum Führen von Kraftfahrzeugen anzusehen. Aufgrund dieser gesetzlichen Vermutung braucht der Antrag auf Entziehung der Fahrerlaubnis nicht näher begründet werden.
§ 69 I 1 StGB	**b.** Im Fall des § 69 I 1 StGB muss die Ungeeignetheit des Täters begründet werden.
Sperrfrist § 69a StGB	**c.** Gleichzeitig ist eine Sperrfrist für die Erteilung einer neuen Fahrerlaubnis zu beantragen, § 69a I 1 StGB.

> **Bsp.:** „Aufgrund der fahrlässigen Gefährdung des Straßenverkehrs hat sich der Angeklagte als ungeeignet zum Führen von Kraftfahrzeugen erwiesen. Es liegt ein Regelfall nach § 69 II Nr.1 StGB vor. Die Tat besitzt keinen Ausnahmecharakter. Daher muss die Fahrerlaubnis des Angeklagten entzogen und sein Führerschein eingezogen werden. Die Sperrfrist muss 10 Monate betragen.
>
> Zusammenfassend beantrage ich somit, dem Angeklagten die Fahrerlaubnis zu entziehen, seinen Führerschein einzuziehen und anzuordnen, dass die Verwaltungsbehörde ihm vor Ablauf von 10 Monaten keine neue Fahrerlaubnis erteilen darf."

Besitzt der Angeklagte keine Fahrerlaubnis, so ist nur eine Sperrfrist zu beantragen, § 69a I 3 StGB.

3. Antrag auf Fahrverbot

Fahrverbot gemäß § 44 StGB

Statt der Entziehung der Fahrerlaubnis kann ein Fahrverbot gemäß § 44 StGB in Betracht kommen.

> **Bsp.:** „Der Angeklagte hat sich der fahrlässigen Trunkenheit im Straßenverkehr schuldig gemacht. Zwar lag wie soeben dargelegt ein Ausnahmecharakter der Tat vor, der einer Entziehung der Fahrerlaubnis (§ 69 II Nr.2 StGB) entgegensteht. Dennoch liegt ein nachlässiges Verhalten als Kraftfahrer vor. Deshalb muss zur Warnung und Besinnung ein Fahrverbot gemäß § 44 StGB angeordnet werden. Ich beantrage daher, dem Angeklagten für die Dauer von einem Monat zu verbieten, Kraftfahrzeuge jeder Art im Straßenverkehr zu führen."

4. Fortdauer der Untersuchungshaft

Antrag aufgrund § 268b StPO

Bei Urteilserlass muss das Gericht gleichzeitig über die Fortdauer der Untersuchungshaft entscheiden, § 268b StPO.[322] Der StA muss hierzu Stellung nehmen, vgl. RiStBV Nr.54. Dabei kommen folgende Varianten in Betracht:

Voraussetzungen der U-Haft weggefallen

a. Sind die Voraussetzungen der Untersuchungshaft nach Verurteilung nicht mehr gegeben (vgl. §§ 112 ff. StPO), ist der Antrag zu stellen, den Haftbefehl aufzuheben, § 120 I 1 StPO.

> **hemmer-Methode:** Beachten Sie, dass ein Antrag nach § 120 III 1 StPO hier nicht in Frage kommt. Bei einem Antrag nach § 120 III 1 StPO muss der Richter den Haftbefehl aufheben. Dieser Antrag ist jedoch nur im Ermittlungsverfahren statthaft.[323]

Voraussetzungen gegeben, aber nur Geld- oder Freiheitsstrafe mit Bewährung

b. Bei Verurteilung zu einer Geldstrafe oder einer Freiheitsstrafe mit Bewährung können dennoch die Voraussetzungen der U-Haft gegeben sein. Der StA hat dann den Antrag zu stellen, den Haftbefehl aufrechtzuerhalten oder ggf. ihn unter bestimmten Auflagen außer Vollzug zu setzen (§ 116 StPO).[324]

> **Bsp.:** „Ich beantrage, den Haftbefehl des Amtsgerichts München vom ... aufrechtzuerhalten, da der Haftgrund der Fluchtgefahr weiterhin besteht. Allerdings kann der Vollzug des Haftbefehls ausgesetzt werden, wenn dem Angeklagten die Weisung gegeben wird, sich einmal wöchentlich bei der Polizeiinspektion ... zu melden." (vgl. § 116 I 2 Nr.1 StPO)

VSS gegeben

c. Wird eine Verurteilung zu einer Freiheitsstrafe ohne Bewährung beantragt und liegen die Voraussetzungen der U-Haft weiterhin vor, so ist deren Fortdauer zu beantragen.

> **Bsp.:** „Ich beantrage, die Fortdauer der Untersuchungshaft anzuordnen, denn ... "

bei Freispruch

d. Bei Freispruch ist Antrag auf Aufhebung des Haftbefehls zu stellen, § 120 I 2 StPO.

5. Kosten

§ 465 I StPO

Bei einer Verurteilung trägt der Angeklagte die Kosten des Verfahrens, § 465 I StPO.

---

322 Beachtung des Beschleunigungsgebotes, NJW 2005, 3485 ff.
323 M-G, § 120, Rn. 13.
324 Brunner/v. Heintschel-Heinegg, Rn. 197.

Bsp.: „Ich beantrage, dem Angeklagten die Kosten des Verfahrens aufzuerlegen."

bei Teilverurteilung:

„Ich beantrage, dem Angeklagten, soweit er zu verurteilen ist, die Kosten des Verfahrens aufzuerlegen."

Zusammenfassung der Anträge

6. Am Ende des Plädoyers sollten die Anträge zusammengefasst werden.

Bsp.: „Abschließend beantrage ich daher, ... "

C. Freispruch

I. Übersicht

aus tatsächlichen oder rechtlichen Gründen

Ein Antrag auf Freispruch kommt aus tatsächlichen oder rechtlichen Gründen in Betracht. Bei Ersterem konnten nicht alle Tatbestandsmerkmale festgestellt werden oder sogar der ganze Sachverhalt ist nicht erwiesen. Bei einem Freispruch aus rechtlichen Gründen ist der Sachverhalt erwiesen, erfüllt aber keinen Straftatbestand.

Vorrang des Freispruchs

Der Freispruch ist gegenüber der Einstellung vorrangig, weil nur er einen Strafklageverbrauch bewirken kann.[325]

Aufbau

Aufbau:

1. Darstellung des Anklagevorwurfs
2. Feststellungen
3. Beweiswürdigung
4. Rechtliche Bewertung
5. Anträge

II. Darstellung des Anklagevorwurfs

Der Tatvorwurf wird in einem Satz geschildert.

Bsp.: „Dem Angeklagten wird vorgeworfen, am 01.04.2011 das Fahrrad des Herrn X entwendet zu haben."

„Dem Angeklagten liegt zur Last, ..."

III. Feststellungen

Hier erfolgt die Schilderung des Sachverhalts. Der festgestellte Sachverhalt ist in der Regel nur bei einem Freispruch aus rechtlichen Gründen genauer zu schildern.

Bsp.: „Festgestellt werden konnte, dass der Angeklagte ..."

IV. Beweiswürdigung

bei Freispruch aus tatsächlichen Gründen

Beweisverwertungsverbote

Die Beweiswürdigung ist v.a. für den Freispruch aus tatsächlichen Gründen von Bedeutung. Dieser kann auf einem Beweisverwertungsverbot beruhen.

---

[325] M-G, § 260, Rn. 44 ff.

V. Rechtliche Bewertung

Hier erfolgen die Ausführungen, warum aus rechtlichen Gründen freizusprechen ist, vgl. § 267 V 1 StPO.

VI. Anträge

1. Antrag auf Freispruch

An die rechtliche Bewertung schließt sich der Antrag auf Freispruch an. In diesem sind Zusätze wie „aus Mangel an Beweisen" oder „wegen erwiesener Unschuld" nicht aufzunehmen.

> **Anmerkung: Es gibt keinen Freispruch erster und zweiter Klasse!**

> *Bsp.: „Ich beantrage deshalb, den Angeklagten freizusprechen."*

2. Kosten

§ 467 I StPO

Der Antrag hinsichtlich der Kosten ist an § 467 I StPO auszurichten.

> *Bsp.: „Ich beantrage, die Kosten des Verfahrens und die notwendigen Auslagen des Angeklagten der Staatskasse aufzuerlegen."*

3. Nebenentscheidungen

Haftbefehl

Liegt ein Haftbefehl vor, so muss ein Antrag auf Aufhebung erfolgen, § 120 I 2 StPO.

Entschädigung nach StrEG

Kommt eine Entschädigung nach dem StrEG in Betracht, stellt der StA einen entsprechenden Antrag.

D. Einstellung

I. Aufbau

Fehlt eine Prozessvoraussetzung, so erfolgt eine Einstellung des Verfahrens durch Urteil, § 260 III StPO.

Aufbau

Aufbau:

1. Darstellung des Anklagevorwurfs
2. Feststellung der fehlenden Prozessvoraussetzung und rechtliche Bewertung
3. Anträge

II. Feststellung der fehlenden Prozessvoraussetzung und rechtliche Bewertung

Das Verfahrenshindernis ist darzustellen. Hier kommt beispielsweise die Rücknahme eines Strafantrags oder dessen Unwirksamkeit in Betracht.

III. Antrag auf Einstellung

Antrag auf Einstellung

Anschließend ist der **Antrag auf Einstellung** zu stellen.

> **Bsp.:** *„Ich beantrage deshalb, das Verfahren einzustellen."*

IV. Kosten

§ 467 I StPO

Die Kostenentscheidung kann wie beim Freispruch gemäß § 467 I StPO erfolgen (siehe oben zum Antrag).

Ausnahme des § 467 III 2 Nr.2 StPO

Für die Einstellung ist als Ausnahme zu § 467 I StPO ein Wahlrecht des Gerichts in § 467 III 2 Nr.2 StPO vorgesehen. Der Angeklagte trägt seine notwendigen Auslagen dann selbst.

> **Bsp.:** *„Ich beantrage, (lediglich) die Kosten des Verfahrens der Staatskasse aufzuerlegen."*

Diese Ausnahme muss dann aber im Anschluss kurz begründet werden.

> **hemmer-Methode:** Die Begründung kostet in der Klausur nur unnötig Zeit. Deshalb sollte dieser Sonderweg vermieden werden und die Kostenentscheidung auf § 467 I StPO gestützt werden - zumal dies auch in der Praxis der Regelfall ist.

§ 470 StPO

Wird das Verfahren wegen Rücknahme des Strafantrages eingestellt, so trägt der Antragsteller die Kosten des Verfahrens und die notwendigen Auslagen, § 470 S.1 StPO. Der Angeklagte kann sich allerdings gemäß § 470 S.2 StPO zur Übernahme dieser Kosten bereit erklären, z.B. bei einem Vergleich der Beteiligten.[326]

E. Teilverurteilung

I. Grundsätzliches

nur bei Tatmehrheit möglich

Eine Teilverurteilung liegt vor, wenn der Angeklagte nicht wegen aller Delikte verurteilt wird, die ihm im Eröffnungsbeschluss in Tatmehrheit (§ 53 StGB) vorgeworfen werden.

Tateinheit

Bei Tateinheit (§ 52 StGB) kommt keine Teilverurteilung in Betracht. Denn wegen ein und derselben Tat kann das Urteil nur einheitlich auf Verurteilung oder Freispruch lauten.[327] Liegt ein Delikt bei Tateinheit nicht vor, so ist dies nur bei der rechtlichen Würdigung anzusprechen.

---

326 M-G, § 470, Rn. 5.
327 M-G, § 260, Rn. 12.

Antrag Ist ein Fall der Teilverurteilung gegeben, so muss hinsichtlich des Restes ein Antrag auf Teilfreispruch oder Teileinstellung erfolgen.

> **Anmerkung: Der Eröffnungsbeschluss muss erschöpfend erledigt werden.**

II. Aufbau

Einleitungssatz Der Einleitungssatz des Plädoyers sollte bereits klarstellen, dass es sich um eine Teilverurteilung handelt.

> **Bsp.:**[328] „Die heutige Beweisaufnahme hat den Sachverhalt, so wie er in der Anklageschrift niedergelegt ist, nur teilweise bestätigt."

strenge Trennung der einzelnen Teile Verurteilung, Freispruch und/ oder Einstellung müssen im Aufbau streng voneinander getrennt werden. Zunächst wird der Teil der Verurteilung mit dem bekannten Aufbau dargestellt (Sachverhaltsschilderung, Beweiswürdigung, rechtliche Würdigung und Strafzumessung). Die Strafzumessung muss bei Strafurteilen zwingend im Teil der Verurteilung erfolgen, da andernfalls der Eindruck erweckt wird, dass auch die freigesprochenen oder eingestellten Taten Eingang in die Strafzumessung gefunden hätten. Dies wird auf das Plädoyer der Staatsanwaltschaft übertragen.

Nach den Ausführungen zur Verurteilung kommen die Darstellungen zu den Anträgen auf Freispruch oder Einstellung.

Der Antrag zu den Kosten erfolgt ganz am Schluss.

---

[328] Brunner/v. Heintschel-Heinegg, Rn. 228.

§ 6 Das Plädoyer der Verteidigung

A. Grundsätzliches

I. Examensbedeutung

> Eine Musterklausur zu dieser Variante finden Sie bei Hemmer/Wüst/Gold/Mielke/Daxhammer, Die öffentlich-rechtliche und die strafrechtliche Anwaltsklausur, Strafrechtsklausur Nr. 2.

Der Klausurtyp „Schlussvortrag der Verteidigung" erfreute sich in den vergangenen Jahren im bayerischen Examen großer Beliebtheit. Dabei fiel auf, dass anders als beim Schlussvortrag der Staatsanwaltschaft die Strafzumessung regelmäßig erlassen wurde. Dies kann für die Klausur bedeuten, dass ein Antrag auf Verurteilung nicht gestellt werden soll. Der Schwerpunkt der Klausur liegt dann im Bereich des Freispruchs, bzw. der Einstellung.

Ist dagegen im Sachverhalt das Plädoyer der StA mit den einzelnen Strafzumessungsgesichtspunkten abgedruckt, wird sich die Verteidigung (Referendar) damit auseinandersetzen müssen und u.U. einen Antrag auf Verurteilung mit einer milderen Strafe stellen. Entsprechendes gilt, wenn die Strafzumessung nicht ausdrücklich erlassen wurde.

II. Aufbau

ähnelt Plädoyer der StA

In der Praxis knüpft ein Verteidigerplädoyer an den Schlussvortrag der StA an. In Klausuren ist dieser aber i.d.R. nicht abgedruckt. Der Aufbau ist daher in Klausuren ähnlich wie beim Plädoyer der StA zu wählen.

> Anmerkung: Bearbeiten Sie deshalb zunächst das Strafurteil und das Plädoyer der StA!

Stellung als Interessenvertreter berücksichtigen

Dabei gilt es allerdings die Stellung als Verteidiger zu berücksichtigen, der die Rechte des Mandanten wahrnimmt. Der Verteidiger ist, anders als der StA, gerade nicht zur Objektivität verpflichtet. Es ist ausreichend, wenn er nur die für seinen Mandanten günstigen Gesichtspunkte zum Ausdruck bringt. Daher entspricht dem Interesse des Angeklagten zunächst zu klären, ob ein Antrag auf Freispruch in Betracht kommt. Ist dies nicht der Fall, sollte die Möglichkeit einer Einstellung nach § 260 III StPO geklärt werden. Erst abschließend sollte ein Antrag auf Verurteilung gestellt werden, bei welchem dann die Fragen der Strafzumessung den Schwerpunkt bilden können.[329]

Kommen aus Sicht des Bearbeiters mehrere Entscheidungsmöglichkeiten des Gerichts in Betracht (beispielsweise: Im günstigsten Fall ein Freispruch, dieser jedoch nicht sicher, jedenfalls aber eine Einstellung....), so kann dies im gerade aufgezeigten Aufbauschema im Schlussvortrag geschickt durch Hilfsanträge dargestellt werden.

---

[329] Brunner/v. Heintschel-Heinegg, Rn. 264 ff.

Negative Aspekte, die für den Mandanten gegebenfalls ungünstig sind, werden im Plädoyer besser nicht erwähnt und landen im Hilfsgutachten. Dies ist etwa dann der Fall, wenn eine Ansicht einer Streitfrage zur Verurteilung führen würde.

In einem zusammenfassenden Einleitungssatz ist die Richtung des Schlussvortrages bereits anzudeuten.

Einleitung

Bsp.: „Hohes Gericht!

Die heutige Hauptverhandlung hat den Vorwurf der Anklage in keiner Weise bestätigt.

Der Angeklagte ist weitgehend freizusprechen, weil sich die von der Anklage erhobenen Vorwürfe teils in tatsächlicher und teils in rechtlicher Hinsicht nicht aufrechterhalten lassen."

B. Freispruch

I. Aufbau

1. Darstellung des Anklagevorwurfs
2. Feststellungen
3. Erörterung der tatsächlichen und/oder rechtlichen Gründe für den Freispruch
4. Anträge

II. Anklagevorwurf

Vgl. Sie zur Darstellung des Anklagevorwurfs das Plädoyer der StA.

III. Feststellungen

Bsp. für Feststellung des Sachverhalts:

„Dieser Sachverhalt konnte nicht festgestellt werden, da keines der Beweismittel geeignet war, die Täterschaft des Angeklagten mit an Sicherheit grenzender Wahrscheinlichkeit darzutun. Insbesondere ..."

IV. Erörterung der tatsächlichen oder rechtlichen Gründe

Der Verteidiger muss darlegen, warum der Angeklagte aus tatsächlichen Gründen (keine Beweismittel, Beweisverwertungsverbote, unglaubwürdige Zeugen) oder aus rechtlichen Gründen (Tatbestandsmerkmal passt nicht) freizusprechen ist. Bei den tatsächlichen Gründen erfolgt keine rechtliche Würdigung, sondern der Schwerpunkt liegt auf der Beweiswürdigung.

Bsp. für Beweiswürdigung:

„Da der Zeuge X kein Augenzeuge war und seine subjektiven Angaben kaum Aussagekraft besitzen, ist die Täterschaft des Angeklagten nicht nachweisbar."

Vorrang des Freispruchs

Wiederum ist zu beachten, dass ein Freispruch wegen des Strafklageverbrauchs Vorrang vor einer Einstellung hat. Liegen also zugleich ein Verfahrenshindernis und tatsächliche oder rechtliche Gründe für einen Freispruch vor, so ist der Freispruch zuerst zu beantragen.

§ 6 DAS PLÄDOYER DER VERTEIDIGUNG

Dennoch empfiehlt es sich bei zugleich fehlenden Prozessvoraussetzungen hilfsweise die Einstellung zu beantragen und darauf einzugehen. Dies entschärft die Gefahr, dass das Gericht dem Antrag auf Freispruch nicht folgt.

> **hemmer-Methode:** Hilfsanträge sind auch beim Plädoyer der StA denkbar,[330] spielen aber bei der Verteidigung eine größere Rolle.

C. Einstellung

Beim Antrag auf Einstellung muss das Verfahrenshindernis dargestellt werden (vgl. Sie hierzu auch das Plädoyer der StA).

D. Verurteilung

auch hilfsweise mögl.

Der Antrag auf Verurteilung ist nur zu stellen, wenn die Voraussetzungen für einen Freispruch oder eine Einstellung nicht vorliegen. Der Antrag kann jedoch auch hilfsweise mit einer milderen Strafe gestellt werden.

Hier gilt es v.a. Strafzumessungsgesichtspunkte aufzufinden, die eine mildere Bestrafung rechtfertigen.

bes. öffentl. Interesse

Wurde ein Delikt von der StA angeklagt, das für die Strafverfolgung von Amts wegen ein besonderes öffentliches Interesse erfordert (z.B. § 223 i.V.m. § 230 I StGB), so erübrigen sich Ausführungen des Verteidigers, dass ein solches besonderes öffentliches Interesse nicht vorlag. Das Gericht darf das Vorliegen des besonderen öffentlichen Interesses nicht nachprüfen.[331]

Das Gleiche gilt, wenn ein Privatklagedelikt neben einem Offizialdelikt angeklagt wird. Ein fehlendes öffentliches Interesse gemäß § 376 StPO wird auch hier nicht vom Gericht geprüft.[332]

Dies kann allerdings kurz im Hilfsgutachten klargestellt werden.

Anträge zusammenfassen

Am Ende des Schlussvortrages sind die Anträge zusammenfassend wiederzugeben.

---

330 Vgl. Sie Assessor-Basics, Klausurentraining Strafprozess, Fall 3, S. 57.
331 Fischer, § 230, Rn. 3.
332 M-G, § 376, Rn. 7.

§ 7 Wichtige examensrelevante Anwaltsklausurvarianten

A. Anwaltsvariante 1: Einspruch gegen Strafbefehl

> Eine Musterklausur zu dieser Variante finden Sie bei Hemmer/Wüst/Gold/Mielke/Daxhammer, Die öffentlich-rechtliche und die strafrechtliche Anwaltsklausur, Strafrechtsklausur Nr. 4.

I. Überblick über das Strafbefehlsverfahren

1. Erlassvoraussetzungen

§ 407 I, II StPO

Das Strafbefehlsverfahren ist nur bei Vergehen statthaft, § 407 I StPO. Erforderlich ist ein schriftlicher Antrag der Staatsanwaltschaft. Durch Strafbefehl können nur die in § 407 II StPO aufgeführten Rechtsfolgen verhängt werden. Eine Freiheitsstrafe kann bis zu einem Jahr verhängt werden, wenn deren Vollstreckung zur Bewährung ausgesetzt wird und der Angeschuldigte einen Verteidiger hat, § 407 II 2 StPO.

Zuständigkeit

Sachlich zuständig für den Erlass des Strafbefehls ist der Strafrichter (§ 407 I 1 StPO i.V.m. § 25 GVG). Das Schöffengericht kann wegen der Änderung des § 25 GVG durch das RPflEntL nicht mehr zuständig sein, da der Strafrichter bei Vergehen nunmehr immer zuständig ist.[333]

Der Richter muss gemäß § 408 III 1 StPO den Strafbefehl erlassen, wenn die Prozessvoraussetzungen vorliegen, er in Schuld- und Rechtsfolgenausspruch mit dem Antrag der StA übereinstimmt und hinreichender Tatverdacht gegeben ist.

Inhalt

Der Inhalt des Strafbefehls ist in § 409 I StPO geregelt. Dieser ähnelt stark der Anklageschrift.[334]

2. Zustellung des Strafbefehls

Der Strafbefehl muss zugestellt werden, vgl. § 410 I 1 StPO. Art und Adressat der Zustellung werden durch den Richter angeordnet, § 36 I StPO.

Vorschriften der ZPO gelten

Über § 37 I StPO gelten die Vorschriften der ZPO. Auch eine Ersatzzustellung ist zulässig, § 37 StPO i.V.m. §§ 177 ff. ZPO. Öffentliche Zustellungen sind unzulässig.[335]

bei Verteidiger § 145a StPO

Hat der Beschuldigte einen gewählten Verteidiger, dessen Vollmacht sich bei den Akten befindet, bzw. wurde ihm ein Verteidiger bestellt, so gilt § 145a StPO. Die Vorschrift ermächtigt zu Zustellungen an den Verteidiger. Sie begründet aber keine Rechtspflicht, Zustellungen für den Beschuldigten an ihn zu bewirken.

---

333 M-G, § 408, Rn.5.
334 KN Nr. 35.
335 M-G, § 409, Rn. 21.

Eine gemäß § 145a III StPO unterbliebene Benachrichtigung hat keine Auswirkung auf die Zustellung, es handelt sich nur um eine Ordnungsvorschrift.[336]

Zust. an Beschuldigten und Verteidiger

Bei Zustellung an den Beschuldigten und an den Verteidiger ist § 37 II StPO zu beachten. Von mehreren wirksamen Zustellungen ist demnach nur die spätere maßgebend, was zu einer Fristverlängerung führen kann. War jedoch die durch die erste Zustellung eröffnete Frist bereits abgelaufen, so wird sie durch Zustellung an einen weiteren Empfangsberechtigten nicht wieder eröffnet.[337]

> *Bsp.: Zustellung für Fristbeginn des § 410 I 1 StPO wird an Beschuldigten bewirkt. Dann erfolgt kein Einspruch innerhalb der Zwei-Wochen-Frist. Erst danach wird der Strafbefehl dem Verteidiger zugestellt. § 37 II StPO kann hier nicht zu einer Fristverlängerung führen.*

3. Ablehnung des Antrags auf Erlass eines Strafbefehls

§ 408 II StPO

Das Gericht kann den Antrag der StA auf Erlass eines Strafbefehls ablehnen, wenn Prozessvoraussetzungen fehlen, Verfahrenshindernisse vorliegen oder der hinreichende Tatverdacht fehlt, § 408 II StPO. Letzterer fehlt nicht nur, wenn der Sachverhalt nicht beweisbar erscheint, sondern auch, wenn sich ergibt, dass der Beschuldigte aus rechtlichen Gründen nicht strafbar ist.[338]

Die Ablehnung steht dem Beschluss gemäß § 204 StPO gleich (Ablehnung der Eröffnung des Hauptverfahrens), so dass die StA sofortige Beschwerde einlegen kann, §§ 210 II, 311 StPO.

II. Zulässigkeit des Einspruchs

§ 410 I 1 StPO

Gegen den Strafbefehl kann der Angeklagte innerhalb von zwei Wochen nach Zustellung Einspruch einlegen, § 410 I 1 StPO. Beim Einspruch gegen einen Strafbefehl gibt es keine Begründetheitsprüfung.

keine Begründetheit prüfen

Zulässigkeit des Einspruchs:

1. Statthaftigkeit
2. Form
3. Frist

1. Statthaftigkeit

nur gegen Strafbefehl

Der Einspruch ist nur gegen einen Strafbefehl statthaft, § 410 I 1 StPO.

2. Form

iudex a quo

Die Einlegung des Einspruchs erfolgt bei dem Gericht, das den Strafbefehl erlassen hat. Dies ist schriftlich oder zu Protokoll der Geschäftsstelle möglich, § 410 I 1 StPO.

---

336 M-G, § 145a, Rn. 6 und 14.
337 M-G, § 37, Rn. 29.
338 M-G, § 408, Rn. 7 f.

3. Frist

Fristbeginn ab Zustellung

Die Einspruchsfrist beginnt ab Zustellung. Hier können Zustellungsprobleme auftauchen, vgl. Sie oben.

Der Angeklagte ist in dem Strafbefehl gemäß § 409 I Nr.7 StPO über die Einspruchsmöglichkeit zu belehren. Fehlt die Belehrung, ändert dies nichts am Fristablauf. Jedoch ist die Fristversäumung gemäß § 44 S.2 StPO als unverschuldet anzusehen und auf Antrag Wiedereinsetzung in den vorigen Stand zu gewähren.

Wiedereinsetzung

Die Prüfung der Wiedereinsetzung gemäß §§ 44 ff. StPO spielt bei Versäumung der Frist des § 410 I 1 StPO häufig eine Rolle.

4. Sonderproblem: Wiedereinsetzung in die Einspruchsfrist

a. Zulässigkeit der Wiedereinsetzung

aa. Antrag

Antrag oder Nachholung

Wiedereinsetzung wird grds. auf Antrag gewährt, § 44 S.1 StPO. Wird jedoch die versäumte Handlung innerhalb der Antragsfrist des § 45 I 1 StPO nachgeholt, so kann Wiedereinsetzung auch ohne Antrag gewährt werden, § 45 II 3 StPO.

bb. Statthaftigkeit

bei Fristversäumung

Die Wiedereinsetzung ist statthaft bei Fristversäumung.[339] Eine nicht formgerechte Einspruchseinlegung innerhalb der Frist steht einer Fristversäumnis gleich.[340]

cc. Glaubhaftmachung der Tatsachen

Die Tatsachen zur Begründung des Antrages sind glaubhaft zu machen, § 45 II 1 StPO. Die Glaubhaftmachung kann noch nach Ablauf der Antragsfrist nachgeholt werden. Dennoch handelt es sich hier um eine Zulässigkeitsvoraussetzung.[341]

eidesstattl. Versicherung

Hauptbeweismittel ist die eidesstattliche Versicherung Dritter, nicht des Beschuldigten selbst. Bei Rechtsanwälten genügt die anwaltliche Versicherung.[342]

dd. Frist

1 Woche

Die Wiedereinsetzungsfrist beträgt gemäß § 45 I StPO eine Woche ab Wegfall des Hindernisses, welches zur Versäumung der Frist führte.

---

339 M-G, § 44, Rn. 2 ff.
340 M-G, § 44, Rn. 6.
341 M-G, § 45, Rn. 6.
342 M-G, § 45, Rn. 8 ff.; § 26, Rn. 8, 13.

WE in die WE-Frist

Wenn auch diese Frist abgelaufen ist, kommt ggf. eine Wiedereinsetzung in die Wiedereinsetzungsfrist in Betracht.[343] Diese wäre statthaft, denn auch die Frist des § 45 I StPO ist eine Frist i.S.d. § 44 StPO. Wiederum ist die Frist des § 45 I StPO zu beachten. Sie beginnt mit Wegfall *des Hindernisses*, welches zur Versäumung der Wiedereinsetzungsfrist führte. Die Verschuldensprüfung erfolgt mit dem Maßstab wie unten (vgl. Sie nachfolgend die Begründetheit der Wiedereinsetzung), nur bezüglich *anderer* Tatsachen. Das müssen solche sein, die zur Versäumung gerade der Wiedereinsetzungsfrist führten.

b. Begründetheit der Wiedereinsetzung in die Einspruchsfrist

Versäumung unverschuldet

Die Wiedereinsetzung ist begründet, wenn die Versäumung der Einspruchsfrist unverschuldet war, § 44 StPO. Maßgeblich ist nur eigenes Verschulden des Beschuldigten.[344]

Typische Fallgestaltungen:

vorübergehende Abwesenheit

aa. Die vorübergehende Abwesenheit des Antragstellers von seinem Wohnort schafft für ihn grds. keine Pflicht, Vorkehrungen für eine Nachsendung zu treffen. Anders jedoch, wenn gegen den Antragsteller bereits ein Strafverfahren anhängig ist, da er dann aus diesem Grund mit Zustellungen rechnen muss.[345]

Verschulden des Verteidigers

bb. Das Verschulden des Verteidigers ist dem Beschuldigten nicht zuzurechnen, es sei denn, es liegt gleichzeitig ein Eigenverschulden des Antragstellers vor, z.B. wenn er einen bekannt unzuverlässigen Anwalt aussucht und nicht überwacht.[346]

cc. Das Verschulden des Gerichts oder der Post ist dem Beschuldigten nicht zuzurechnen. Er muss lediglich mit den üblichen Verzögerungen rechnen.[347]

III. Beschränkung des Einspruchs

1. Grundsätzliches

Eine Beschränkung des Einspruchs auf bestimmte Beschwerdepunkte ist in gleichem Maße möglich, wie die Beschränkung des Rechtsmittels gegen Urteile nach §§ 318, 344 I StPO.[348]

Folge: Teilrechtskraft

Folge ist, dass im Übrigen Rechtskraft gemäß § 410 III StPO eintritt. Eine Wiederaufnahme des Verfahrens ist nur unter den Voraussetzungen des § 373a StPO möglich. Bei unwirksamer Beschränkung ist der Einspruch nicht unzulässig, sondern gilt als in vollem Umfang eingelegt. Eine Beschränkung ist bis zur Verkündung des Urteils im ersten Rechtszug möglich, vgl. § 411 III 1 StPO.

---

343 M-G, § 45, Rn. 3.
344 Vgl. Sie dazu M-G, § 44, Rn. 11, 15 ff., 18.
345 M-G, § 44, Rn. 14.
346 M-G, § 44, Rn. 18 ff.
347 M-G, § 44, Rn. 16, 17.
348 M-G, § 410, Rn. 4; § 318, Rn. 5 ff.

> **hemmer-Methode:** Auch wenn eine etwaige Einspruchsbeschränkung im Sachverhalt nicht angesprochen wird, müssen Sie selbständig darauf achten. Soweit der Strafbefehl nicht nur korrekt, sondern „zu günstig" aburteilt, muss der Verteidiger über eine beschränkte Einspruchseinlegung Teilrechtskraft im Hinblick auf den günstigen Teil eintreten lassen. Bei Einspruchseinlegung gilt das Verbot der reformatio in peius nicht, § 411 IV StPO.

2. Voraussetzungen der Einspruchsbeschränkung

Trennbarkeitsformel

Eine Beschränkung ist möglich, wenn sie sich auf Beschwerdepunkte bezieht, die nach dem inneren Zusammenhang des Strafbefehls selbständig beurteilt werden können, ohne eine Prüfung des Strafbefehls im Übrigen erforderlich zu machen (sog. Trennbarkeitsformel).[349]

mehrere proz. Taten

Bei mehreren prozessualen Taten i.S.v. § 264 StPO kann der Einspruch auf eine von ihnen beschränkt werden.[350] Einer solchen Beschränkung steht auch nicht entgegen, dass eine Gesamtstrafe gebildet wurde. Die Gesamtstrafe wird dann insoweit mit angefochten.

eine proz. Tat bei Tatmehrheit

Liegt eine prozessuale Tat vor (§ 264 StPO), die aus mehreren in Tatmehrheit stehenden Taten (§ 53 StGB) gebildet wird, so ist die Beschränkung auf eine der in Tatmehrheit stehenden Taten möglich.[351] Dies ist nicht unstreitig, aber im Hinblick darauf, dass bei Tatmehrheit im Urteil ein Teilfreispruch zu erfolgen hat, konsequent.[352] Der Richter ist dann aber im weiteren Verfahren an die Feststellungen zu dem nicht angefochtenen Teil des Strafbefehls gebunden.

Beschränkung auf Rechtsfolgenausspruch

Weiterhin ist eine Beschränkung auf den Rechtsfolgenausspruch möglich.[353] Innerhalb des Rechtsfolgenausspruchs sind weitere Beschränkungen möglich. Bei Geldstrafe auf die Zahl der Tagessätze oder auf die Höhe der Tagessätze. Bei Freiheitsstrafe kann die Strafbemessung als solche isoliert angegriffen werden.[354]

IV. Einspruchsschreiben entwerfen

Im Kopf des Einspruchsschreibens erscheinen Anschrift von Anwalt und Gericht, das Datum und das Aktenzeichen.[355]

Einspruchseinlegung

Dann erfolgt die Einspruchseinlegung. Wird lediglich beschränkt Einspruch eingelegt, ist dies deutlich zu machen.

> **Bsp.:** „Hiermit möchte ich namens meines Mandanten ... unter Vorlage einer schriftlichen Vollmacht bezüglich der Tat ... gegen den Strafbefehl des Amtsgerichts München vom ...
>
> Einspruch einlegen."

---

[349] M-G, § 318, Rn. 6 m.w.N.
[350] M-G, § 318, Rn. 9.
[351] M-G, § 318, Rn. 10.
[352] M-G, § 260, Rn. 13.
[353] M-G, § 318, Rn. 16.
[354] M-G, § 318, Rn. 20.
[355] Vgl. Sie Assessor-Basics, Die öffentlich-rechtliche und die strafrechtliche Anwaltsklausur, S. 67 ff.

gleichzeitig Antrag auf WE

Bei Fristversäumung sollte gleichzeitig der Antrag auf Wiedereinsetzung gestellt werden. Der Antrag muss begründet werden, die Beweismittel für die Glaubhaftmachung sind anzugeben.

> **Bsp.:** „Gleichzeitig beantrage ich die Wiedereinsetzung in den vorigen Stand, denn..."

Anders als in der Praxis, wo die bloße Einspruchseinlegung ausreichend wäre, wird im Rahmen einer Klausur regelmäßig das Eingehen auf die materielle Rechtslage im Schriftsatz verlangt. Das Gericht soll frühzeitig überzeugt werden. Dies erfolgt durch Stellung eines Antrages auf Freispruch, Einstellung oder „geringerer" Verurteilung. Anschließend ist dieser zu begründen.

Wird der Einspruch beschränkt eingelegt, empfiehlt sich eine Klarstellung am Ende des Schriftsatzes. Die Konsequenz der Beschränkung (Teilrechtskraft im Übrigen) sollte deutlich gemacht werden.

V. Verfahren nach Einspruch

1. Zulässiger Einspruch

Hauptverhandlung

Erfolgt der Einspruch rechtzeitig, wird gemäß § 411 I 2 StPO Termin zur Hauptverhandlung anberaumt. Diese findet vor dem Richter statt, der den Strafbefehl erlassen hat. Es erfolgt keine Verschiebung in die nächste Instanz (Devolutiveffekt); der Einspruch ist insoweit kein Rechtsmittel, sondern ein Rechtsbehelf.

Die StA verliest den Strafbefehlsantrag. Dieser ersetzt die Anklage. Der Strafbefehl selbst übernimmt die Funktion des Eröffnungsbeschlusses.[356] Das Urteil wird unabhängig vom Strafbefehl gefällt, das Verbot der reformatio in peius gilt nicht, § 411 IV StPO. Im Urteil wird der Strafbefehl nicht erwähnt.

2. Unzulässiger Einspruch

a. Verwerfung außerhalb der Hauptverhandlung

Beschluss nach § 411 I 1 StPO

Ist der Einspruch nicht form- oder fristgerecht erhoben, wird er ohne Hauptverhandlung durch Beschluss als unzulässig verworfen, § 411 I 1 StPO. Gegen diesen Beschluss ist die sofortige Beschwerde nach § 311 StPO zulässig. Der Beschluss enthält keine Kostenentscheidung, vielmehr wirkt die Kostenentscheidung des Strafbefehls weiter.

b. Verwerfung in der Hauptverhandlung

durch Urteil

Wird die Unzulässigkeit des Einspruchs erst in der versehentlich anberaumten Hauptverhandlung bemerkt, so wird der Einspruch durch Urteil mit der Kostenentscheidung nach § 465 StPO verworfen.[357] Dagegen sind die üblichen Rechtsmittel (Berufung, Revision) zulässig.

---

356 M-G, § 411, Rn. 3.
357 M-G, § 411, Rn. 1, 12.

c. Irrtümliche Annahme eines zulässigen Einspruchs

Hat das Amtsgericht trotz unzulässigen Einspruchs ein Sachurteil erlassen, so hebt das Landgericht (Berufungsinstanz) das Urteil auf. Es kann selbst den Einspruch als unzulässig verwerfen.[358]

VI. Verwerfung des Einspruchs nach § 412 StPO

Angekl. in der Hauptverhandlung nicht erschienen

Ist der Angeklagte zu Beginn der Hauptverhandlung weder erschienen, noch durch einen Verteidiger vertreten, wird der Einspruch gemäß § 412 i.V.m. § 329 I StPO verworfen, wenn das Ausbleiben nicht genügend entschuldigt ist.

Die Verwerfung erfolgt durch Urteil. Dagegen sind Berufung und Revision zulässig, allerdings nur mit der Begründung, dass die Voraussetzungen für die Verwerfung gefehlt hätten.[359] Auch Wiedereinsetzung kann beantragt werden, § 412 i.V.m. § 329 VII StPO.

B. Anwaltsvariante 2: Rechtsbehelfe in Haftsachen

> Dieser Klausurtyp taucht i.d.R. in Form eines Gutachtens zu den Erfolgsaussichten eines Rechtsbehelfs gegen den Haftbefehl auf. Eine Musterklausur zu dieser Variante finden Sie bei Hemmer/Wüst/Gold/Mielke/Daxhammer, Die öffentlich-rechtliche und die strafrechtliche Anwaltsklausur, Strafrechtsklausur Nr. 3.

Vorrang der Haftprüfung

Rechtsbehelfe gegen einen Haftbefehl sind der Antrag auf Haftprüfung (§ 117 I StPO) und die Haftbeschwerde (§ 304 I StPO). Der Antrag auf Haftprüfung hat Vorrang vor der Haftbeschwerde, § 117 II 1 StPO. Eine gleichzeitig neben einem Haftprüfungsantrag eingelegte Beschwerde ist daher unzulässig.

Die im Haftprüfungsverfahren ergangene Entscheidung kann dann aber ohne Beschränkungen mit der Beschwerde angefochten werden, § 117 II 2 StPO.

I. Haftprüfungsantrag

1. Zulässigkeit

a. Antragsberechtigung

(+) Inhaftierter, Verteidiger

Antragsberechtigt ist der Inhaftierte selbst (§ 117 StPO) oder sein Verteidiger (§§ 118b, 297 StPO).

(-) StA, Nebenkläger

StA und Nebenkläger sind dagegen nicht antragsberechtigt, da § 118b StPO nicht auf § 296 StPO bzw. §§ 395 ff. StPO verweist.[360]

---

358 M-G, § 411, Rn. 12.
359 M-G, § 412, Rn. 10, 11.
360 M-G, § 117, Rn. 3.

b. Form

nicht erforderlich

Eine Form ist nicht vorgeschrieben. Der Antrag kann daher mündlich, etwa bei Vernehmung, schriftlich oder zu Protokoll der Geschäftsstelle gestellt werden.

zuständiges Gericht

Die Einlegung erfolgt beim gemäß § 126 StPO zuständigen Gericht. Dies ist vor Anklageerhebung grds. der Ermittlungsrichter am Amtsgericht, § 126 I 1 StPO. Nach Anklageerhebung ist das mit der Anklage befasste Gericht zuständig, § 126 II 1 StPO, also auch oft das Landgericht. Es ist aber auch möglich, den Antrag beim Amtsgericht zu stellen, in dessen Bezirk die Haftanstalt liegt, §§ 118b, 299 I StPO.

c. Sonstiges

keine Fristen

Fristen sind nicht einzuhalten. Bei Antragsrücknahme durch den Verteidiger ist eine besondere Vollmacht nötig, §§ 118b, 302 II StPO.

auf Antrag mündl. Verhandlung

Hinsichtlich des Verfahrens der Haftprüfung ist gemäß § 118 I StPO bei entsprechendem Antrag des Beschuldigten mündlich zu verhandeln. Ausnahmen sind in § 118 III, IV StPO geregelt.

2. Begründetheit

a. Grundsätzliches

wenn § 120 StPO oder § 116 StPO (+)

Der Antrag ist begründet, wenn der Haftbefehl nach § 120 StPO aufzuheben oder sein Vollzug nach § 116 StPO auszusetzen ist.

auswechseln von Tatvorwurf, Haftgrund

Der Haftrichter kann bei seiner Entscheidung auch Tatvorwurf oder Haftgründe auswechseln. Er kann also einzelne Taten ausscheiden lassen und den Haftgrund ändern.[361] Weitere Taten darf er im Ermittlungsverfahren nur auf Antrag der StA einbeziehen.

Die Entscheidung ergeht durch Beschluss und ist nach § 34 StPO mit Gründen zu versehen.[362]

b. Aufhebung nach § 120 StPO

Ein Haftbefehl ist aufzuheben, wenn die Voraussetzungen der Untersuchungshaft nicht mehr vorliegen (§ 112 StPO), ggf. wenn die Haft unverhältnismäßig ist.

aa. Dringender Tatverdacht, § 112 I 1 StPO

große Wahrscheinlichkeit, dass Besch. Täter oder TN

Dringender Tatverdacht besteht, wenn nach dem gegenwärtigen Stand der Ermittlungen die Wahrscheinlichkeit groß ist, dass der Beschuldigte als Täter oder Teilnehmer eine Straftat begangen hat. Dabei ist nicht die Prognose erforderlich, dass die Verurteilung wahrscheinlich ist. Vielmehr genügt die *Möglichkeit* der Verurteilung.[363]

---

361 M-G, § 117, Rn. 6.
362 M-G, § 117, Rn. 7.
363 M-G, § 112, Rn. 5.

stärker als der hinreichende Tatverdacht	Die Anforderungen an diesen dringenden Verdacht sind im Vergleich zum hinreichenden Verdacht i.S.d. §§ 203, 170 I StPO graduell höher. Andererseits sind aber keine abgeschlossenen Ermittlungen nötig. Es genügt die Prognose aufgrund des vorläufigen Ermittlungsergebnisses.[364]
Rechtsfragen nicht offen lassen	Zu beachten ist, dass Rechtsfragen nicht mit der Begründung offen gelassen werden können, es sei sehr wahrscheinlich, dass die Tat einen Straftatbestand erfüllt. Solche reinen Rechtsfragen müssen vielmehr vom Richter genau geprüft werden.[365]
	An dieser Stelle erfolgt die Prüfung der Beweislage, ggf. von Beweisverwertungsverboten, sowie des materiellen Strafrechts.

bb. Haftgründe

(1) Fluchtgefahr, § 112 II Nr. 2 StPO

Flucht i.S.d. § 112 II Nr. 1 StPO kommt nur in Betracht, solange der Beschuldigte noch nicht inhaftiert wurde.

Fluchtgefahr — Fluchtgefahr besteht, wenn es nach Würdigung der Umstände des Falles wahrscheinlicher ist, dass sich der Beschuldigte dem Strafverfahren entziehen, als dass der sich ihm zur Verfügung halten werde.[366] Hier ist eine Abwägung aller greifbaren Indizien nötig, etwa vorherige Flucht, Arbeitsplatz, Wohnsitz, verwandtschaftliche Beziehungen usw.

(2) Verdunklungsgefahr, § 112 II Nr. 3 StPO

Erschwerung der Wahrheitsermittlung — Verdunklungsgefahr besteht, wenn das Verhalten des Beschuldigten den dringenden Verdacht begründet, dass durch bestimmte Handlungen *auf Beweismittel eingewirkt* und dadurch die Ermittlung der Wahrheit erschwert werden wird.[367]

prozessordnungswidrig — Dabei muss es um *die Taten* gehen, die dem Haftbefehl zugrunde liegen. Das Verhalten des Verdächtigen muss *prozessordnungswidrig und anstößig* sein. Legitimes Verhalten begründet auch dann keine Verdunklungsgefahr, wenn dadurch eine mögliche Verurteilung erschwert oder gar verhindert werden würde.

> **Bsp.:** Eine Drohung gegenüber einem Zeugen kann die Verdunklungsgefahr begründen, nicht aber die Bitte, von einem etwaigen Zeugnisverweigerungsrecht Gebrauch zu machen.

Verdunklungsgefahr (-), wenn SV aufgeklärt — Der Haftgrund der Verdunklungsgefahr ist dann aber nicht mehr gegeben, wenn der Sachverhalt schon in vollem Umfang aufgeklärt ist und die Beweise so gesichert sind, dass der Beschuldigte die Wahrheitsermittlungen nicht mehr behindern kann. Dies ist nach h.M. der Fall, wenn richterlich protokollierte Aussagen von zum Zeitpunkt der richterlichen Vernehmung unbeeinflussten Zeugen vorliegen.[368]

---

[364] M-G, § 112, Rn. 6.
[365] M-G, § 112, Rn. 5.
[366] M-G, § 112, Rn. 17 m.w.N.
[367] M-G, § 112, Rn. 26.
[368] OLG Karlsruhe, NJW 1993, 1148; M-G, § 112, Rn. 35 m.w.N.

Grund dafür ist, dass bereits ausreichende Beweismittel bestehen. Das Protokoll kann in den Prozess gemäß § 251 StPO eingeführt und der Richter kann als Verhörsperson vernommen werden.

cc. Keine Unverhältnismäßigkeit, § 112 I 2 StPO

nur Haftausschließungsgrund

Diese ist keine Haftvoraussetzung, sondern ein Haftausschließungsgrund. Der Erlass des Haftbefehls wird nur verhindert, wenn die Unverhältnismäßigkeit *feststeht*.[369]

Abzuwägen sind die Schwere des Eingriffs in die Lebenssphäre des Beschuldigten gegen die Bedeutung der Strafsache und die Rechtsfolgenerwartung.

Die weitere Untersuchungshaft ist unverhältnismäßig, wenn sie zur Bedeutung der Sache und den zu erwartenden Rechtsfolgen außer Verhältnis steht. Hier sind jedoch bei der Abwägung nur die Tatvorwürfe zugrunde zu legen, deretwegen der Haftbefehl erlassen wurde.[370]

dd. „Haftgrund" des § 112 III StPO

Dieser sieht Erleichterungen bei bestimmten ganz schweren Delikten vor.

einschränkende Auslegung

Aus Verfassungsgründen (Verstoß gegen den Verhältnismäßigkeitsgrundsatz) ist aber eine einschränkende Auslegung der Norm notwendig.[371]

ee. Hauptverhandlungshaft, § 127b StPO

nur bei beschleunigtem Verfahren

Dieser Haftbefehl ist nur im Zusammenhang mit dem beschleunigten Verfahren (§§ 417 ff. StPO) möglich, erfordert also letztlich einen einfachen Sachverhalt und eine klare Beweislage. Ausreichend ist dann die auf bestimmte Tatsachen begründete Befürchtung, dass der Festgenommene der Hauptverhandlung fernbleiben wird. Die Durchführung der Hauptverhandlung muss binnen einer Woche nach Festnahme *zu erwarten* sein, § 127b II 1 StPO. Entsprechend ist der Haftbefehl auch zu befristen, § 127b II 2 StPO.[372]

c. Aussetzung des Vollzuges, § 116 StPO

weniger einschneidende Maßnahmen

§ 116 StPO ist eine besondere Ausprägung des Verhältnismäßigkeitsgrundsatzes. Der Haftbefehl wird ausgesetzt, wenn weniger einschneidende Maßnahmen in Betracht kommen.

---

369 M-G, § 112, Rn. 8.
370 M-G, § 120, Rn. 4.
371 Hierzu M-G, § 112, Rn. 37.
372 Vgl. Sie zu kritischen Bedenken M-G, § 127b, Rn. 2.

II. Haftbeschwerde

1. Zulässigkeit

a. Statthaftigkeit

§ 304 I StPO

Die Beschwerde gegen den Haftbefehl ist gemäß § 304 I StPO statthaft. § 305 S.1 StPO gilt nicht, vgl. S.2.

b. Beschwerdeberechtigung

Beschwerdeberechtigt sind der Beschuldigte, sein Verteidiger und auch die StA, §§ 296, 297 StPO.

c. Form

Die Einlegung erfolgt schriftlich oder zu Protokoll der Geschäftsstelle bei dem Gericht, das die Entscheidung erlassen hat (iudex a quo, § 306 I StPO).

d. Sonstiges

Eine Frist ist nicht zu beachten, da keine sofortige Beschwerde gemäß § 311 StPO vorliegt.

Subsidiarität ggü. Haftprüfung

Zu beachten ist die Subsidiarität der Haftbeschwerde gegenüber dem Haftprüfungsantrag gemäß § 117 II 1 StPO.

> *Bsp.:* Der Inhaftierte stellt in der JVA selbst einen Haftprüfungsantrag, der Verteidiger legt gleichzeitig in Unkenntnis davon kurz darauf eine Haftbeschwerde ein.
>
> Dann ist die Haftbeschwerde unzulässig. Erst gegen die Abweisung des Haftprüfungsantrags ist später ein weiteres Vorgehen nach § 117 II 2 StPO möglich.

Die Rücknahme einer Haftbeschwerde kann der Verteidiger gemäß § 302 II StPO (direkt) nur mit einer besonderen Vollmacht wirksam erklären.

e. Sonderproblem: Übergang der Zuständigkeit nach Beschwerdeeinlegung

LG wird 1. Instanz

Nach Einlegung der Beschwerde gegen einen Haftbefehl des Amtsgerichts erfolgt die Anklage beim Landgericht.

Wegen § 126 II 1 StPO wurde nun eigentlich eine Doppelzuständigkeit des Landgerichts begründet: Es ist künftig erstinstanzlich zuständig, also für Haftprüfung und etwaigen Neuerlass des Haftbefehls. Gleichzeitig ist es aber auch Beschwerdegericht gemäß § 73 I GVG für die frühere Beschwerde.

Umdeutung der Beschwerde

In diesem Fall muss die Beschwerde in einen Antrag auf Haftprüfung umgedeutet werden.[373]

---

[373] M-G, § 117, Rn. 12.

Erst gegen die Abweisung des umgedeuteten Haftprüfungsantrags ist dann die Beschwerde gemäß § 117 II 2 StPO möglich, welche dann an das OLG geht (§ 121 I Nr.2 GVG).[374]

2. Verfahren

Zuständigkeit

Zuständig für die Entscheidung ist das übergeordnete Gericht; hier besteht somit ein Devolutiveffekt, §§ 73 I, 121 I Nr.2 GVG.

Die Entscheidung kann wahlweise nach Aktenlage oder mit mündlicher Verhandlung erfolgen, § 118 II StPO. In der Regel ergeht die Entscheidung nach Aktenlage.[375]

3. Begründetheit

Es gelten die Ausführungen zur Begründetheit des Haftprüfungsantrages. Auch hier ist wegen § 309 II StPO ein „Auswechseln" von Tatvorwurf oder Haftgründen möglich.[376]

III. Sonderfälle

1. Sicherungshaftbefehl, § 453c StPO[377]

Ein Sicherungshaftbefehl kann ergehen, wenn ein Widerruf der Strafaussetzung zur Bewährung droht.

Besonderheit beim Erlass

Neben Flucht und Fluchtgefahr besteht hier ein Haftgrund der Wiederholungsgefahr.[378] Verdunklungsgefahr spielt keine Rolle, denn es liegt ein rechtskräftiges Urteil vor.

Besonderheit beim Rechtsbehelf

In § 453c II 2 StPO ist keine Verweisung auf die §§ 117, 118 StPO vorgesehen. Folglich gibt es nach h.M. keine Haftprüfung, sondern nur die Haftbeschwerde.[379]

2. Haftbefehl zur Strafvollstreckung, § 457 II StPO

Ein weiterer Sonderfall ist der Erlass eines Haftbefehls zur Vollstreckung der Strafe gemäß § 457 II StPO. Rechtsbehelf ist hier nur die Beschwerde nach § 21 StVollstrO und danach der Rechtsweg nach §§ 23 ff. EGGVG.[380]

---

374 M-G, GVG § 121, Rn. 3.
375 M-G, § 117, Rn. 11.
376 M-G, § 117, Rn. 11.
377 Im bayerischen Assessorexamen z.B. geprüft im Termin 1990/I.
378 M-G, § 453c, Rn. 10.
379 M-G, § 453c, Rn. 16, 17.
380 M-G, § 457, Rn. 10, 16 m.w.N.

STICHWORTVERZEICHNIS

(Die erste Zahl bezeichnet das **Kapitel**, die zweite die jeweilige **Randnummer**)

A

Abschlussverfügung	2/1 ff.; 2/51 ff.
Gutachten mit Abschlussverfügung	2/2
Mit Hilfsgutachten	2/51
Angewandte Vorschriften	4/22
Anklageschrift	2/56 ff.
Abschlussvermerk	2/57
Anklageschrift	2/58
Hilfsgutachten	2/59
Aufklärungspflicht des Gerichts	3/39
Aufklärungsrüge, § 244 II StPO	3/67
Aussageverweigerungsrecht	3/36

B

Belehrungspflicht, Verstoß gegen	3/23
Beratung des Gerichts	3/44
Beschlagnahme	3/28
Beweisantrag	3/40
Beweisverwertungsverbote	2/5 ff.
Beweiswürdigung	4/27 ff.
Glaubhaftigkeit/Glaubwürdigkeit	4/28
Sachverständigengutachten	4/29
Schweigen des Angeklagten	4/30
Zeugnisverweigerungsberechtigte	4/30

D

Das letzte Wort siehe Schlussvortrag	
Dolmetscher	3/34

E

Einspruch gegen Strafbefehl	7/1 ff.
Beschränkung des Einspruchs	7/7
Verfahren nach Einspruch	7/10
Wiedereinsetzung in Einspruchsfrist	7/5
Zulässigkeit des Einspruchs	7/4
Einstellung aus Opportunitätsgründen	2/41 ff.
Bei unwesentlichen Nebendelikten	2/42
Gegen Auflagen und Weisungen	2/46
Wegen geringer Schuld	2/45
Einstellung nach § 170 II 1 StPO	2/36
Einstellungsverfügung	2/53
Abschlussverfügung	2/54
Hilfsgutachten	2/55
Einziehung, §§ 74 ff. StGB	2/13
Endgültige Einstellung	2/36
Entscheidung nach dem StrEG	4/21
Entziehung der Fahrerlaubnis	4/64
Erhebung von präsenten Beweismitteln	3/41

F

Fahrverbot	4/67
Fehler in der Beweisaufnahme	3/35 ff.
Fehler in der Hauptverhandlung	3/30 ff.
Fehler vor der Hauptverhandlung	3/23 ff.
Folgenentscheidung	4/60
Freispruch	4/69 f.
Aus rechtlichen Gründen	4/70
Aus tatsächlichen Gründen	4/69

H

Haftsachen	7/13 ff.
Haftbeschwerde	7/23
Haftprüfung	7/14
Sicherungshaftbefehl	7/26
Zur Strafvollstreckung, § 457 II StPO	7/27
Hörfalle	3/24

I

In dubio pro reo	2/6

K

Kostenentscheidung	4/16 ff.
Bei Verurteilung	4/17
Bei Freispruch	4/18
Gemischte Entscheidung	4/19

L

Lauschangriff	3/26

M

Massenöffentlichkeit	3/33
Maßregeln der Besserung und Sicherung	2/13; 4/63

P

Plädoyer der Staatsanwaltschaft	5/1 ff.
Beweiswürdigung	5/4
Einstellung	5/18
Freispruch	5/12
Rechtliche Würdigung	5/5
Sachverhaltsschilderung	5/3
Strafzumessung/Antrag auf Verurteilung	5/6
Sonstige Anträge	5/8
Teilverurteilung	5/21
Verurteilung	5/2
Plädoyer der Verteidigung	6/1 ff.
Erörterung der tatsächlichen/rechtlichen Gründe	6/4
Freispruch	6/3
Verurteilung	6/5
Postpendenzfeststellung	2/6

Privatklagedelikte	2/47
Prozessuale Tat	2/16
Prozessvoraussetzungen	2/8 ff.
Strafantrag	2/9
Strafklageverbrauch	2/12
Verjährung	2/10

R

Rechtsfolgenausspruch	4/10
Rechtsmittel	4/20
Revision	3/1 ff.
Begründetheit der Revision	3/14; 3/58
Beschwer	3/6
Form und Frist der Einlegung, § 341 I StPO	3/8
Form und Frist der Revisionsbegründung	3/11
Rechtsmittelbefugnis	3/5
Rechtsmittelverzicht	3/7
Statthaftigkeit	3/4
Verfahrensvoraussetzungen	3/15
Zulässigkeit	3/3; 3/56
Revisionsbegründungsschrift	3/80 ff.
Antragstellung	3/82
Begründung der Anträge	3/86
Rubrum	3/81
Verfahrenshindernisse	3/87
Revisionsklausuren	3/1 ff.
Nach bereits begründeter Revision	3/55
Noch nicht begründete Revision	3/2
Revision des Nebenklägers	3/103
Revision gegen Berufungsurteile	3/102
Revisionsbegründungsschrift	3/80
Revisionsgründe	3/21 ff.
Absolute Revisionsgründe, § 338 StPO	3/21
Relative Revisionsgründe, § 337 StPO	3/22 ff.

S

Sachrüge	3/45 ff.; 3/68; 3/94
Beweiswürdigung im Urteil	3/47
Fehler im Rahmen der Strafzumessung	3/48
Urteil mit Fassungsmangel	3/46
Schlussvortrag/das letzte Wort	3/43
Schuldspruch	4/8
Strafauswahl	4/40 ff.
Milderung gemäß § 49 StGB	4/45 ff.
Sonderstrafrahmen/Doppelverwertungsverbot	4/50
Strafbefehl	2/31 ff.; 7/1 ff.
Einspruch gegen Strafbefehl	7/1
Voraussetzungen	2/31; 7/1
Zustellung des Strafbefehls	7/2
Strafbefehlsantrag	2/58
Strafrahmenbestimmung	4/37 ff.
Regelstrafrahmen	4/37
Sonderstrafrahmen	4/38

Strafurteil	4/3 ff.
Angewandte Vorschriften	4/22
Kostenentscheidung	4/16
Rechtsmittel	4/20
Rubrum	4/4
Tenor	4/5
Urteilsgründe	4/23
Strafurteilsklausuren	4/1 ff.
Einstellungsurteil	4/2
Sachurteil	4/2
Strafzumessung	4/32 ff.
Strafzumessungstheorie	4/35

T

Teileinstellung	2/37 ff.; 2/60 ff.
Bei persönlichem Zusammenhang	2/38
Bei sachlichem Zusammenhang	2/39
Persönlicher und sachlicher Zusammenhang	2/40
Telefonüberwachung	3/25
Tenor	4/5 ff.
Bei Einstellung	4/14
Bei Freispruch	4/13
Bei Verurteilung	4/7
Erschöpfende Erled. d. Eröffnungsbeschlusses	4/5

U

Unmittelbarkeit der Beweisaufnahme	3/35
Unterlassener Hinweis i.S.d. § 265 StPO	3/42
Urteilsgründe	4/23 ff.; 4/69 ff.
Bei Einstellung	4/71
Bei Freispruch	4/69 f.
Beweiswürdigung	4/27
Persönliche Verhältnisse	4/24
Rechtliche Würdigung	4/31
Sachverhaltsschilderung	4/25
Strafzumessung	4/32
Urteilsbegleitende Beschlüsse	4/74 f.

V

Verdeckte Ermittler	3/27
Verfahrensrügen	3/19 ff.; 3/59 ff.; 3/88 ff.
Begründetheit der Verfahrensrügen	3/66
Beweisangebot	3/63; 3/91
Darlegen des Beruhens	3/65; 3/93
Rechtsausführungen	3/64; 3/92
Schlüssiger Tatsachenvortrag	3/62; 3/90
Verfall, §§ 73 ff. StGB	2/13 f.
Vernehmung des Angeklagten	3/32
Verwertung von Schweigen	3/37
Vorlageverfügung	2/30

Vorläufige Einstellung	**2/32 ff.**
Vorläufige Einstellung nach § 205 StPO analog	2/33
Vorläufige Einstellung nach §§ 154d, e StPO	2/34
Tod des Beschuldigten	2/35
Vorläufige Entziehung der Fahrerlaubnis	**4/75**
Vorrang des Freispruchs vor Einstellung	**4/15**

W

Wahlfeststellung	**2/6**

Z

Zeugenvereidigung	**3/38**
Zeugnisverweigerungsrechte	**3/36**

NOTIZEN

Das Erfolgsprogramm - Ihr Training für das Assessorexamen

Die Assessor-Basics

Übersicht 2017

Unsere Assessorenskriptenreihe richtet sich primär an die Kandidaten des Zweiten Juristischen Staatsexamens, wobei das Hauptaugenmerk darauf gerichtet ist, dem „Einsteiger" ins Referendariat die Einarbeitung in die für ihn neue Aufgabenstellung zu ermöglichen. Unsere Skriptenreihe „Assessor-Basics" ist konzipiert als „Gebrauchsanweisung" für die Assessorklausur. Der Leser soll in erster Linie mit den wichtigsten formellen und technischen Regeln der Assessorklausur vertraut gemacht werden. Darüber hinaus dient die Reihe aber auch der kompakten Wiederholung der wesentlichen Dinge durch den bereits Fortgeschrittenen.

Dabei sind zwei Arten von Skripten im Angebot, die unterschiedlich konzipiert sind, aber - soweit die Reihe bereits vollständig ist - jeweils paarweise miteinander korrespondieren.

In den „THEORIESKRIPTEN", die aber durchaus auch sehr viele kleine praktische Beispielfälle enthalten, wird der Leser an die jeweilige Materie herangeführt.

Die zivilrechtliche Anwaltsklausur

Dargestellt werden Arbeitstechnik und Formalia bzgl. der Klausurtypen Klageschrift, Klageerwiderung, Einspruch, Replik, Duplik, Antrag auf einstweiligen Rechtsschutz, Widerspruch, Berufungsbegründung und Vertragsgestaltung.

978-3-86193-401-1   11. Auflage 2015   19,90 €

Das Zivilurteil

Das Skript dient primär dem Einstieg, daneben aber auch zur kompakten Wiederholung, dem Lernen und Vertiefen einzelner Problembereiche der Abfassung eines Zivilurteils im Referendariat. U.a. Tenor, Aufbauregeln und Beweisrecht werden ausführlich erläutert.

978-3-86193-543-8   12. Auflage 2017   19,90 €

Die Strafrechtsklausur im Assessorexamen

Dargestellt werden Arbeitstechnik und Formalia der Klausurtypen Abschlussverfügung (in verschiedenen Varianten und unter Berücksichtigung von örtlichen Unterschieden), Strafurteil, Plädoyer und Revision.

978-3-86193-544-5   8. Auflage 2017   19,90 €

Die Assessorklausur im Öffentlichen Recht

Dargestellt werden Arbeitstechnik und Formalia der Klausurtypen verwaltungsgerichtl. Urteil und Beschlüsse, Gutachtensvarianten, Ausgangs-, Widerspruchs- und Abhilfebescheid.

978-3-86193-412-7   6. Auflage 2015   19,90 €

In den Bänden „KLAUSURENTRAINING" wird ihm eine in einer ganz besonderen didaktischen Form aufbereitete Fallsammlung präsentiert.

Zivilurteile

Das Skript ist die ideale Ergänzung zum Theorieskript „Das Zivilurteil". Acht examenstypische Klausuren behandeln Regeln der Beweislast, Aufbauregeln und Stil der Urteilsbegründung und Feinheiten der Tenorierung.

978-3-86193-281-9   16. Auflage 2014   19,90 €

Arbeitsrecht

In insgesamt neun Klausuren sind neben den verschiedensten Zahlungsansprüchen praktisch alle Varianten von Bestandsschutzstreitigkeiten mit ihren typischen Prüfungsabläufen und Besonderheiten enthalten. Das Prozessrecht inklusive der Besonderheiten des arbeitsgerichtlichen Verfahrens ist nicht nur in den „klassischen" arbeitsgerichtlichen Urteilen behandelt, sondern auch in vier verschiedenen Varianten von anwaltlichen Schriftsatzklausuren.

978-3-86193-535-3   15. Auflage 2017   19,90 €

Strafrecht

Das Skript ist die ideale Ergänzung zum Theorieskript „Die Strafrechtsklausur im Assessorexamen". Alle wichtigen Aufgabenstellungen aus Sicht der Justiz werden anhand konkreter Klausuren dargestellt und mit zahlreichen Anmerkungen zum Aufbau, Schreibstil u.a. ausführlich erläutert.

978-3-86193-411-0   12. Auflage 2015   19,90 €

Zivilrechtliche Anwaltsklausuren

Das Skript ist die ideale Ergänzung zum Anwaltsklausuren-Theorieband. Für die dort besprochenen Klausurtypen finden sich hier jeweils ein oder zwei Klausurbeispiele auf Examensniveau.

978-3-86193-396-0   11. Auflage 2015   19,90 €

Öffentlich-rechtliche und strafrechtliche Anwaltsklausur

Je vier examenstypische Fälle im öffentlichen Recht und im Strafrecht werden mit zahlreichen Anmerkungen, Aufbau- und Stilanleitungen dargestellt.

978-3-86193-390-8   6. Auflage 2015   19,90 €

hemmer/wüst Verlagsgesellschaft mbH

www.hemmer-shop.de

Mergentheimer Str. 44 / 97082 Würzburg
Tel.: 0931-7 97 82 57 / Fax: 0931-7 97 82 34